남자다운 게 뭔데?

BOYS

멘데?

남자다운 게

저스틴 밸도니 JUSTIN BALDONI 지음 | 이강룡 옮김

WILL BE
HUMAN

창비

맥스웰과 마이야를 위해

너희가 살아갈 세상은 모든 남자들이 다른 이에게, 그리고 스스로에게 안전하고 편안한 느낌을 주는 곳이면 좋겠어. 그리고 모든 여자들이 어떤 목적을 위한 대상이 아니라 오롯이 한 인격체로서 살아가는 곳이기를, 그래서 더는 보호받을 필요가 없는 그런 곳이기를. 너희의 몸에서 가장 강인한 곳은 튼튼한 심장과 단단한 마음이란다. 너희는 값지고 사랑스러운 존재라는 사실을 늘 가슴속에 품고 있으렴. 여태껏 그래 왔듯 너희는 지금도 이미 충분하다는 것을 항상 명심하기 바란다.

차
례

주목!

이 책은 민감한 주제를 다루고 있습니다. 남성 청소년들을 위해 이 책을 썼습니다. 혹시 이 책을 읽으려는 초등학생이 있다면 부모님 혹은 보호자에게 꼭 허락을 받기 바랍니다. 여러분이 중·고등학생이라면 한 번도 생각해 보지 않았던 내용들이 나올 수 있다는 점을 염두에 두고 편하게 읽으면 됩니다. 이해가 안 되는 부분은 일단 건너뛰고 준비가 되었을 때 다시 읽어도 괜찮습니다. 청소년들에게 도움이 될 만한 내용인지 살펴보려고 이 책을 읽는 어른들도 있을 텐데요, 마음을 활짝 열고 읽는다면 청소년 독자들 못지않게 많은 것을 얻을 수 있을 거예요.

안녕하세요, 저는 저스틴입니다. 만나서 반가워요, 친구! 우리가 직접 얼굴을 마주 보며 인사를 나누는 건 아니지만, 여러분이 제가 쓴 책을 골랐고 그 덕분에 우리가 이렇게 만난 것이니, 멋진 인연 맞지요?

친구를 사귈 때 무엇보다 중요한 것은 서로 믿는 거잖아요. 집을 지을 때 기초가 튼튼해야 하는 것처럼, 다른 사람과 건강하고 훌륭한 인간관계를 맺으려면 서로 믿는 것, 즉 상호 신뢰라는 기초가 필요합니다. 신뢰감을 쌓는 첫 단계는 자신의 솔직한 이야기를 다른 이와 나누는 일이에요. 그러면 저 먼저 할까요?

1. 저는 배우입니다. 「제인 더 버진」(*Jane The Virgin*)이라는 드라마로 많이 알려졌죠. 저는 「파이브 피트」(*Five Feet Apart*)와 「클라우즈」(*Clouds*)라는 영화를 만든 감독이고, 영상 제작사를 운영하고 있어요. 우리에게는 서로 다른 점도 있지만 그보다는 공통점이 더 많다는 걸 TV 프로그램이나 영화를 통해 보여 주고 싶어요. 그 밖에도 여러 일을 하고 있습니다. 저는 지금까지 이룬 일들을 모두 합친 것보다 저 자신이 훨씬 더 소중한 존재라고 믿어요. 설령, 세상 사람들은 그렇게 생각하지 않는다고 해도 말이죠.

2. 요리를 무척 사랑합니다. 배우나 감독이 되지 않았다면 요리사가 됐을 거예요. 요리를 하는 것도 물론 좋지만, 먹는 건 더 좋아합니다. 피자, 파스타, 스시, 바비큐, 타코…… 뭐든 말만 하세요. 제가 요리에서 각별히 신경 쓰는 부분은 양념인데요, 나중에 음식점을 차리면 가게 이름은 '소스'(*Sauce*)로 하기로 벌써 정해 두었답니다.

3. 스포츠를 사랑하고(청소년기에 축구 선수였거든요.) 여행, 독

서, 야외 활동을 매우 좋아합니다. '바이오해킹'(biohacking)에도 빠져 있는데요, 처음 듣는다면 그냥 넘어가도 돼요. 한 20년 정도 지나면 널리 알려질 분야일 텐데 아직 너무 생소하죠.

4. 저는 마이야, 맥스웰이라는 두 장난꾸러기들의 아빠이자, 저를 사랑에 흠뻑 빠지게 만든 멋진 여인 에밀리의 남편입니다. 가족을 위해서라면 무엇이든 할 수 있습니다. 가족은 제 삶의 전부입니다.

5. 저는 소년들을 위해, 그리고 그들을 아끼고 돌보는 사람들을 위해 이 책을 썼어요. 남자들과 소년들을 꾸짖는 타입의 책일까 봐 걱정할 수 있겠지만, 이 책은 정반대입니다! 남자들을 사랑해서 쓴 책입니다. 이 책에 세상을 더 낫게 바꿀 잠재력이 숨어 있을지도 모르죠! 제 설명이나 주장이 더러 못마땅하게 여겨질 수도 있을 거예요. 그래도 일단 끝까지 읽어 주기를 부탁합니다. 서로 다르다 해도 배울 점은 늘 존재하니까요. 관점의 차이를 경청하는 습관은 우리가 진리를 추구할 때 꼭 갖춰야 하는 태도이기도 합니다.

6. 저는 바하이라는 종교를 믿고 있습니다. 하지만 이 책은 종교 서적이 아니랍니다. 청소년 여러분에게는 낯설 테지만 '이런 이야기까지 해야 할까?'라고 판단하지 않고 솔직하게 모두 이

야기하려고 합니다. 우리는 혼자가 아닙니다. 비유하자면 바하이는 모든 종교들이 하나의 장(章)이고, 모두 모여 한 권의 책이 된다고 믿는 신앙입니다. 바하이는 이 세상 모든 인간이 소중하다고 주장합니다. 바하이를 믿는 이들은 인간이 저마다 서로 다르다는 걸 인정하지만, 결국 우리가 모두 인류라는 한 가족이라고 말합니다. 저에게 바하이는 어둠을 밝혀 주는 등대처럼 우리가 봉사하고 사랑하는 마음, 그리고 타인을 향한 연민을 지닐 때 세상이 더 살 만한 곳으로 바뀐다는 것을 일깨워 주었어요. 이 책에도 그런 믿음들이 은연중에 스며들어 있을지도 모릅니다. 바하이는 제가 세계를 바라보는 관점을 형성해 주었고 많은 영감을 불어넣어 주었습니다. 그러니 여러분의 믿음이나 종교가 저와 다르다고 해도 괜찮습니다.

그런데 저를 소개하는 이야기에서 뭔가 빠진 것을 혹시 눈치채셨나요? 제가 작가라는 사실 말이에요. 작가라고 말하는 게 여전히 쑥스럽네요. 저는 어린 시절부터 똑똑하다고 생각해 본 적이 없고, 더구나 작가가 될 만한 자질이 있다고 여긴 적도 없습니다. 책과 별로 안 친하기도 했고요. 책을 떠올리면 학교가 생각나기 마련인데, 제게는 학교가 그다지 행복한 곳이 아니었거든요. 책이나 글과 거리가 먼 청소년 시절을 보내긴 했어도, 지금 여러분이 저스틴 밸도니라는 사람이 쓴 책을 읽고 있는 것이니까 어쨌든 뭔가 해낸 느낌이 드네요. 그러니까 쑥스럽지만 이제는 말하겠습니다. 저는 작가입니다. 번듯한 작가요!

미리 짚고 넘어가야 할 이야기가 하나 더 있는데요, 이 책은 저에 대한 이야기가 아닙니다. 여러분의 이야기이고 여러분이 겪게 되는 일들에 관한 책입니다. 바로 지금 이 순간의 여러분 말이죠.

어라, 이 책이
우리에 관한 이야기라고?

맞아요. 소년, 사내, 그러니까 남성 인간에게 일어나는 이야기 말이에요. 대강 어떤 주제를 다룰지 짐작이 가죠?

우리가 평소 궁금해했던 문제들을 중점적으로 다뤄 보고자 합니다. 중요하지만 정작 터놓고 말하기는 힘든 것들 있잖아요. 성장, 성과 섹스, 궁극적으로 우리가 어떤 인간이 될 것인가 하는 거창한 문제까지요. 더 나은 남자가 되는 법이 아니라, 더 나은 인간이 되는 법을 지향합니다. 여러분에게 '사내다움'이라든지 '남자다움' 등에 쓰이는 '−다움'이라는 말이 정확히 뭘 의미하는지 차근차근 알려 주려고 해요.

이른바 '남자다움' 또는 '남성성'이라고 일컬어지는 개념에 의문을 제기할 겁니다. 무겁고 딱딱하지만 중요한 주제입니다. 그 문제에 대한 해답에서 우리 자신의 진짜 모습을 발견할 수 있거든요. 어떤 건 몸에 관한 이야기이고, 또 어떤 것은 마음에 관한 이야기입니다. 마음을 불편하게 하거나 두렵게 하는 문제들도 맞닥뜨리게 될 거예요.(남자라면 회피하고 싶은 질문들이 있거든요.) 우리를 더 강하게 단련시키고 더 행복하게 만들어 줄 것들에 관해 이야기할 겁니다. 그리고 그 모든 고민들은 우리를 더 나은 인간이 되는 길로 이끌어 줄 거라고 믿습니다.

　미리 실토하자면 그 질문들에 대한 확실한 정답은 저도 잘 모릅니다. 그저 지혜로운 답을 알아내려고 줄기차게 노력할 뿐이죠. 테드(TED.com)에서 했던 강연 「남자답게 되는 걸 관둔 이유」(*Why I'm done trying to be "man enough"*」)와, 팟캐스트 「남자는 모름지기」(*Man Enough*)에서 다루었던 내용들을 토대로 『남자는 모름지기: 남성성을 정의하지 않기』(*Man Enough: Undefining My Masculinity*)라는 성인 대상 책을 썼는데요, 여러분이 지금 읽고 있는 이 책이 바로 『남자는 모름지기』에서 비롯한 것입니다. 남자다움에 관해 제가 느끼고 이해한 바를 서술했고, 사람들의 기대에 부응하려고 애썼던 험난한 과정을 적었습니다. 가만 보면, 남자다워지고 싶다는 말과 내가 바라는 사람이 되고 싶다는 말은 다르잖아요? 그 둘이 일치한다면 남자로서 어떻게 살아가야 할지 제가 꼬치꼬치 참견할 일도 없겠죠. 이 '남자다운 세상'에 제가 반기를 들 일도 없을 테고요. 인생을 어느 정도 알 법한 나이인 30대 후반에 접어들었는데도 세상과 제 자신을 바라보는 방식은 매일매일 변합니다. 그건 이 책을 쓴 동기이기도 합니다. 저는 제가 이 주제들에 대한 전문가가 아니라, 여러분과 고민을 함께하는 친구라고 생각하며 글을 썼어요. 우리는 완료형이 아니라 진행형으로 살아갑니다. 그건 이 행성에 존재하는 모두에게 해당하는 사항이죠.

완벽한 인간은 없습니다. 모든 문제에 대한 답을 아는 사람도 없죠.(인터넷과 SNS, 또는 AI가 도와준다 해도 말입니다.) 하지만 완벽하지 않아도 사람들은 각자 자기가 맡은 일에 최선을 다하며 살아갑니다. 저도 마찬가지입니다. 저는 청소년기에 숱한 혼란과 걱정과 불안에 휩싸여 있었고, 고민거리가 생겼을 때 잘 대처하지 못할까 봐 혼자 끙끙 앓았던 적이 많아요. 여러분이 예전의 저처럼 마음속에 혼란, 걱정, 불안을 품고 있다면, 혼자만 그런 게 아니라는 점을 기억해 주세요. 그동안 살아오면서 깨닫고 배운 것들을 공유할게요. 여러분은 좋은 사람이고, 가치 있는 인간이며, '남자다운 남자' 그 이상의 존재라는 사실을 항상 일깨워 줄 수 있는 든든한 친구. 제가 온 마음을 담아 정성껏 쓴 이 책이 그런 역할을 하면 좋겠어요.

여기서 잠깐,
'남성성'이 뭘까?

많은 사람들이 '남자다움' 또는 '남성성'이라는 말을 오해합니다. 최근에는 뉴스를 포함한 미디어에서 나쁜 뜻으로 사용하기도 하는데요, 그건 옳지 않아요. 남성성이란 기본적으로 성인 남성과 남성 청소년들이 지녔거나 지녔을 거라고 여겨지는 기질이나 성격, 그리고 특징들을 아우르는 말이에요. 저는 성인이든 청소년이든 남자는 본디 선하다고 믿습니다. 태생적으로, 본질적으로, 원래부터 말이죠. 바로 여러분이 그렇다는 말입니다. 저는 오래전부터 이어져 온 남성성에 대한 전통적인 정의들에 대체로 동의할 수 있습니다. 그런 남자가 되고 싶다고 말하는 건 전혀 부끄러운 일이 아니죠. 남성성에는 긍정적인 측면이 무척 많아요. 능숙하고 정직하고 믿을 만하며 근면 성실하고 가족에게 늘 충실한 아버지와 남편 말이에요. 그런데 여기서 의문이 생깁니다. 이런 좋은 특질들은 남자에게만 있을까요? 명칭만 그렇다 뿐이지, 남자만 아니라 모든 사람에게 해당하는 좋은 덕목들 아닌가요?

길 가는 아무나 붙잡고 '남성성'이 뭐냐고 물어보면 백이면 백 "강하고, 근면하고, 용감하고, 힘이 세고, 집중을 잘하고, 경쟁심이 높고, 좀 거칠기도 하고……."라고 대답할 겁니다. 같은 사람에게 '여성성'을 다시 물어보면, "잘 보살펴 주고, 부드럽고, 친절하고, 감정적이고, 민감하고, 아이를 잘 돌보고, 세심하고, 친절한 거……."라고 대답할 테고요. 그런데 왜 사람들은 남자와 여자 사이에 금을 그을까요? 그렇게 그어진 금이 우리의 삶과 세상에 과연 도움이 될까요?

이런 식으로 한번 생각해 보세요. 세상 어떤 일이든 능히 처리할 수 있는 최첨단 로봇을 우리가 개발하고 있다고요. 그러면 우리는 그 로봇이 남성성을 완벽하게 갖추기를 바랄 겁니다. 그렇지만 로봇에게 생명력이 생겨서 우리와 한식구처럼 살아야 한다면 아마도 여성성이라고 여겨지는 친절한 특성들이 갖춰지기를 바랄 거예요.

그렇겠죠?

남성성이라는 무언의 압박은 저를 포함한 남자들에게 만능 일꾼 로봇이 되라며 괴롭힙니다. 이것이 바로 제가 남성성이 뭔지 정의하려는 일을 그만두고, 누구에게나 필요한 포용적인 덕목들을 새로 궁리하게 된 중요한 이유입니다.

'남성성을 정의하지 않는다'는 건
정확히 어떤 의미인가?

남성성을 정의하지 않는 것은 소년들에게 주어진 행동 규범에 이의를 제기하는 거예요. 제 말은, 그 규범을 도대체 누가 만들고 결정하냐는 거예요. 오늘날 남자가 된다는 게 어떤 의미를 지니는지 누가 말할 수 있을까요? 원로들이 망토로 자기 정체를 숨긴 채 오밤중에 몰래 비밀 회의라도 열어서 어디까지가 남자다운 것인지 그 기준을 정하는 것일까요? 물론 아니죠. 남성성이란 실제 규칙이나 규범이 아니라 세대를 거듭하면서 전해져 내려온 무언의 메시지일 뿐이며, 실제로 논의된 적이 있을 리도 없어요.

이 암묵적인 메시지들은 가정 내에만 존재하는 것이 아닙니다. 어디에나 나타나죠. 그 안에는 '명예 지키기, 정직해지기, 성실하게 살아가기, 올바른 편에 서기'처럼 모든 청소년들에게 두루 유익한 항목들이 많지만, 또 어떤 것들은 해로워서 우리를 돕기는커녕 마음에 상처를 남기기도 해요. 그중에서 유독 안 좋은 게 '진짜 사나이'(실은 우리 대부분은 '가짜 사나이'라고 주장하는 표현이지요.)라는 개념인데요, 진짜 사나이들은 자기 감정을 잘 내보이지 않을뿐더러 감정에 대해 이야기를 나누는 일에는 아예 관심조차 없습니다. 진짜 사나이가 되려면 아무 데서나 울면 절대로 안 돼요. 아주 중대한 시합에 져서 분노가 치밀거나 하는 경우가 아니고서는 눈물을 보이면 곤란하죠. 이보다 더 해로운 편견도 있는데, 사나이들은 남에게 도움 같은 건 청하지 않아요. 자신이 틀렸다는 사실도 쉽사리 받아들이지 않습니다. 평소에 불안한 내색도 하지 않으며 싸울 때 후퇴 따위는 있을 수 없죠. 사나이들은 다른 사나이들에게 충성을 맹세합니다. 친구가 아니어도 상관없어요. 몸도 마음도 모두 강인해야 한다고 믿으며, 자신들을 성가시게 하는 건 그 무엇도 용납하지 않습니다. 그리하여 눈에 보이지는 않지만 사나이들은 항상 기사의 갑옷처럼 튼튼한 방호구를 갖추고, 살아가며 경험하게 되는 슬픔이나 고뇌, 아픔, 불행 같은 모든 부정적인 것들을 쉽게 외면하고 거부합니다.

그렇지만 갑옷은 무거워요. 거동하기도 불편해요. 갑옷은 방호구가 되기도 하지만, 우리를 가둬 버리기도 하죠.

저는 청소년 시절을 지나 성인이 되어서까지도 무거운 갑옷을 질질 끌고 다녔어요. 그 갑옷은 제 감정을 솔직하게 받아들이지 못하게 저를 가뒀고, 친구들이나 부모님, 동료, 아이들, 심지어 아내와 진실한 관계를 맺는 것을 가로막았어요. 지금은 그것을 하나씩 벗겨 내고 있는 중입니다. 이제야 말할 수 있지만, 갑옷을 입고 있었던 예전에는 마음이 늘 불편했고, 자유롭다고 느껴 본 적도 없었으며, 갑옷을 입은 게 진짜 내 모습이라고 느꼈던 적도 없어요.

더 일찍 깨닫지 못하고 어른이 되어서야 갑옷을 벗어 던진 게 후회돼요. 누가 그 시절의 제게 이 책을 건네면서 갑옷을 걸치지 말라고 진심 어린 충고를 해 준다면 얼마나 좋을까요. 그러면 제 자신과, 제가 아끼는 소중한 이들에게 상처를 입히지 않았을 텐데 말이죠. 이 역시 제가 이 책을 쓰게 된 주요한 동기입니다. 성장기에 누군가 제게 해 주었다면 좋았을 이야기들을 여러분에게 들려주고 싶어요.

'남성성에 대한 정의를 그만둔다'는 말은 세상을 이분법적으로 바라보는 사고에 동의하지 않겠다는 것을 의미합니다. 이분법이란 어떤 사람을 '남성적' 또는 '여성적'이라는 두 범주 중 하나로만 판단하는 것입니다. 우리는 그동안 남자와 여자가 서로 반대라고 교육받아 왔어요. 그렇지만 아닙니다. 생물학적인 차이는 분명하지만, 그 다름은 존중받아야 하는 것이고 가치 있는 것이며, 우리가 감사해야 할 차이점입니다. 우리를 서로 갈라놓거나 상대를 헐뜯으라고 존재하는 차이가 아닙니다. 평등은 우리가 모두 같다는 것을 의미하는 게 아닙니다. 그 누구라도 남들과 다르다는 이유로 '덜 떨어진' 존재로 취급당해선 안 된다는 뜻이며, 모든 사람이 정당하게 동등한 대우를 받아야 한다는 뜻입니다.

남성성을 정의하지 않겠다는 것은 남자라는 범위를 넘어서 인간다운 인간이 될 수 있는 기회를 마련해 보자는 뜻이며, 정해진 대로

만 말하고 행동하며 느끼는, 세상 모든 일을 다 해치우려는 로봇처럼 살지 말자는 강한 주장입니다. 남성성에 대한 정의를 그만두면 여러분과 저는 로봇이 되어 가는 것을 멈추고 인간성을 회복하는 길로 되돌아갈 수 있습니다. 인간이므로 우리에게는 인간다운 특질들이 있습니다. 고운 심성 때문에 강인함이 필요했고, 연약한 존재라서 용감함이 필요했으며, 걱정이 많기 때문에 의연함이 필요했습니다. 우리는 모두 감정을 지닌 존재이며, 각자 자신을 위해 최선을 다합니다. 우리는 그저 같은 인간일 뿐입니다. 자신을 인간이 아니라 남자로만 바라보려는 이들이 자기 자신을 위한 길을 고민하게 하려면, 남성성을 정의하는 것을 멈춰야 했습니다. 그러면 남자는 다른 남자들을 (실제로는 다른 인간을) 어떻게 대해야 하는 걸까요? 여러분과 달라 보이거나 다르게 행동하는 사람을 '남자다움'이라는 좁은 렌즈로 바라볼 것이 아니라, '인간다움'이라는 훨씬 더 넓은 스펙트럼으로 포용해야 합니다.

그렇습니다. 단순해요. 남성성을 정의하기를 멈추면 기본적으로 충만하고 친절한 인간이 될 수 있는 여지가 더 많아집니다.

그런데 이 책을
꼭 읽어야 할 이유는?

자, 끝까지 들어 주세요! 모든 것을 터놓을 수 있는 공휴일이 있다고 상상해 보자고요. 일 년에 딱 한 번, 모든 이들이 자신의 갑옷을 벗어던지고 느끼고 생각하는 그대로 말하는 겁니다. 심각한 이야기도, 괴상한 이야기도 괜찮아요. 상대방을 섣불리 판단하지 않는다는 한 가지 규칙만 지키면 돼요. 웃음거리가 되거나 놀림받을까 봐 걱정할 필요가 없죠. 들은 그대로를 믿으면 되고 떠오르는 생각을 솔직히 말하면 되니까 우리는 모두 무척 자유로울 거예요.

그런 날이 실제로 있다면 정말 멋질 것 같지 않아요? 그런 휴일이 진짜로 생긴다면! 생각만 해도 들뜨네요. 하지만 평소에 우리는 그렇지 않죠. 두렵고 혼란스럽다고 털어놓거나 도무지 하나도 모르겠다고 인정하면 사람들은 우리를 결함이 있다고 생각해요. 더 심각한 것은, 사람들이 내 갑옷에 금이 간 것을 보면 내가 약해 빠진 놈이라고 판단할 거라는 점이죠. 지금까지 전해져 내려온 남자다움의 암묵적인 규칙에 따르면, 누구에게도 자기 약점을 노출하면 안 돼요. 공격받기 쉬워지거든요.

저는 여러분을 잘 몰라요. 그렇지만 지금 여러분은 어떻게 하면 완벽해질 수 있을지보다는 어떻게 하면 진짜 내가 될 수 있을지를 고민해야 할 나이라는 점을 명심하세요. 제 바람은 여러분이 이 책을 읽은 후 더 진솔하고 편하게 자기 자신과 대면하는 거예요. 다른 사람들이 여러분을 어떻게 볼까 하는 생각은 접어 두세요. 개의치 마세요.

이 책을 읽는 것은 우리 주변에 널리 퍼져 있는 '남자면 남자다워야지'라는 미신을 날려 버릴 진솔한 대화에 참여하는 셈입니다. 남자다운 행동 때문에 상대방에게 상처를 주고 있는데도 아니라고 변명하는 남자들에게 여러분이 이제 그만두라는 대화를 과감히 시도한다는 점을 기억해 주세요.

'남자면 남자다워야지' 미신이 어떤 거냐고요? 남자들은 천성적으로 거칠고, 투쟁적이고, 무덤덤하고, 감정에 휩싸이지 않고 행동한다는 믿음 같은 거예요. 타고난 성격을 어떻게 거스를 수 있겠어요? DNA에 또렷이 새겨져 있다고 하면 말이에요.

그러나 과학적 사실은 그 반대입니다. 2014년에 UC버클리대학교의 교육 담당관 비키 자크세스키 교수가 발표한 연구를 보면 남자들은 여자들만큼이나 감정적이며 높은 민감성을 보인다고 합니다. 그저 표출할 기회가 없었던 겁니다. 자크세스키 교수는 이렇게 설명합니다. "조화롭게 감정을 표현하고 타인과 관계를 맺는 자연스러운 소질을 계발하는 것은 남자들에게도 매우 중대한 일입니다." "마냥 기다리기만 할 순 없죠, 한 살이라도 어릴 때 시작하는 게 좋습니다."

다행스럽게도, 여러분은 아직 젊고 어리군요! 예를 들어 보죠. 저는 육체적으로는 남성 호르몬인 테스토스테론이 휘몰아치면서도 정신적으로는 무척 감정적이며 민감한 소년이었습니다. 육체적 에너지를 주체할 수 없었기에 스포츠 활동이 해방구가 됐어요. 그렇지만 운동부에서는 언뜻언뜻 드러나는 감정적인 성격을 그다지 달가워하지 않았어요. 뛰어난 운동 신경을 발휘했지만 민감한 감수성 때문에 아이들에게 따돌림을 당했습니다. 남자다운 애들한테는 아주 손쉬운 먹잇감이었죠. 상처 입은 마음을 들킬까 봐 저를 방어하기 위한 갑옷을 갖춰 입었습니다. 제가 가장 잘못한 것은, 저보다 더 마음이 여리고 몸이 약한 다른 아이에게 다시 상처를 입혔다는 거예요. 저보다 약한 아이들에게 화풀이를 하면 괴롭힘을 당했던 고통과 찜찜함이 가시는 것 같았거든요. 매우 어리석고 비겁한 행동이었습니다.

몇 년이 지나지 않아서 깨달았습니다. 남성성이라는 연극 대본으로 공연을 하고 있었다는 걸 말이죠. 모든 것은 연기였습니다. 돌아보니 동성 친구들과 선생님들, 아버지들, 그리고 유명한 남자 영화배우들까지도 모두 남성성이라는 대본을 받아 들고 각자 맡은 배역을 연기하고 있는 것 같더군요. 우리의 생각과 마음과 그리고 무엇보다 중요한 영혼까지도 야금야금 갉아먹는 악순환에 모두가 열심히 참여하고 있었던 겁니다. 남성성에 상처 입은 아이가 다른 아이를 괴롭히고, 그 아이는 또 다른 아이를 괴롭히는 악순환 말이에요.

저는 교수도 심리학자도 상담사도 아닙니다. 저는 여러분이 믿고 의지할 친구입니다. 저를 한번 믿어 보세요. 모든 것을 솔직하게 터놓고 이야기할 겁니다. 적나라한 제 이야기를 들으며 더러는 생각이 엉키는 것 같고 불편한 느낌이 들 때도 있을 거예요.(특히 여러분이 부모님과 함께 이 책을 읽는다면 말이죠.) 그렇지만 그런 과정도 모두 값진 경험이 될 거라고 믿어요.

이것만은 확실히 해 두죠. 제가 백인이고 이성애자라는 점을 알아 두는 게 제 이야기를 이해하는 데 도움이 될 거예요. 남성성에 대한 저의 경험 중에는 여러분이 겪고 있거나 겪게 될 것과 비슷한 점들도 많겠지만, 여러분과는 다른 경험도 적지 않으리라는 점을 알아 주세요. 제가 이 책에서 '남자들'이라든지 '사내들' 같은 여러 사회적인 성별(gender)과 관련한 용어를 사용한다면 그것은 자신을 신체적으로도 사회적으로도 남성이라고 생각하는 사람들을 뜻하는 것입니다. 저를 비롯한 남자들 이야기에서는 '우리'라는 표현을 쓰기도 했습니다.

그런데 남성성이라는 암묵적인 규칙은 우리 모두에게 아주 비슷한 방식으로 영향을 끼치는 것 같습니다. 제 책 『남자는 모름지기』의 독자 의견 중에서 제가 좋아하는 것을 하나 소개할게요. 제 친구 한 명이 알고 보니 생각보다 나이가 많은, 흑인 트랜스남성이었어요. 저와 다른 삶을 살아온 그에게 비슷한 경험들이 있을 거라고는 상상하지 못했고, 제 책을 읽는다기에 솔직히 신경이 좀 쓰였어요. 그런데 내 청소년기의 여정을 다 읽고서 그가 제게 문자를 보냈습니다. 읽으며 눈물을 줄줄 흘렸다고 말이죠. 남들에게 여성으로 여겨져 왔던 자신이 진정 남자라는 것을 처음 느꼈다고 했습니다. 남성성에 대한 암묵적인 규칙이 해로울 때도 있지만, 은연중에 우리를 끈끈하게 묶어 주기도 한다는 사실을 깨달았습니다. 책에 나오는 제 이야기가 여러분과 관계없다고 여겨지기도 할 거예요. 당연합니다! 그렇지만 여러분이 느끼고 알고자 하는 모든 것에 제가 공감하고자 애쓴다는 점은 알아 주세요. 여러분과 상관없어 보이는 제 생소한 경험이 조금이라도 도움이 되면 좋겠습니다.

기억해야 할 또 한 가지가 있어요. 저는 제가 남자라는 게 무척 좋습니다. 그러나 그에 앞서 마음을 다해 전하고 싶은 것은 우리 남자들이 신체적 경험을 서로 공유하고 있을뿐더러 모두 함께 정신적인 존재라는 점입니다. 사회와 관습이 만든 성별의 모습이 어떠하든 우리의 영적 성장에 중요한 것은 친절, 사랑, 정직, 봉사, 사려 깊음, 세심함, 성실, 소신, 인정, 그리고 겸손입니다.(그 외에도 아주 많죠.) 세상은 살벌합니다. 우리를 끊임없이 시험에 들게 하죠. 머리와 가슴을 오가는 정신적인 활동을 방해하며 우리를 괴롭혀요. 그래서 제가 나열한 친절, 사랑, 정직 등을 실천하는 이들은 그러지 않는 사람에 비해 별로 보상을 받지 못하는 것처럼 느껴집니다. 그렇지만 보상을 좀 덜 받는다 해도, 우리는 인간으로서 최선을 다하며 진정한 자신을 보여 주려고 노력하면 좋겠습니다. 가장 멋진 남자가 되려고 애쓰기보다는 가장 멋진 인간이 되고자 노력합시다. 그러한 훌륭함이야말로 진정 스스로를 위한 길이기 때문입니다.

준비가 됐다면
이제 무엇을 하면 될까?

다음 단계로 넘어가기 전에 일단 심호흡을 하세요. 마지막으로 하나 더 당부합니다.

여러분의 두뇌가 아닌 뱃심을 이용해 이 책을 읽는다고 생각하기 바랍니다. 머리가 아닌 배로 읽으라니 좀 뜬금없지요? 낯선 내용이 나오면 머리가 아닌 몸으로 이해한다고 생각하세요. 어떤 이들은 그것을 본능적인 감이라고 하기도 하고, 배짱 비슷하다고도 하는데, 뭐라고 부르든 상관없어요. 몸이 여러분에게 보내는 신호를 파악하는 게 중요해요. 제가 깨달은 것은 생각보다 우리의 신체가 훨씬 더 놀랍고 똑똑하며 민감한 녀석이라는 점이에요.

그러나 몸이 우리에게 보내는 메시지를 알아채는 건 쉬운 일이 아니죠. 남자인 우리는 남자의 몸이 운동이나 놀이, 싸움, 또는 성교 등에만 필요하다고 배웠기 때문인데요, 사실 우리 몸은 영혼을 붙잡아 주는 존재이며, 우리가 태어나 처음 만나는 참된 벗이기도 합니다. 그래서 몸과 친해지려면 다른 교우 관계와 마찬가지로 믿어 주고 경청해 주는 태도가 필요합니다.

"마음의 소리를 들으세요." "가슴이 시키는 대로 하세요." 같은 말을 들어 봤을 거예요. 다 좋은 이야기지만, 말이 쉽지 실제로 하는 게 어디 쉽나요. 어떻게 해야 마음의 소리를 들을 수 있는지, 몸이 어떤 것을 느끼고 있는지 스스로 깨닫기까지는 너무 오랜 시간이 걸립니다. 심지어 30대 후반이 된 지금의 저도 몸이 하는 말을 온전히 이해하는 게 아직 어렵답니다. 여러분, 우리 마음은 감정으로 가득 차 있어요. 두려움, 사랑, 미움, 기쁨, 분노, 부러움, 혼란……. 이 모든 감정들을 정확히 파악하고 몸이 보내는 메시지를 이해하는 것은 힘들고 어려운 일입니다. 그렇다고 우리 두뇌가 우리 몸을 잘 아는 것도 아니에요. 뇌는 감정을 목표 달성이나 정보

수집에 방해가 되는 위험 신호로 취급하거든요. 그래서 감정들을 이성적인 것으로 바꿔 버립니다.

　몸은 옳고 그름을 판단할 수 있는 지혜를 가지고 있어요. 여러분의 배는 생각이나 감정이 어떠하든 개의치 않고 여러분이 진정 뭘 원하고 원하지 않는지에 따라서만 반응합니다. 여러분의 충직한 벗인 몸이 보내는 진실한 응답은 쉽사리 변하지 않습니다. 그렇지만 몸의 바람직한 신호를 행동으로 옮기고 실천하는 일이 저절로 되지는 않습니다. 여러분의 결심과 꾸준한 노력이 필요해요. 자, 이제는 좀 어떤가요. 준비가 되었나요? 여전히 덜 된 느낌이라고요? 실은 저도 마찬가지니까 그냥 시작해 봐요. 함께 해 나가면 돼요.

1장

남자가 **용감해야지**

신의를 지키려
뛰어내리다

"뭐 하냐? 벌떡이! 계집애처럼 왜 그래!"

열두 살의 저에게 친구 팀이 외치던 말을 아직도 또렷이 기억해요. 저는 겁을 잔뜩 집어먹고 다리 난간에서 덜덜 떨고 있었죠. 수면까지 7~8미터는 족히 될 법한 높이였는데 먼저 뛰어내려 강에서 헤엄치고 있던 아이들이 저를 기다리고 있었습니다. 물살은 거세지 않았고 빙글빙글 돌아다니는 상어 지느러미가 보이는 것도 아니었어요. 그저 난간을 넘어 강으로 뛰어내리는 담력만 발휘하면 되는 상황이었습니다.

친구는 아래서 계속 닦달했는데, 저는 그때 100층짜리 고층 빌딩에서 떨어지는 것만큼이나 두려웠어요.

그 순간 제 마음을 솔직하게 말했다면 어떤 일이 벌어졌을까요? '난 고소 공포증 때문에 안전바 없이는 오금이 저려서 서 있지도 못하겠거든?' 하고 말한다면? '마음속으로는 이미 열 번도 더 뛰어내렸지만 몸이 꼼짝도 안 하는걸 어떡해…….' 하고 말한다면?

천만에요, 그런 선택지는 없었습니다. '사내답게' 뛰어내려서 우쭐해지거나 다른 놈들한테 '계집애'라고 놀림받거나 둘 중 하나였죠.

그래서 뛰어내렸어요. 원해서도 아니고, 스릴을 즐기고 싶었던 것도 아니에요. 그저 계집애가 되느니 차라리 목뼈가 부러지는 게 더 낫다고 생각한 거죠. 계집애가 암묵적으로 어떤 의미인지 다들 알지요? 약해 빠졌다는 뜻이잖아요. 하지만 우리 남자애들보다 훨씬 먼저 뛰어내린 여자애들도 많은데 말도 안 되는 소리죠. 어쨌든 열두 살짜리 사내아이들에게 계집애 소리를 듣는다는 것은 두고두고 놀림거리가 된다는 뜻이며, 남학생의 사내다움이 너덜너덜하게 찢겨 나간다는 뜻이었습니다.

같은 반 아이들의 이상한 행동을 따라 하려고 하면 어머니는 이렇게 말하곤 했어요. "다른 사람이 다리에서 뛰어내리면 똑같이 할 거니?" 어머니가 말하고자 했던 것은 앞으로 누군가를 그대로 따라 하는 멍청이가 되지 말라는 것이었습니다.

그렇지만 계집애라는 딱지가 무서워서 저는 '똑같이 다리에서 뛰어내리는' 식의 행동들을 계속하고 말았어요.

제가 배워 온, 여자애들을 바라보는 방식은 보통 이렇습니다. 여자애들은 나보다 열등한 존재라는 것, 그런 여자애들처럼 보이느니 차라리 혼자 상처를 입고 말자는 것.

어쨌든 그 녀석들의 놀림에는 효과가 있었어요. 다행히 죽지 않고 입수에 성공했으니까요. 물 밖으로 떠올랐을 때, 남자 녀석들이 칭찬하듯 내게 외쳤어요. "여어, 벌떡이!"(내 이름 밸도니Baldoni와 비슷한 발음이 나는 야한 단어 '발기'boner를 찾아내 억지로 꿰맞춘 바보 같은 별명인데, 어떻게 그런 걸 떠올렸는지 참 대단하다 싶기도 하고……. 뭐 그 녀석들이 작가는 아니니까요.) 애들이 잠시 나를 추켜세워 주었죠. 그러고 나서 우리는 헤엄을 치며 같이 놀았습니다. 두려움을 이겨 낸 겁니다. 그 순간 저는 의기양양함마저 느꼈는데 돌아보면 무척 해로운 경험이었어요.

실제로는 이긴 것이 아니라 진 것이었고, 크나큰 시간 낭비였기 때문입니다. 다른 남자애들이 날 어떻게 여길지 전전긍긍하면서 원치 않는 행동을 했던 거예요. 두려움 따위는 다리 난간 위에서 던져 버렸고, 몸이 내게 전하는 메시지와 신호들을 깡그리 무시했죠. 그러니 의기양양해진 나만 남을 수밖에요.

안전지대에 머물던 과거를 걷어 내고 한계와 두려움을 밖으로 몰아냈기에 기분이 좋았던 걸까요? 아니요. 기분이 좋았던 진짜 이유는 그렇게 높은 데서 뛰어내렸는데도 멀쩡했기 때문이고, 아드레날린이 충만한 상태로 다른 사내아이들에게서 인정받은 데다가, 그 무리의 일원으로 당당히 받아들여졌기 때문일 거예요. 하지만 흥분되었던 감정이 누그러지면 이내 두려움이 찾아왔어요. 이미

한 번 뛰어내렸기에 두려움을 내비치며 더는 못하겠다고 말할 수 없어 점점 괴로워졌어요.

남자다운 용기를 표현하는
비밀 언어

두려움을 인정하자는 몸의 요구를 과감히 묵살할 줄 알아야 남자가 된다고 배웠던 것 같아요. 그게 유익했을까요? 아니면 단지 조롱거리가 되지 않을 뿐이었을까요? 여자애라고 불릴까 봐 두려웠던 마음은 그래서 위안을 얻고 안정을 찾았을까요? 좀 더 파헤쳐 보죠.

너무나 혼란스러웠던 점은 또래 안에서는 몸의 외침을 외면하면서까지 육체적 위험을 감수하는 게 남자다운 능력이었다는 겁니다. 신체적 압박이 커지고 위험할수록 우리는 더욱 애써 태연한 척했어요. 사실 그건 거짓이었죠. 우리가 뭔가 멋진 일을 하고 있다고 인정받고 싶었던 것인데, 유효 기간이 짧아서 결국 비슷하거나 더 센 행동을 해야만 했어요. 여기에 어떤 가치가 있겠어요?

제 생각에는 몸의 신호를 무시해도 된다고 우리 자신을 훈련시킬수록, 머리와 심장은 멀어지고 단절됩니다. 그러면 두려움뿐만 아니라 모든 감정의 작동이 멈추게 됩니다. 우리 앞에 펼쳐진 기나긴 생애를 행복하고 건강히 살아갈 수 있게 해 주는 온갖 소중한 감정들 말이죠.

이제 저를 다리 아래로 밀쳤던 그 남자애들의 언어를 꼼꼼히 풀어 볼까요. '멍청이들'이 지껄이는 온갖 수위의 욕설과 모욕적인 표현들을 고려하면, 여자애라고 부르는 것 정도는 모욕 축에도 못 낍니다. 그 아이들이 '여자애 같다'고 말한다면 사실상 사내가 될 만큼 충분히 용감하지 못하다는 뜻이기 때문에, 제가 사내아이들 그룹의 진짜 멤버는 될 수 없다는 것을 의미해요.

우리가 간과하기 쉬운 게 있습니다. 여자애 같다는 말에 공격당한다고 느끼거나 두려움을 느끼는 이유를 잘 따져 보면, 남자의 가치에 비해 여자의 가치가 못하다는 생각으로 이어질 수 있다는 점이에요. 만일 우리가 어떤 사람을 우리보다 못한 사람이라고 여긴다면 어떻게 타인을 동등한 존재로 대하거나 존중할 수 있겠어요?

우리가 사용하는 언어는 중요합니다. 남들이 여러분을 여자애 같다고 말하거나 약하다고 말하면 움츠러드는 느낌이 들 수도 있어요. 그렇다 해도 그 느낌을 애써 떨쳐 버리려고 노력해야 합니다. 신체의 차이가 아니라 사회와 관습이 만든 성별을 '젠더'(gender)라고 하는데요, 어떤 이의 젠더나 성적인 지향성을 절대 모욕해서는 안 됩니다. 아울러 첫째, 남이 그렇게 하도록 내버려 두어서도 안 되고 둘째, 남들에 비해 내가 나은 취급을 당하는 게 다행이라고 여겨도 안 되죠. 그것이야말로 정말 부끄러운 일입니다. 소년으로서, 그리고 남자로서 거기까지 생각이 미칠 수 있어야 괜찮은 사람인 겁니다.

물론 압니다. '물러 터지거나' '쭈뼛거리는' 것으로 비칠까 봐 걱정하는 그 마음까지 완전히 없앨 수는 없다는 것을요. 상처가 된다는 것도 알아요. 피할 수 있다면 수단과 방법을 가리지 않고 피하고 싶죠. 때로는 죽기보다 싫은 그 마음 저도 알아요. 그러나 무엇이 더 나쁜지 자신에게 물어봐야 합니다. 다른 남자애들의 기대를 저버리는 게 더 나쁠까요, 아니면 우리 내면의 바람을 저버리는 게 더 나쁠까요.

그날 다리 난간에서 결심했어요. 여자애 같다는 소리를 듣느니 그냥 체념하고 걔네들이 바라는 대로 하기로요. 나 자신보다는 그들을 선택한 거죠. 그러다 보니 그 잘못된 선택이 몇 년 동안이나 주된 판단 기준이 돼 버렸어요. 제 의지가 아닌 남들의 시선에 따라 판단하게 된 것입니다.

그때는 미처 몰랐지만 다리에서 뛰어내린 일은 제게 두 가지를 가르쳐 주었어요. 첫째, 남자다워지는 것은 나의 감정 혹은 필요와 거리가 멀다는 점이에요. 왜냐면 '내가 해야 하는 일과 내가 느껴야 할 것들까지' 그 애들 결정에 따라야 했으니까요. 둘째, 남자다워지면 다른 남자애들의 눈에 용감하게 비친다는 점이었어요. 그리고 그것이 내 몸의 이야기를 경청하는 것을 포함하여 세상의 여러 일들보다 훨씬 중대한 것처럼 여겨졌죠.

이때 몸에 밴 나쁜 태도가 끈질기게 제 삶을 따라다녔어요. 이러한 태도가 삶에 좋은 영향을 준 적은 없습니다. 더 심각한 것은 제가 평소에 옳다고 믿었던 행위와는 거의 반대였다는 점이에요. 그러니까 전 늘 제 마음과 반대되는 결정을 했던 거예요. 용감함이란 자신이 진실로 옳다고 믿는 대로 행하는 것인데 말이죠. 마음의 바람을 옳다고 믿으며 행동하는 것이죠. 물론 '옳다'는 건 서로 관점이 다를 수 있어요. 우리가 다 같은 남자애들이라고 해도 배경과 경험은 모두 다르니까요.

'용감함'은 사람들이 남자다워지려고 자신을 옭아맬 때 자주 만나는 말입니다. '진짜 사나이'라면 어떤 것에도 겁을 먹으면 안 됩니다. 언뜻 보면 별로 해롭지 않아 보이는 7~8미터 다이빙 따위야 말할 것도 없죠. 참다운 용감함이 무엇인지 살펴봐야 할 것 같습니다. 용감함에 대한 정의를 조금 바로잡아 볼까요.

 마음의 소리 듣기

용감함에 관해 다시 생각해 보기

자, 종이에 적어 보세요. 보통 남자아이들이 '남자답다'고 하는 행동 말고 다른 종류의 용감한 행동은 어떤 것이 있는지 떠올려 보세요. 예컨대 친구들이 다리 난간에서 뛰어내리라고 했을 때 고소 공포증이 있다고 솔직하게 말하고 뛰어내리지 않겠다고 스스로 결정하는 것은 용감함의 다른 종류입니다. 다른 아이들의 부추김 때문이 아니라 스스로 공포를 이겨 내는 방법을 찾아서 물속으로 뛰어내리기로 결정하는 것도 용감함의 한 종류겠죠. 어떤 아이가 다른 아이를 놀리거나 괴롭히는 것을 보고 어떻게 해야 할지 몰라서 다른 누군가에게 도움을 요청하는 것도 용감함의 한 형태입니다. 이렇게 나열된 여러 형태의 용감함 중에서, 막상 시도하기가 머뭇거려졌던 것이 있는지 찾아보세요. 그리고 왜 이것이 '남자답지 않다'고 여겨졌는지 한번 생각해 보세요.

어디부터 잘못된 건지 모르겠지만 우리는 용감함에 대해 잘못된 훈련을 받은 것 같아요. 우리는 용감함이 두려운 기색을 포함한 감정을 드러내지 않는 것이라 굳게 믿죠. 진정으로 용감한 사람이라면 자신의 감정은 무시하고 멀찍이 떨어뜨린 다음 해야 할 일을 완수합니다. 감정이요? 그건 여자애들이나 가지고 있는 거잖아요.

이런 관점은 여러 이유로 서글픈데요, 일단 여자애들 입장에서 매우 부당하죠. 이는 여성과 남성 사이에 보이지 않는 장벽을 만들어서 둘을 서로 다른 쪽에 갈라 세웁니다. 결국 등을 지게 된 둘은 서로를 이해하기 점점 어려워집니다. 이 장벽은 여자가 남자와 동등한 존재라는 점, 그러니까 '여자도 사람'이라는 기본 전제를 깡그리 무시합니다. 이것은 남자애들한테 끼치는 영향만큼이나 나쁘고요, 어쩌면 더 나쁩니다. 남성성에 대한 비뚤어진 관점은 단지 우리만 다치게 하는 것이 아니라, 우리가 사랑하는 사람들까지 다치게 합니다.

그런 생각은 아주아주 해롭습니다. 감정을 느끼지 않으려고 애쓰는 것은 엄청나게 힘들고 어쩌면 불가능에 가깝습니다. (감정이란 게, 내가 오란다고 오고 오지 말란다고 안 오는 게 아니잖아요.) 내가 느끼는 바를 주변 사람에게 들키지 않는 것이 어렵다는 점도 깨달았습니다. 슬픔을 감추고 웃으려면 엄청난 에너지가 필요하고 큰 스트레스가 동반됩니다. 그걸 지속하는 것도 마찬가지로 힘들고요. 평소에는 사람들 앞에서 항상 두꺼운 갑옷을 갖춰 입고 있다가, 아무도 모르게 조금씩 솔직한 감정을 맛보는 정도가 그나마 최상의 시나리오일 것 같네요. 얼마나 불행한 일입니까.

다시 한번 생각해 봅시다. 그 최상의 시나리오를 말이죠. 우리의 진짜 모습을 숨기는 게 최상의 시나리오라니 뭔가 잘못된 것 같지 않나요?

그러면 강물 위 다리 난간에 서 있던 그날로 되돌아간다면 저는 어떻게 해야 하는 걸까요? 여러분은 제가 그때의 저에게 "다리에서 절대 뛰어내리지 마!"라고 조언할 것 같은가요?

아뇨. 때로는 높은 다리에서 뛰어내려야할 때도 있습니다. 다른 아이들이 겁쟁이라고 불러서가 아니라, 그리고 마지못해서가 아니라, 오롯이 여러분이 원하는 바를 선택하여 뛰어내리는 일은 아주 아주 소중한 경험입니다. 두려움을 극복하는 것은 인생에서 매우 중요합니다. 누구든 살아가면서 그런 도약이 필요할 때가 있는데요, 다만 마음의 준비가 되고 나서, 조건이 갖추어진 다음에 도약이 이루어져야 해요. 그렇다면 준비가 되었다는 것은 어떻게 알 수 있을까요? 이러쿵저러쿵하는 주변의 말들을 신경 쓰지 말고, 오로지 우리 몸의 이야기만 듣는다면 알 수 있습니다.

남성 인플루언서들,
소리 소문 없이 남성성을 퍼뜨리는 이들

제가 말하는 '인플루언서'는 SNS에서 구독자가 많은 사람들을 뜻하는 말이 아닙니다. 이 책에서 인플루언서란 우리가 살아가면서 영향을 받는 소년들과 남자들을 가리키는데요, 정작 우리는 영향을 받았는지 아닌지 알아차리지 못하는 경우가 많습니다.

엄밀히 말하면 이것은 남자뿐만 아니라 모든 사람에게 해당합니다. '사회화'라고 불리는 개념에 기반을 두고 있는데, 사회화란 우리가 일상에서 다른 사람들과 상호 작용을 하면서 살아가는 방식, 그리고 각자의 정체성 사이에 주고받는 영향력을 통틀어 이릅니다. 사회화는 학교에서, 직장에서, 가정이나 스포츠 팀에서 모두 이루어질 수 있어요. 심지어 놀이터에서도 사회화가 진행되죠. 미처 깨달을 겨를도 없이 수없이 많은 말들과 무언의 메시지들이 우리에게 스며들고…… 우리는 자신도 모르게 꽤 많은 것들을 받아들인 상태가 됩니다.

 마음의 소리 듣기

창피했던 순간

얼굴이 새빨개질 정도로 창피했던 순간을 떠올려 보세요. 어떤 점이 창피했나요? 지금 생각해도 우스꽝스러운가요? 다른 사람에게 그런 일이 일어났을 때 여러분이라면 웃었을까요? 그 일을 생각하면 아직도 수치심이 생기나요? 그 일을 떠올릴 때 뭔가 신체적 변화가 느껴지나요? 이제 그 창피함을 극복할 수 있나요, 아니면 더 노력이 필요한가요? 어느 쪽이든 상관없이 두 눈을 감고 그 일이 일어났던 날에는 미처 깨닫지 못했던 감정이 생기는지 느껴보세요. 그런 다음 심호흡을 하고 크게 소리 쳐서 모두 몸 밖으로 쫓아내 버리세요!

사회화 과정은 의도적으로 이루어지는 경우가 별로 없습니다. 여러분에게 영향을 끼치는 사람들이 더러 부정적인 영향을 줄 때, 고의가 아닐 수도 있어요. 대개는 자기도 제대로 모르면서 은연중에 받아들인 잣대를 다시 들이미는 경우가 허다하죠. 우리가 어떤 남자들에게 친해지고 싶다거나 따르고 싶다고 말했을 때, 그들이 지켜야 할 규칙이 적힌 종이를 건네주지는 않습니다. 하지만 남성성이 지배하는 사회는 우리가 암묵적인 규칙에서 벗어나려고 할 때면 모욕을 주거나 체벌하면서 뭐가 맞는지 잘 생각하고 행동하라고 강요합니다.

더욱 당혹스러운 점은 남자아이들에게 남성성을 전파하는 일이 여자들에게까지 영향을 미친다는 거예요. 우리가 모두 같은 환경에서 자란다면 다 엇비슷한 사회화 과정을 요구받게 될 거예요. 그렇다면 애초에 남자라서 지켜야 할 남성성에 대한 규칙은 누가 만든 걸까요? 누가 글로 적어 둔 것도 아닌데 그저 계속 전해져 내려왔다는 이유로 실행하고 따르는, 무언의 연극 대본 같은 그 규칙들 말이에요.

우리에게 영향을 끼치는 사람들을 차근차근 짚어 보려고 하는데요, 특정인을 비난하거나 그들을 '나쁜 자들'로 낙인찍으려는 것은 아닙니다. 그들이 우리에게 좋은 기회를 준다는 점도 잊어서는 안 돼요. 좋은 점과 나쁜 점은 한데 섞여 있습니다.

'사회화'라는 용어가 여러분에게 낯설 수도 있어 알기 쉬운 예를 하나 들어 볼게요. 중학생이었을 때 저는 연극부 활동을 무척 좋아했어요.「로미오와 줄리엣」의 머큐쇼나 패리스 같은 흥미로운 배역을 맡았는데 신기하기도 하고 이상하기도 했어요.(그 배역으로 두 번이나 죽어 본 적 있어요.) 중학교 시절 내내 자유롭게 연극과 운동을 했어요. 학교에서도 두 활동을 모두 장려했죠. 그런데 고등학교에 진학할 준비를 하면서부터 둘 다 할 수는 없게 됐어요. 가을에 공연할 연극을 준비하려면 축구를 포기해야 했고, 봄에 공연할 연극을 준비하려면 육상 경기를 포기해야 했죠. 여러 운동 중 가장 좋아하고 어릴 적부터 쭉 해 왔던 축구가 언젠가 대학 입학에도 도움이 될 거라고 기대했지만, 연극을 하는 순간도 정말 행복했기 때문에 고민이 됐습니다. 어느 것을 선택해야 할지 잘 모르겠던 찰나…… 제 인생에서 가장 끔찍한 날이 찾아오고야 말았습니다. 신입생 입학 첫날 말이죠.

그때는 앞으로의 고등학교 생활에 대해 걱정이 많았어요. 중학생 때 고등학교에서 일어나는 이런저런 이야기들을 잔뜩 주워들었거든요. 곧 만나게 될 근육질에 수염이 난 성숙한 선배 '사내'들을 떠올리자니 내가 너무 초라하고 보잘것없게 느껴졌죠. 또 여자애들은 하나같이 운동하는 애들한테만 관심이 있는 것 같았어요. 먹이 사슬의 정점에 있는 포식자들이죠. 연극반 애들이요? 속된 말로 '빵셔틀'이죠, 뭐.

별로 고민할 것도 없었습니다. 연기를 포기하는 게 가슴 아프기도 했지만, 최종 선택은 운동이었죠. 적응하려면 해야 할 것들이 많아서 아쉬워할 겨를이 없었어요. 제가 중학생 때 연극을 했고 고등학생 때도 하고 싶어 했다는 사실에는 아무도 관심이 없었죠. 뭘 해야 하고 하지 말아야 하는지 직접 알려 준 사람은 없었지만, 주변 사람들한테서 전해지는 메시지들이 제 내면에 영향을 끼쳤어요. 두렵기도 했지만, 언젠가는 인기를 얻어서 먹이 사슬의 꼭대기에도 올라가고 싶은 욕망으로 그런 결정을 한 거죠. '진정한 남자라면 스포츠지!' 하고 스스로 되뇌었어요. 진정한 남자가 되고 싶었어요.

> "남자라면 스스로 더 강해져야,
> 친절을 베풀 여유도 생기는 법이다."
>
> 엘버트 허바드(철학자, 작가)

첫 번째 인플루언서 그룹,
가족

우리의 삶을 뒤흔드는 이들, 결코 외면할 수 없는 가장 강력한 인 플루언서는 가족입니다. 사랑과 보호의 안식처인 가정이 우리의 남성성에 영향을 끼친다는 점을 주목할 필요가 있어요. 보통 부모 님들은 자녀가 본인이 생각하는 좋은 삶의 기준에 부합하면서도 되도록 순탄한 길로 갈 수 있도록 무난하게 행동하기를 바라죠. 그 건 삶을 단단하게 단련시킬 수 있는 경험을 원치 않는다는 말이기 도 하고, 신체적으로나 감정적으로나 우리가 다치는 상황을 원치 않는다는 의미이기도 해요. 이미 이야기한 것처럼 그들이 우리의 아버지든 형이든 삼촌 또는 사촌이든, 남성성에 대해 진지한 고민 을 해 본 적은 아마 없을 겁니다.

어른들이 어렸을 때는 지금 여러분이 읽고 있는 이런 책도 없었 을 거예요. 물론 그게 그들의 잘못은 아니지만요.

우리와 아버지, 또는 새아버지와의 관계는 말로 설명하기 어려 울 정도로 참 복잡해요, 그렇죠? 아버지는 우리가 어떻게 행동해야 하고 어떻게 해야 용감한 사내가 되는지 보여 주는 첫 롤 모델이에 요. 아버지들은 결국 자신과 비슷하게 아들을 키우기 마련인데요, 아버지가 되는 과정이 어떠했는지는 제쳐 두더라도 우리의 아버지 역시 그들 아버지 세대의 영향을 받았다는 점을 명심해야 해요.

생각해 보면 어릴 때 누구나 해 봤던 게임과 비슷해요. 한 사람이

옆사람 귀에 어떤 문장을 속삭여 전달하는 게임요. 정확히 말하려고 애써도 대여섯 단계만 거치면 엉뚱한 말로 뒤바뀌어 버리죠? 여러 세대를 거쳐 내려온 바람직한 '남성성'의 대본도 마찬가지라서, 다음 세대로 열심히 전달하기는 하는데 내용이 계속 바뀌면서 항상 무언가가 유실되고 이상해집니다.

이제 10억 개의 게임이 각각의 사람을 통해 동시에 진행되고 첫 문장은 모두 같지만 결국 조금씩 달라질 거라고 상상해 보세요. 그 문장이 여러분이나 저에게 전달되었을 때는 첫 문장을 유추할 수 없을 것입니다. 이렇게 전 세계 수십억 명에 달하는 현대 남성이 남성성에 대한 낡은 생각을 전해 들으며 자랐는데, 우리에게 붙은 꼬리표들, 여러 규정들은 도움이 되기는커녕 상처만 주고 있습니다. 그나마 요즘 세대가 이전 세대보다 조금씩 나아지고 있으며, 함께 새로운 각본을 써 나갈 수 있다는 점은 다행스러운 일이에요.

제 할아버지는 남성이라는 의미가 오늘날과는 사뭇 달랐던 시대에 살았습니다. 할아버지가 아버지를 가르치고 아버지가 저를 가르쳤기 때문에 제가 자라면서 배운 '남자다움'은 대부분 할아버지에게서 물려받은 것들입니다!

나중에 주 상원 의원까지 지낸 할아버지는 1912년, 여덟 살 때 부모 형제와 이탈리아를 떠나 미국 땅에 발을 디뎠습니다. 이 시기에 이탈리아 이민자들은 심한 차별을 당했고 편견에 시달렸으며 폭행을 당하기도 했어요. 이 때문에 할아버지는 자라면서 주변 사람들에게 그런 취급을 받지 않으려고 무척 노력했습니다. 젊은 시절 할

아버지는 성실하고 말도 잘했으며 자신감도 넘치는 분이었습니다.

전통적으로 내려온 남성성에 대한 각본이 어떤 내용인지는 할아버지의 양육 방식에서 드러났어요. 할아버지는 가족을 부양할 돈을 벌기 위해 열심히 일했고 너무 바빠서 집에는 거의 들어오지 않았죠.

자식들이 이민자가 아닌 미국인으로 자라기를 원한 건 당연했습니다. 자식들만큼은 어린 시절 자신을 괴롭혔던 차별과 고정 관념을 겪지 않기를 바랐죠. 그는 자부심이 강한 사람이었으며 남의 도움 없이 오직 자기 힘으로 아메리칸드림을 이루었다는 이미지를 무척 중요하게 생각했습니다.

그렇지만 할아버지의 고집 때문에 식구들이 괴롭게 견뎌 내야 했던 문제들은 전혀 밖으로 알려지지 않았죠. 지극히 정상적이며 화목한 가정을 꾸리고 있다는 이미지가 미국 사회에서는 매우 중요했고, 특히 주 의원 선거에서 재차 당선되는 일에도 필요했습니다. 숱한 차별과 고난을 이겨 냈다는 자부심은 단지 할아버지가 자식들에게 보내는 메시지만은 아니었습니다. 당신이 몸소 경험하고 깨달은 것들이자 눈을 감는 순간까지 지켜 내야 할 가치였어요.

제가 『남자는 모름지기』라는 책을 쓴 것을 계기로 아버지가 할아버지에 대해 마음을 열었던 것 같아요. 아버지는 제가 운영하는 「남자는 모름지기」 팟캐스트에 출연했고 속 깊은 이야기를 해 주었습니다. 우리에게는 놀랍고도 감동적인 경험이었습니다. 사회에서의 할아버지는 훌륭한 사람이었지만 가정에서는 고쳐야 할 점이 많았어요. 할어버지는 어린 아버지의 축구 시합이나 레슬링 시합에 단 한 번도 참석한 적이 없었습니다. 자기 아들을 사랑하면서도 아이들이 부모에게서 가장 듣고 싶어 하는 그 말은 한 번도 한 적이 없죠. '사랑한다'는 말요.

아들에게 사내는 울면 안 된다고 훈계하거나 계집애처럼 공을 던지면 못 쓴다고 지적한 것이 할아버지가 못돼서 그런 게 아니라는 점을 명심해야 돼요. 할아버지는 연약해 보이는 사내아이를 짓밟는 거친 세상에서 아들을 늠름하고 튼튼한 남자로 키우고 싶었을 겁니다.

여러분의 아버지도 한때 소년이었습니다. 학교에서 놀다가 무릎이 까지기도 하고, 도화지에 새를 그리기도 하고, 사춘기 때 처음 발기를 경험하면서 당혹스러웠던 순간도 있었을 거예요.(이건 나중에 자세히 설명할게요.) 우리의 아버지들도 소년 시절에는 지금 이야기하는 주제들에 대해 고민했을 것이며, 도움받을 만한 책도 없었기에 걱정은 더 컸을 거예요. 그 당시 소년들은 지금보다 훨씬 더 강하게, 더 독립적으로, 모든 걸 스스로 해결하도록 교육받았어요. 전쟁처럼 어마어마한 사건들, 또 오늘날의 표현으로 '인플루언서'에 해당하는 사람들과 미디어에 의해 남성성에 대한 강력한 규정들이 주입됐어요.

여러분의 아버지이자 사회에서 어른 역할을 해야 하는 사람인 동시에 누군가의 인생 멘토이자 롤 모델인 한 남자에게 연민을 품고 그를 이해하고자 하는 것은 그 역시 쉽게 상처받을 수 있는 한 인간이라는 점을 인정하는 것입니다. 사람인데 당연한 거죠! 그걸 염두에 둔다면 몸에 대한 걱정부터 사랑받지 못할까 봐 두려운 마음에 이르기까지, 우리가 겪는 고통을 바라보는 아버지들의 심정이 어떠할지도 짐작할 수 있을 겁니다. 물론 겉으로 내색하지 않겠지만요. 그 시대 아버지들은 감정을 삼키는 법을 배웠고, 상처받은 마음을 밖으로 드러내는 일이 약해 빠진 거라고 배웠습니다. 사회화라는 작동 방식에 따라 자기 감정을 인정할 수도 없고 내보일 수도 없다고 여겼을 겁니다. 자식을 보호하기 위해서라도 아버지 자신이 남성으로서 모범이 되어야 한다고 느꼈을 겁니다. 아버지와 아들 관계이지만, 어찌 보면 힘이 센 남자와 약한 남자의 관계이기도 하니까요.

아들을 올바른 길로 이끌어 가려다 보면 더러 감정을 숨겨야 할 때가 있습니다. 아들에게 나약한 모습을 보이면 어쩌지? 내가 두려움을 품고 있다는 걸 아들이 눈치채면 어쩌지? 하는 생각이 든다 해도 내색하면 안 되죠. 보통의 아버지들은 아들이 '아빠가 모든 걸 다 해결해 주는 건 아니구나.'라는 의구심을 가진다면 더 이상 훌륭한 아버지가 될 수 없다고 생각하는 것 같아요. 모르면 모른다고 솔직하게 말하는 것이 오히려 더 좋은 영향을 줄 수 있는데도 말입니다.

믿기 힘들지 모르지만 여러분의 아버지를 포함해 여러분이 만나는 기성 세대의 남자들 모두 여러분 나이 때는 똑같은 불안을 겪었습니다. 표현을 하지 않았을 뿐이지 그들이 더 강인했던 것은 아니에요. 인정하지 않겠지만 그들의 갑옷 안쪽은 상처와 흉터 투성이일 겁니다. 어른들은 상처에 붕대를 둘러야 한다는 것도 모른 채 살았죠. 성인이 되어 결혼을 하고 두 아이가 생기니까 아버지들이 왜 그랬는지 조금 알 것 같았고, 상처가 차츰 아무는 느낌이 들기 시작하더군요. 하지만 저절로 치유되지는 않았어요. 여러 노력을 해야만 했죠.

지금까지 말한 걸로 미루어 여러분은 제 아버지가 대범하고 거칠고 어깨도 떡 벌어진 '상남자'일 거라고 짐작할지 모르겠지만 실은 정반대입니다. 제 아버지는 제가 만난 이들 중에서 가장 순수하고 자상하고 섬세한 분입니다. 그런 분이 아버지이니 저는 참 운이 좋다고 생각합니다. 은연중에 제게 스며든 것이 있을지도 모르지만, 아버지는 구태의연한 남성성 규범을 제게 강요한 적이 없습니다. 다만 세상이 저에게 영향을 끼쳤죠. 세상은 제가 아버지를 바라보는 방식에도 안 좋은 영향을 끼쳤습니다. 어린 시절 저로 하여금 '우리 아빠는 왜 저렇지?' 하는 생각이 들도록 만들었죠.

어렸을 때 저는 아버지가 좀 더 남자다운 남자이기를 바랐습니다. 가족이 오리건주의 시골로 이사를 갔을 때 주변 아버지들이 대부분 사내 대장부 같은 모습이었기 때문에 내 아버지도 좀 터프하고, 무뚝뚝하고, 권위 있게 훈계를 하는 그런 어른이면 좋겠다고 막연히 생각했어요. 지금 생각해 보면 왜 그랬나 싶어요. 자신의 아버지뿐 아니라 이웃 아버지들의 모습 역시 이렇게 '바람직한 아버지상'이라는 이미지를 만들기 때문에 아이들에게 영향을 끼치기 마런입니다. 제 아버지는 감성적이며 사려 깊은 분이었고, 성공한 사업가였으며, 늘 제 곁에 있어 줬는데도 저는 오히려 아버지가 갖추지 않은 것들을 선망했어요. 아버지는 목수처럼 직접 연장을 다루지도 않았고, 사냥도 안 했고, 사내아이들끼리 싸움을 할 때 이기는 요령도 가르쳐 주지 않았어요. 산속에 텐트를 치고 야영을 하는 등 모험 활동도 하지 않았기에 저는 아버지를 나약한 남자라고 생각했어요.

하나 짚고 넘어가야 할 게 있네요. 직접 영향을 받을 만한 남자가 가족 중에 없는 경우도 있을 겁니다. 하지만 가족 중에 아버지나 형이 없더라도 비슷한 역할을 하는 사람은 주변에 있기 마련입니다. 예를 들어 저는 형제가 없지만 동네 형들이나 동생들이 그 역할을 했죠. 동네 형들은 이따금씩 도움이 되는 조언을 해 주기도 했지만 도무지 납득할 수 없는 '꼰대' 같은 잔소리를 해 대기도 했으며, 화나는 일이 있으면 애먼 어린 동생들에게 화풀이를 하기도 했어요. 동네 동생들에게서는 평소 제가 끔찍이도 싫어하는 것들이 보였어요. 저뿐만 아니라 모든 남자애들이 너무나 싫어하는 것이 '아기' 취급당하는 건데, 동생들을 보면 하는 짓이 너무 유치해서 같이 어울리기가 싫었어요. 성가시게 졸졸 따라다니며 행동과 말을 그대로 따라 하는 모습도 꼴보기 싫었고요.

남자아이들은 나이가 많든 적든 늘 두려움을 감추려고 합니다. 좋지 않은 일을 시도하면서 겁이 덜컥 나도 결코 (특히 자기보다 어리거나 몸집이 작은 남자한테는 절대) 티를 안 내요. 또래를 괴롭히거나, 동네 동생들에게 포르노를 보여 주거나, 마약에 관한 이야기를 해 주거나 등등 건전하지 않은 영향을 주면서 자기들은 아무렇지도 않다는 듯 태연한 척합니다. 선망받는 대상으로서 꼬마들에게 두려움을 들킬 순 없는 거죠.

주목!

축하합니다! 1장의 절반을 읽었습니다. 이렇게 작은 성취도 축하할 만한 가치가 있어요. 작은 승리죠! 가끔은 읽기를 잠시 멈추는 것이 방금 읽은 정보를 기억하는 데 도움이 되므로, 필요하다면 몇 분간 쉬었다가 나중에 다시 시작하세요. 물론 쭉 읽어도 좋고요.

대가족 안에서는 삼촌과 사촌, 할아버지도 영향을 끼칩니다. 이 인플루언서들은 식구처럼 매일매일 함께 생활하지 않는 탓에 어찌 보면 충고만 하고 책임은 안 지는 경우라 영향력을 파악하기가 더 까다롭습니다. 먼발치에서 여러분 삶에 참견하죠. "너희 아빠나 형이나 선생님이 그렇게 말하던? 내가 진짜 사실을 알려 줄까……?"

하지만 그 사람들은 늘 여러분 곁에 있는 것도 아니고, 여러분이 어떤 사람인지도 잘 모를 겁니다. 작년 생일에 여러분이 사람들에게 둘러싸여 케이크와 사탕을 잔뜩 먹으며 했던 행동을 보며, '아, 저런 아이구나.' 하고 판단했을지도 모릅니다. 아니면 SNS에 올린 글을 우연히 보고 여러분의 성격을 잘 안다고 여길지도 모르겠네요. 대가족 구성원 중 어떤 이가 여러분에게 '진짜 사실'을 들려주거나 인생의 '치트 키'를 전수해 주겠다 할지 모르지만 그들은 그냥 우리와 마찬가지로 평범한 남자일 뿐입니다.

가족 구성원이 주는 충고는 대부분 진심 어린 사랑과 여러분을 돕고 싶어 하는 마음에서 나오겠죠. 그렇지만 좋은 의도와 달리 독이 될 수도 있고 여러분의 성장에 방해가 될 수도 있습니다. 인플루언서들은 여러분의 머릿속에 감시자로 자리 잡게 되는데, 여러분이 어떤 일을 기쁘고 즐겁게 하고자 할 때도 그들을 실망시켜선 안된다는 생각으로 온전한 확신을 가질 수 없게 만들어 버립니다.

제 말에 귀 기울여 주세요. 누가 여러분을 조건 없이 사랑한다면, 여러분의 '남자다움' 여부와 하려는 일에 상관없이 항상 지지해 줄 겁니다. 그렇겠죠? 다른 이를 실망시키지 않으려고 평생을 보낸다면 인생은 비참해질 거예요. 우리는 걱정이나 두려움이 아닌 사랑이 머무는 곳에서 살아가야 합니다. 사랑은 모든 것을 이깁니다.

두 번째 인플루언서 그룹,
친구들

가족과 마찬가지로 친구들도 여러분의 곁에 있어 주고 싶어 합니다. 문제는 그 친구들 역시 여러분만큼이나 남자들 사이에서 인정받으려고 애쓴다는 점이죠. 이미 충분히 멋지고 인기가 있는데도 남자애들한테서 인정받는 게 인생에서 더 중요하다고 여깁니다.

저와 제 친구들은 힘든 상황에 서로 몰아넣은 적이 많았습니다.

겁쟁이, 아기 취급을 당하거나 여자아이라고 불리고 싶지 않아서이기도 했지만, 가슴 깊은 곳에서는 친구의 마음을 저버리는 건 잘못된 일이라고 느끼죠. 때로는 인기 있는 터프가이처럼 보이고 싶은 충동에 못 이겨 친구를 저버리고 나중에 후회하는 경우도 있어요. 더러는 남자다움에 대한 '가짜 법칙'을 혼자만 따르고 싶지 않아서 절친한 친구에게 남자답게 굴라며 같은 행동을 강요하기도 합니다. 잘못임을 알면서도 함께하면 괜찮다고 믿는 거죠.

작은 비밀 하나 알려 줄까요? 모든 남자아이들은 다른 남자아이들의 인정을 원하는데요, "나 걔 신경 안 써."라고 말한다면 그것은 걔한테 가장 인정받고 싶어 한다는 뜻입니다.(당사자에게는 절대 들키고 싶지 않겠죠.) 남자아이로서 우리는 사소한 감정에 휘둘리면 안 되고 '남자답게 굴어!' 같은 말을 끊임없이 듣지만, 갑옷의 안쪽에는 우리 모두 누군가의 인정과 호감을 바라는 심리가 깔려 있습니다.

한때는 다른 사람을 무시하거나 깔보면 손쉽게 자신감을 채울수 있다고 여겼습니다. 그렇지만 다른 아이를 잔인하게 괴롭히거나 좀 더 강해지라며 다그치는 것은 다리 난간에서 뛰어내리라고 윽박지르는 행위와 비슷합니다. 잠깐 우쭐할 수는 있어도 되돌아보면 끔찍한 죄책감이 들죠. 다른 아이를 괴롭히는 것이 얼핏 자신을 더 강하고 남자다운 사람으로 만드는 지름길처럼 보일지 모르지만, 실제로는 막다른 길로 통하는 나쁜 방법에 불과합니다.

상처를 준 뒤 느끼는 우월감은 이내 사라지지만, 그 말과 행동은 상처를 입은 사람에게 오랫동안 남습니다. 어쩌면 우리의 양심을 영원히 짓누를 수도 있습니다. 다른 이를 괴롭히거나 깔보는 행위는 우리가 지닌 영혼의 빛을 꺼뜨리고 정신적인 성장을 방해합니다. 다른 사람을 외로움에 빠뜨리는 것보다 영혼에 더 해로운 일이 있을까요? 인류 역사에서 모든 종교의 스승과 선지자는 자신이 대접받고 싶은 대로 남을 대하라고 가르쳤습니다. 그것이 타인과 공감을 형성할 수 있는 길입니다.

우정은 신뢰에 기반을 둔다고 말했던 것을 기억하나요? 사회화 과정을 거치면서 남자아이들은 속 깊은 이야기를 나누기가 어려워지고 특히 솔직한 감정을 믿고 공유하기 힘들어집니다. 초등학생이 될 무렵부터 몇 년 사이에 우리의 우정은 정서적 위기를 맞이합니다. '왕따'를 비롯한 여러 괴롭힘이 그 추악한 모습을 본격적으로 드러내기 시작합니다.

"용감함은 신체적 자질이 아니라 영혼의 자질이다."

간디(사상가)

여러분이 두려움이나 상처받았던 경험을 말했을 때 친구들이 비웃었던 적 있나요? 놀림거리가 되면, 그게 아무리 남자애들끼리의 농담이었다 해도 우리의 뇌는 친구 관계가 위태롭다고 인식하며 우리 몸도 그에 따라 반응할 것입니다. 살짝 식은땀이 나거나 속이 불편해질 수도 있죠. 그래서 깊은 감정이나 문제에 대해 대화를 나누고 싶어도, 몸은 이전의 불안한 기억을 떠올리며 속이 메스꺼워질 만한 이야기들을 쏙 빼 버려요. 친구들과 진심으로 속마음을 나누려면 연습이 필요합니다. 더 듣고 더 말하지 않으면 몸은 본능적으로 우리의 마음을 방어막으로 보호하여 나쁜 것은 물론이고 좋은 것까지도 느끼지 못하게 합니다.

이상한 말처럼 들리죠? 그렇지만 사실이랍니다.

제가 모든 문제를 해결할 수 있는 것처럼 느껴지겠지만, 제게도 해결하지 못하는 문제는 숱하게 많습니다. 그중 하나는 제 감정을 친구들한테 솔직하게 터놓은 적이 없다는 겁니다. 제가 여러분 나이였을 때부터 무려 30년 가까이 억제해 왔습니다. 네, 무려 30년이나요. 지금은 어떨까요? 그 문제는 여전히 저를 괴롭힙니다. 아직도 다른 사람에게 제 감정이나 고민을 잘 털어놓지 못해요.

예를 들어 보죠. 제게 살면서 가장 힘들었던 일은 암벽 등반이나 스카이다이빙이 아니라(둘 다 해 봤지만요.) 친구들에게 고민을 털어놓을 용기를 내는 일이었어요. 몇 년 전에 저는 정말 우울한 상태에 빠져 있었는데요, 친구 녀석들에게 이야기하려고 전화를 걸어 놓고서는 몇 마디 하고 금세 포기하곤 했어요. 날 어떻게 생각할까, 무시당하지는 않을까, 바쁜데 괜히 내가 시간을 뺏는 건 아닐까 걱정이 들었고, 고민을 늘어놓으면 모임에 나가서도 괜히 주눅들까 봐 두려웠던 거예요. 그래서 저는 모든 것을 말할 수밖에 없는 환경을 만들기로 했어요. 남자들끼리 멕시코 여행을 가자고 제안했죠! 집에서 열 시간도 더 떨어진 곳이라 우리 말고는 다른 아는 사람도 없는데 저는 여전히 속마음을 내보일 용기가 안 나더라고요. 마치 몸이 스스로 입을 다물고 모든 것이 괜찮은 척 저를 조종하는 듯한 느낌이 들었어요. 종일 농담하고 장난치는 동안에도 고민을 말할 타이밍만 찾았습니다. 이 여행을 계획한 진짜 이유에 대해 친구들에게 이야기하려 했지만, 늘 그랬듯 마지막 순간에는 겁이 났어요. 다리 난간에서 뛰어내려야 했던 그날처럼 두려웠지요. 그렇지만 이번에는 휘몰아치는 제 감정의 파도가 위태로워 보였고 어쩌면 그게 더 무서웠던 것 같아요. 그때와 다른 점이라면 지금 내 곁에는 나를 놀리지 않고 도와줄 것이 분명한 친구들이 있다는 사실이었죠. 소년 시절의 저는 몇 년 동안 그 반대 상황에 있었습니다. 겉으로는 친구라고 말하면서 약점을 잡아서 괴롭히는 아이들이 마음에 커다란 상처를 입혔어요. 저는 더 다치지 않으려고 저를 보호해 주는 갑옷을 단단히 갖춰 입었고 친구를 신뢰하는 방법을 아예 잊어버렸습니다.

마침내 멕시코 여행 일정의 마지막 날, 지금 아니면 영영 안 되겠다는 생각이 들었습니다. 두려웠지만 제가 해야 할 용기 있는 행동이 무엇인지 알았습니다. 다른 사람들에게 잘 보이기 위해 다리에서 뛰어내리는 그런 용기 말고요. 보여 주기 두려웠던 저의 일부를 다른 이들과 공유함으로써 더 인간답게 살아갈 수 있는 여지를 확보하려는 과감한 시도였습니다.

마음 열기 연습

말하고 싶어도 친구들이 이해해 주지 않을 것 같은 일들이 있나요? 친구들 반응이 어떨 것 같나요? 종이에 예상 반응을 적어 보세요. 그리고 뒷면에는 여러분이 듣고 싶은 반응을 적어 보세요. 스스로가 좋은 친구 역할이 되어 여러분을 지지해 주는 문구를 적어 보세요. 어떤 친구가 언젠가 여러분에게 뭔가 털어놓으면 그 말을 들려주세요.

마지막 날 밤, 제가 마음을 열고 이야기를 꺼내려고 했을 때 무슨 일이 일어났는지 아세요? 제 절친 하나가 먼저 자기 이야기를 꺼냈어요. 그는 흥겨운 분위기를 깨고 자신이 힘들어하는 지극히 개인적인 이야기를 했어요. 믿을 수가 없었습니다. 친구의 이야기가 아니라 바로 제 이야기 같았거든요!

친구는 저와 똑같은 문제로 고민하고 있었습니다.(포르노 중독과 자신에 대한 실망은 나중에 6장에서 더 자세히 설명하겠습니다.) 그의 이야기를 들으며 제 어깨를 짓누르고 있던 엄청난 짐이 갑자기 가벼워지는 듯한 기분이 들었습니다. 저만 괴로워하는 게 아니라는 걸 알게 되었어요. 다른 친구들이 사랑과 연민으로 대화를 이어 나갔습니다. 편안하고 안전한 느낌이 들었습니다. 그래서 제 마음을 활짝 열었습니다!

저는 포르노를 볼 때마다 두려움과 혼란을 느낀다고 솔직하게 친구들에게 말했습니다. 저는 내내 무력감과 절망에 시달리면서도 겉으로는 태연하게 위선자처럼 살았어요. 사회적으로 보면 성공한 삶인데도 늘 외로웠고 실패자 같았습니다. 포르노에 빠져 있을 때면 나쁜 남편이 된 것 같았고, 나쁜 아빠, 나쁜 아들, 그리고 나쁜 형이 된 것 같았어요.

저를 사랑하는 사람들이 많다는 걸 알면서도 벗어나기가 힘들었어요. 그런데 친구들에게 속마음을 털어놓았다는 것 하나만으로 어깨를 짓누르던 짐이 한결 가벼워졌습니다. 지난 몇 년의 시간에서 벗어나 저다운 모습에 더 가까워진 것 같았어요. 이상하게도 나쁜 감정들의 일부가 바로 그 자리에서 사라졌습니다. 전부는 아니었지만 분명히 일부는 사라졌어요.

친구들은 저와 함께 앉아 제 고통과 걱정, 두려움을 껴안아 주었어요. 다른 친구들도 하나둘 마음을 열었습니다. 친구들은 가정 문제, 두려움, 죄책감이나 속상했던 일들에 대해 이야기하기 시작했습니다. 그때 저는 오랫동안 저와 비교했던 멋지고 재미있고 성공한 삶을 사는 '남자다운' 친구들도 저와 마찬가지로 자신만의 갈등을 겪어 왔고 불안을 느끼고 있다는 사실을 깨달았습니다. 앞으로 우리는 솔직한 감정을 공유하고 나약한 모습을 적나라하게 드러낼 수 있을 것 같아요. 이제는 마음을 나누는 일이 부담스럽지 않고,

대화를 하면 전보다 훨씬 나아진다는 점에 모두 공감했기 때문입니다. 가장 중요한 점은 그러면서 친구로서 관계가 더욱 돈독해졌다는 것이죠.

생각해 보세요. 우리는 대부분 겁에 질린 모습을 남에게 들키고 싶지 않아서 두려움을 인정하지 않으려고 합니다. 그런데 그건 다른 사람들도 마찬가지거든요! 이런 이유에서 친구가, 솔직하게 속마음을 보여 줄 수 있는 타인이 필요합니다. 그러니 기억하세요. 만약 여러분이 친구들과 마음을 열고 각자 어떻게 살고 있는지, 어떤 느낌을 받는지 이야기할 수 있다면 삶의 외로움은 훨씬 줄어들 것입니다.

그리고 하나 더, 친구가 마음을 열었을 때 그 친구를 판단하지 않는 것이 중요합니다. 친구가 한 말이나 행동에 동의하지 않는다면 의견을 제시하기 전에 상대방이 조언을 원하는지 먼저 물어보세요. 때때로 사람들은 그저 자신의 이야기를 잘 들어 주기만을 원하기도 하거든요. 그럴 때 보일 수 있는 가장 좋은 태도는 그저 곁에서 묵묵히 들어 주는 일입니다.

세 번째 인플루언서 그룹,
괴롭히는 사람들

괴롭힘을 당하는 사람은 자신의 약점이 다른 사람들에게 이용될까 봐 두려워합니다. 선량해 보이는 여러분도 무심코 어떤 이를 괴롭히는 사람이 될 수 있습니다. 저는 괴롭힘을 당했으면서도 다른 아이들을 괴롭히면서 우월감을 느꼈던 시기가 있습니다. 명심하세요, 사람들은 자기 잘못이나 불행을 회피하거나 (자신을 포함한) 사람들의 시선을 돌리기 위해 다른 사람을 괴롭힙니다. 강한 자에게 고통받은 사람이 자기도 강한 힘이 있다고 위안하기 위해 택하는 손쉬운 방법은, 자기보다 약한 이를 괴롭히는 일입니다.

저를 괴롭히는 사람들을 (특히 온라인에서) 만날 때마다 저는 다음과 같은 말을 되새깁니다. '상처받은 사람들이 다른 사람들을 상처 입힌다.' 여러분도 이것을 명심하면 힘든 상황에 처했을 때 연민과 공감을 얻을 수 있을 거라고 생각합니다.

여러분을 괴롭히는 사람들은 첫째, 괴롭힘을 당하고 있거나 둘째, 자존감이 바닥에 떨어졌는데도 자신이 다른 사람보다 우월하다고 여기고 싶어서 그런 행동을 하는 것일 수 있습니다. 말하자면 이런 심리 상태인 거죠. '내 삶은 왜 이렇게 개떡 같을까⋯⋯. 그렇지만 저 녀석만큼은 아니겠지.'

저는 자신을 치켜세우려고 다른 사람을 깎아내릴 필요가 없다는 사실을 말하고 싶습니다. 명확히 짚고 넘어가야 해요. 나도 누군가에게 상처받았으니 다른 사람에게 상처 줘도 괜찮다고 여겨서는 절대 안 돼. 그건 변명이 될 수 없어요. 잘못한 것이 있다면 사과하고 해명을 해야죠. 허락 없이 함부로 다른 사람 몸에 손을 대서는 안 됩니다. 그 아이는 물론이고 그 아이를 염려하는 주변 사람들을 불안하게 만들거나 두려움에 떨게 해서는 안 됩니다.

중학생 때 에디라는 무서운 아이가 있었습니다. 점심시간에 저를 따라다니며 자기 말을 안 들으면 죽여 버리겠다는 끔찍한 말을 하곤 했어요. 괜히 밀치고 넘어뜨리고 물건을 던지고 저에 대한 나쁜 소문을 퍼뜨렸어요. 덩치도 커서 언제든 저를 때려눕힐 수 있었죠. 저는 무엇을 해야 할지, 누구에게 도움을 청해야 하는지도 몰랐어요. 너무 무서워서 학교에 가고 싶지 않았음에도 겁쟁이처럼 보이기 싫어서, 달리 말하면 여자애처럼 보이기 싫어서 꾹 참고 학교에 갔지만 누구에게도 고민을 말하지 못했어요.

그놈이 우리 반으로 찾아올까 봐 쉬는 시간에는 교실 밖으로 나가 숨어 있었고, 창피당하고 싶지 않아서 급식실 근처에는 가지도 않았습니다. 차라리 굶는 게 나았죠. 정말 끔찍했어요. 돌이켜 보면 피해 다니면서 태연한 척하기보다는 선생님이나 부모님 같은 어른에게 무섭다고 말했다면 더 좋았을 것 같아요. 그러면 학교 혹은 에디의 가족이 나서서 도와줄 수도 있었을 거예요. 학교는 모든 학생에게 안전한 곳이어야 합니다. 안전하지 않다고 느끼면 다른 남자아이들이 뭐라든 그 사실을 알려야 합니다.

☆주목!

너무나 많은 청소년이 괴롭힘을 견디지 못하고 스스로 목숨을 끊고 있습니다. 여러 연구에 따르면 자살은 괴롭힘과 밀접한 관련이 있습니다. 괴롭힘을 당하는 피해자는 그렇지 않은 또래보다 훨씬 높은 자살 충동을 경험하고 실제로 그런 비극이 일어날 확률도 큽니다. 생각만 해도 가슴이 아픕니다.

표현하지 않으면 그 누구도 여러분의 고충을 알지 못합니다. 진정한 용기는 침묵하지 않는 것입니다. 여러분이 괴롭힘을 당하고 있다면 즉시 누군가에게 알리세요. 자해나 자살 충동을 느낀다면 즉시 도움을 요청하세요. 24시간 열려 있는 상담 전화가 있습니다. (자살예방상담전화 109번, 청소년상담센터 1388번으로 전화 혹은 문자 상담 — 옮긴이) 도움을 요청하는 것은 가장 용감한 행동 중 하나라는 사실을 기억하세요.

그리고 제발, 제발, 제발 제 말을 들어 주세요. 살아가면서 목숨을 끊어야 할 정도로 나쁜 일은 일어나지 않습니다. 그런 일은 없습니다. 세상이 끝나는 것처럼 느껴지는 순간에도 항상 탈출구는 있습니다. 어려운 순간을 벗어나면 삶이 더 나아진다는 걸 여러분께 약속할 수 있습니다. 여러분을 사랑하고 아끼는 사람들의 삶에는 여러분이 꼭 필요합니다.

에디는 골대에 저를 묶어 두거나 운동장에 자빠뜨린 후 웃고 있는 여자애들 앞에서 저를 '벌떡이 새끼'라고 놀려 댔어요. 집에 돌아와 거울을 보면서, 나는 두드려 맞는 게 두려워서 싸우거나 대들지 못한 겁쟁이라고 얼마나 자책했는지 몰라요. 그때 생각을 하면 지금도 눈물이 납니다.

괴롭힘이 초래하는 최악의 효과는 피해자가 자신의 존재 이유에 의문을 품고 스스로 등을 돌리게 되는 것입니다. 더 나쁜 것은 그 고통을 현명하게 처리하지 않았을 때 엉뚱하게도 선량한 다른 소년 역시 괴롭힘을 당할 수 있다는 것입니다. 그 누구도 예외가 아니죠. 피해자가 다시 가해자가 되는 비극이 일어납니다.

네 번째 인플루언서 그룹,
미디어

영화에 나오는 배우들은 정말 멋지죠? SNS에 공유되는 모습도 그렇고, 잡지에서도 그렇죠. 수백만 명의 팔로워를 거느리고, 완벽한 포즈와 완벽한 조명으로 촬영된 완벽한 몸매를 가진 '셀럽'들. 그들이 피부나 체지방 따위를 걱정하는 것 같지는 않아요, 그렇죠? 거의 반나체인 온라인 프로필을 보면, 그들 중 수영복을 입었을 때 자기 모습이 어떨지 걱정하거나, 좋아하는 사람들에게 이상하게 보이면 어쩌나 염려하는 사람은 아무도 없는 것 같아요. 그들은 분명 최고의 삶을 누리고 있는 것만 같아요. 자신감 넘치고 두려움도 없다는 건 정말 멋진 일이겠죠? ……글쎄요.

실제로는 어떨까요? SNS에서 볼 수 있는 많은 콘텐츠들은 인위적으로 선별된 모습입니다. 진솔한 모습을 보여 주려는 사람들의 게시물조차도 사전에 기획된 경우가 대부분입니다. 저는 SNS에 되도록 있는 그대로의 모습을 올리려고 노력하지만, 영상을 망치면 다시 촬영하고 얼굴이 조금 이상하게 나오면 사진도 다시 찍죠. 있는 그대로보다 이왕이면 좋은 것만 보여 주고 싶은 심리는 누구든

다 마찬가지 아닐까요? 인정하기 싫지만 세상이 저를 어떻게 보는지 무척 신경이 쓰입니다. 더 잘 보이기 위해 하기 싫은 일을 할 때도 있고요.

왜 그런 걸까요? 미디어는 젊은 층에 막대한 영향력을 행사합니다. 젊은이들이 기준에 미치지 못하고 유행을 따라가지 못할까 봐 걱정하는 건 대부분 미디어의 영향입니다. 영화, 음악, 스포츠, SNS는 우리가 남성다움의 기준을 충족하지 못한 채 살아가고 있다고 조바심을 느끼게 합니다. 스스로가 충분하지 않다는 불안감을 조장하도록 맞춤 제작된 도구 같아요. 미디어는 우리에게 남자의 모습이 어떠해야 하는지 알려 주고, '용감함'이 무엇인지 일러 주며, 미디어가 정의한 기준에 맞추어 살기를 끊임없이 강조하고 강요합니다.

미디어는 남자아이들에게 가혹하지만, 역사적으로 보면 여자아이들에게 가해지는 압박이 훨씬 더 가혹합니다. 수백 년 동안 여자들은 더 예쁘고, 더 날씬하고, 더 글래머러스하고, 더 크거나 아담하게 자신을 가꾸어야 한다는 메시지에 시달려 왔습니다. 반면에 남자아이들이 받는 압력은 SNS 시대에 들어와서야 부각되기 시작했죠. 오늘날에는 유명 가수부터 동네 꼬마에 이르기까지 누구나 인스타그램만 켜면 훌륭한 복근과 멋진 차를 비롯해 완벽해 보이는 삶의 모습, 심지어는 아름다운 선행이란 어떤 것인지까지 쉽게 볼 수 있습니다. 복근이 안 보이는 배와 매일 타는 자전거는 SNS에 올릴 만하지 않죠. 평범한 모습을 남에게 보이는 것을 꺼리는 남자들이 많습니다. 기술의 발전으로 우리는 얼마든지 원하는 모습을 보여 줄 수 있게 되었습니다. 하지만 왜 우리는 자신의 진짜 모습은 보여 주지 않을까요?

SNS에서 우리를 즐겁게 하는 여러 가지를 순수하게 좋아하는 것은 나쁜 일이 아니지만, 미디어에 비치는 사람들이 자의식 형성에 영향을 미치고 종종 우리의 삶을 의심하게 만든다는 것은 기억해야 합니다. 좋은 면과 나쁜 면이 섞여 있어요. 인터넷 기업은 온라인 플랫폼과 알고리즘을 활용하여 우리가 소비하는 콘텐츠를 추적한 다음 맞춤형 광고로 상품을 판매합니다. SNS 업체들도 광고 수익을 올려야 서비스를 유지할 수 있기 때문에 사용자들이 앱에서 최대한 많은 시간을 보내게끔 무진 애를 쓰죠. 유능한 마케팅이란 사람들로 하여금 상품을 구매하면 삶이 충만해진다고 설득하는 것을 의미합니다. 최신 유행 상품을 쓰지 않으면 시대에 뒤처진 사람처럼 보이게끔 하는 게 마케팅의 효과죠. 솔직히 말해서 지금 우리가 현재의 삶에 충분히 만족하며 살아간다면 인터넷 시장과 글로벌 금융 시장은 바로 무너져 버릴 것입니다.

> "춤을 추고 싶다면, 글을 쓰고 싶다면, 그림을 그리고 싶다면,
> 잘할 수 있을지 걱정 말고 그냥 하세요. 걱정을 거절하세요.
> 어느 누구도 줄 수 없는 것, 즉 여러분 자신을 세상에 보여 주세요."
>
> 글레넌 도일(작가)

TV에 출연했던 사람으로서, 모든 것은 연기입니다. 우리가 TV나 영화에서 보는 몸매는 실제와 다릅니다. 우리가 좋아하는 슈퍼히어로들은 비싼 개인 운동과 복근을 만들기 위한 식이 요법을 병행하면서 매일 몇 시간씩 미친 듯이 운동에 몰입합니다. 심지어 테스토스테론이나 성장 호르몬 같은 위험한 약물로 근육을 더 키우기도 하죠. 웃옷을 안 입고 상체만 나오는 장면이 있다면 메이크업으로 해결하거나 아예 컴퓨터 그래픽으로 보정을 하기도 합니다. 저 역시 촬영하면서 스태프에게 요청하여 복근에 '윤곽'이 더 멋져 보이는 메이크업을 하기도 했습니다. 나중에 4장에서 더 자세히 설명하겠습니다.

핵심은, 당신이 좋아하는 인플루언서들은 아주 세심하게 맞춤 제작된 이미지(와 몸매)로 그들이 사용하는 제품을 홍보한다는 겁니다. 이것이 바로 SNS를 움직이는 원동력입니다. 이것을 어느 정도 감안해야 SNS를 적절하게 활용하고 즐길 수 있습니다. 제가 말하고자 하는 이 정도 주의 사항은 해안 도로 옆 가드레일 같은 것입니다. 가드레일은 저 너머에 위험이 존재할 수 있음을 미리 인지하게 합니다. SNS를 포함하여 세상에 어떤 상품이나 서비스가 왜 존재하는지 아는 것만으로도 우리의 행동을 조절하는 데 충분한 도움이 될 것입니다.

따라서 판매 행위가 SNS의 주요한 목적 중 하나이며, 많은 팔로워를 보유한 사람들이 팔로워를 통해 수익을 창출한다는 사실을 알고 있다면 콘텐츠를 소비하는 습관에 조금 더 주의를 기울일 수 있습니다. 이렇게 생각해 보세요. 비디오 게임을 할 때는 당연히 게임을 선택하고 플레이한다는 것을 알지만, SNS를 사용할 때는 그렇게 생각하지 않죠. 게임은 가상의 세상이라고 생각하지만 SNS는 실제 세상이라고 여깁니다. 그렇지만 SNS 역시 게임 속 가상 세상에 가깝습니다. AI 알고리즘은 좋아요, 댓글, 조회 수를 모두 저장하고 분석한 다음, 학습을 통해 사용자가 좋아할 만한 행위를 제시합니다. 즉, 판매에 이용하죠. 우리는 미처 깨닫지 못합니다. 우리가 규칙에 따라 움직이는 게임 속 캐릭터라는 점을 말이죠. 자신이 게임 속에 있다는 것을 알고 규칙을 이해하면 스스로 결정을 내리는 통제력이 조금 더 커질 수 있을 겁니다.

대중을 대상으로 하는 경제 활동은 잘못된 것이 아니며, 저와 아내도 그런 일을 하고 있습니다. 가족을 부양하려면 돈을 벌어야 하고, SNS를 활용해 여러분이 읽고 있는 이 책을 홍보하면 판매에 도움이 될 것입니다. 그렇지만 잊지 말아야 할 것이 있습니다. 커다란 힘에는 커다란 영향력이 뒤따라오기 때문에 거대한 플랫폼을 운영하는 회사나 수많은 구독자를 지닌 이들은 공동체의 가치에 부합하는 윤리를 알릴 책임도 있습니다. 영화 「스파이더맨」에서 벤 삼촌이 한 말을 기억하나요? "큰 힘에는 큰 책임이 따른다."

알아 두면 좋은 것이 하나 더 있어요. 카메라를 향해 미소를 짓고 있는 '남자다운' 남자들이라 해도 자기 외모나 분위기에 한껏 자부심을 느끼는 건 아니랍니다. 사람들에게 어떻게 받아들여질지 불안해하고, 최신 유행에 뒤처진 건 아닐까 무척 걱정하죠. 그들도 우리와 같은 인간이고, 움직이는 광고판으로 설계된 존재는 아니기 때문입니다. 인간은 훨씬 더 고차원적인 존재입니다. 사람보다 이익을 더 중요시하는 세상에 살고 있다고 해도 가끔은 시끄러운 미디어를 잠시 끄고, 우리가 누구인지 어떤 사람이 되어야 하는지 곰곰이 따져 보는 시간을 가져야 합니다. 이 역시 용기 있는 일이죠.

💙 마음의 소리 듣기

영향력만이 최고라면……

메모지를 펴고 떠오르는 친구나 운동선수, 영화 속 인물이 자주 했던 말을 적어 보세요. 그들이 입는 옷과 먹는 음식, 좋아하던 것들을 떠올려 보세요. 내일이나 모레, 또는 시간이 더 많이 지난 후 그런 것들이 별로 좋아 보이지 않는다고 해도 여전히 그들을 좋아할 건가요? 그 이유는 무엇인가요? 좋아하는 마음이 변했다면 그건 또 왜인가요? 이유를 적어 보세요.

누구든 높은 다리 난간에
서야 하는 순간이 온다

'용감한' 남자, '용기 있는' 남자라고 얘기할 때 우리는 보통 선입관을 갖고 생각합니다. 용기라고 하면 신체적 위험을 감수하는 것과 관련이 있다고 생각하죠. 하지만 그러한 신체적 행동은 때로 용감한 일이 아니라 두려움에 대한 반응입니다. 이래야 용감하게 보이지 않을까? 하는 두려움과 걱정에서 비롯된 것이거든요. 무척 혼란스럽죠? 용감하게 보이지 않을까 하는 두려움에 '용기 있는'(가짜 용기) 행동을 하도록 스스로 동기 부여를 하는 거예요. 높은 다리 난간에서 멋지게 뛰어내린 아이가 사실 겁 많은 소년이었다고 누가 상상할 수 있겠어요? 뛰어내리는 것보다 자신이 용감하지 못한 겁쟁이로 비치는 일이 두려웠던 것인데 말이죠.

다른 사람들에게 좋은 인상을 주려고, 인정받기 위해, 그들의 기준에 맞추기 위해 신체적인 위험을 감수한 것입니다. 물론 거칠고 위험한 것을 즐기는 사람도 있겠지만, 제가 높은 곳에서 뛰어내린 건 용감함이 아닌 두려움 때문이었습니다. 우리가 알던 것과 다른 종류의 용기가 있습니다. 바로, 진심으로 느끼는 것을 인정하고 받아들이는 마음입니다. 그런 용기는 우리 마음을 여유롭고 풍요롭게 만들어 주죠. 그 시절로 돌아간다면 진정한 용기를 발휘하고 싶습니다. 이를 꾸준히 연습한다면 우리 삶을 조금 더 행복하게 누리는 데 도움이 될 것입니다. 또 어떤 용기들이 있을까요?

마음이 아플 때 친구에게 말할 수 있는 용기.

누군가에게 상처를 주거나 후회되는 행동을 했을 때 즉시 사과할 수 있는 용기.

잔인하거나 못된 짓을 하는 아이에게 그러지 말라고 말하는 용기.

내 인생에 큰 영향을 끼치는 남자에게 '남자아이라면 강해져야 한다'거나 '계집애처럼 굴지 말고 사내처럼 굴라'는 말이 무엇을 뜻하는지 당당히 물어볼 수 있는 용기.

그러니 용기를 내세요, 친구 여러분.

용기를 내세요, 거울을 보며 말하세요. 나는 다른 남자애들이 즐겨 쓰는 거친 말을 좋아하지도 않고 믿지도 않는다고.

용기를 내세요, 솔직함은 미덕이라는 사실을 깨달은 소년을 위해.

용기를 내세요, 여자애 같다는 말을 두려워할 필요도, 모욕적으로 느낄 필요도 없다는 것을 아는 소년을 위해.

용기를 내세요, 높은 곳에서 뛰어내리고 싶지 않은 어느 소년을 위해. 벌벌 떨며 다리 난간에 서 있는 아이를 위해 용기를 내 주세요. 그 친구를 홀로 내버려 두지 마세요.

용감해지라는 충고 중에 가짜가 있다.

어떤 행위를 하지 않으면 남자답지 못하다거나, 터프하지 못하다거나, 용감하지 못하다고 사람들이 여러분을 설득할 때가 있습니다. 하지만 특정 행동을 강요하는 것은 매우 비겁한 행동입니다.

주변 사람들이 우리의 신념에 영향을 미친다.

우리는 특정한 방식으로 행동하거나 자기들처럼 행동하라고 말하는 사람들에게 끊임없이 영향을 받고 있습니다. 우리가 해야 할 일은 모든 걸 정직하게 보고 스스로 판단하여 결정을 내릴 수 있도록 노력하는 것입니다. 결정은 두려움에서 나오는 것이 아닙니다.

거절하는 것은 부끄러운 일이 아니다.

두려움이나 분노를 느끼게 하는 일을 할 필요는 없습니다. 모든 걸 해내려고 하지 마세요. 자기 자신에게 진실해지세요. 자기만의 기준을 세우고 할 일과 하지 않을 일을 결정하면 다른 사람들의 말대로 살아가는 이들보다 훨씬 더 강해질 수 있습니다.

도움을 요청하는 것은 용감하다.

자존심을 내려놓고 믿을 만한 사람에게 도움을 요청하는 것은 무척 용감한 일입니다.

용기에는 연습이 필요하다.

자신과 타인을 위해 용기를 내는 것은 힘든 일이며, 시간이 걸릴 수 있습니다. 하지만 자신이 느끼고 믿는 바에 충실하다면, 더 많은 것을 얻을 수 있고 마침내 진정한 의미의 용기를 멋지게 실현할 수 있을 것입니다.

용기는 준비가 되었을 때 발휘하자.

두려움을 극복하는 것은 중요하지만, 성급하면 안 됩니다. 스스로 준비됐다고 판단이 섰을 때 용기를 내면 됩니다. 여러분이 준비되지 않았는데도 누가 어떤 일을 강요한다면 그는 여러분을 돕는 사람이 아니라 자기 이익을 채우는 사람일 겁니다.

남자가 똑똑해야지

'저스틴'이라는 남자
vs. 상의 탈의남

불과 얼마 전까지만 해도 제 이름을 아는 시청자들이 거의 없었고, 저는 그저 드라마에 상의를 탈의한 채로 자주 나오는 남자였습니다.

지난 18년 동안 저는 TV에 웃통을 벗은 채로 출연했습니다. 드라마에서 처음 비중 있는 역할을 맡았을 때부터 로맨틱 코미디 시리즈에 출연할 때까지 저는 끊임없이 웃통을 벗었습니다. 웨이트 트레이닝을 하면서 체격과 근육을 키워야겠다고 마음먹은 것은 10대 시절 당했던 신체적인 괴롭힘 때문이었습니다.(4장에서 자세히 말할게요.) 신체 단련이 어느덧 일과의 중심이 되었습니다. 곧 그것이 제 정체성이 되었고 굳이 바꾸려 하지 않았습니다.

결국에는 제가 가벼운 웃음을 유발하는 소품으로 자주 사용되고 있다는 것을 깨달았죠. 예를 들어 드라마에서 두 인물이 대화하는 장면이 있었는데, 저는 그 옆에서 웃통을 깐 채 팔 굽혀 펴기를 하면서 공부를 하고 있었습니다. 어이없는 상황이죠. 당시 할리우드에서 발굴한 제 가치는 재능이 아니라 몸매였습니다.

신인 배우였던 저에게 그것이 여러모로 안 좋은 영향을 미쳤다는 사실을 나중에야 깨달았습니다. 제가 연기를 잘해서가 아니라 근육질 몸매 때문에 배역을 따낸 거였어요. 항상 웃통을 벗고 다니는 근육질 청년의 우스꽝스러운 이미지는 점점 진부해지더군요. 갈수록 불안해졌습니다. 아무도 저를 눈요깃거리 이상으로 진지하게 받아들이지 않을 테니까요. 나한테는 머리도 있고 심장도 있다고요! 하지만 아무도 그걸 보려고 하지 않았어요. 유치한 이야기 같을 수 있겠지만, 솔직한 이야기를 담겠다고 했으니 계속해 볼게요.

수년 동안 저는 할리우드에 '상의 탈의남' 이상의 배우라는 것을 증명하려고 노력했습니다. 그 과정에서 여자들이 일상적으로 겪는 일들을 알게 되면서 통찰을 얻었고 공감과 연민도 느끼게 되었습니다. 여자아이와 성인 여성은 남자아이나 성인 남성과는 매우 다른 대우를 받습니다.(엔터테인먼트 업계에서 특히나 두드러지죠.)

예를 들어, 남자 배우는 살이 좀 찌거나 흰머리 몇 가닥이 더 생긴다고 해서 일자리가 위협받지 않아요. 그렇지만 안타깝게도 여자 배우에게는 그런 일이 항상 일어납니다. 한번은 제 역할을 비판하는 기사가 났습니다. 잡지 『GQ』에 실린 기사인데요, 매끈하고 탄탄한 몸매를 지닌 배우가 극중에서 아버지 역할을 맡으면 그로 인해 현실의 아버지들이 극단적인 다이어트나 운동 중독으로 내몰리고 해로운 습관을 갖게 된다고 쓰여 있더군요. 그렇지만 언론에서 저를 몸은 좋은데 머리는 나쁘다는 식으로 다룬 적은 없어요. '상의 탈의남'이라는 것이 부각된 적은 있어도 그걸 가지고서 지능 문제와 연결한 기자는 없었죠.

반면에 여성은 지적인 능력에 대해 끊임없이 시험받습니다. 사람들은 예쁜 외모의 여성은 지적 능력이 조금 떨어질 거라고 마음대로 추측합니다. 똑같은 수준의 교육을 받고 똑같은 일을 하는 여성이 남성보다 평균적으로 더 적은 보수를 받습니다.(이를 '성별 임금 격차'라고 합니다.) 그래서 동등한 대우를 받기 위해서는 두 배나 더 열심히 일해야 하죠.

이와 달리 남성은 아무것도 하지 않아도 손해 볼 것이 별로 없습니다. 남성다움이 정리된 대본이 만약 실제로 있다면 거기에 남성은 분명 똑똑하다고 적혀 있을 겁니다. 설사 좀 덜 똑똑한 남자도 어떻게든 답을 알아내는 끈기와 능력이 있기에 어쨌든 남성은 언제나 자신감이 넘칩니다.

이건 정말 불공평한 일입니다. 우리 사회는 남자와 여자가 서로 시너지를 내는 윈윈 게임(win-win game)이 아니라 남자 여자 모두 손해만 보는 게임을 하고 있습니다. 여자아이들은 남자아이들과 똑같은 대우를 받으려고 배나 열심히 일해야 하고, 절대 잘난 척하면 안 되며, 남성의 경쟁자처럼 보여서도 안 되므로 항상 자신을 낮춰야 합니다. 반면에 남성은 늘 정답을 알고 있는 것처럼 행동합니다. 답이 틀렸거나 모르면서도 무임승차를 하는 경우가 많습니다.

여성이 남성보다 똑똑한 게 뭐가 문제인가요! 소년이 여성을 미래의 인생 롤 모델로 삼아도 좋은 거지요. 저는 많은 여성분들을 존경합니다. 내 아내 에밀리, 절친인 노엘, 그리고 저와 팟캐스트 「남자는 모름지기」를 공동 진행하는 리즈 플랭크를 비롯해 존경할 만한 여성은 끝도 없이 많습니다. 제게 영감을 주고 더 나은 인간이 되는 길로 인도하고 독려해 준 똑똑한 여자들이 주변에 없었다면 이 책은 나오지 못했을 겁니다. 제 주위의 여자들이 저를 도와주고 뛰어난 능력을 발휘한다고 해서 위기감을 느끼거나 제가 남자로서 능력이 모자란 게 아닌가 하며 불안해한 적은 없습니다. 길은 항상 열려 있어야 합니다.

여러분에게 하나 물어보겠습니다. 지금 여러분의 삶을 생각해 보세요. 앞으로 어떻게 살아야 하는지 전부 알고 있나요? 미래를 얼마나 확신하나요?

이건 제 자신에게 묻는 질문이기도 합니다. 당연히 다 알지 못하죠. 확신도 못 하고요. 어렸을 때는 더더욱 몰랐습니다. 세월이 많이 지난 지금도 인생의 일부분을 약간이나마 이해하기 시작했을 뿐입니다.

하지만 어찌 보면 좋은 일입니다. 아는 것이 적을수록 배울 기회는 오히려 많다는 뜻이죠. 더 많이 배울수록 세상과 우리 자신에 대해서, 그리고 세계 안에서 우리 삶을 어떻게 꾸려 나가야 할지 알 수 있어요. 저는 정답을 모르는 상태의 삶도 충분히 멋지다고 생각합니다. 항상 정답을 찾아야 한다고 누가 말하던가요? 세상에는 배울 것이 너무나 많습니다. 우리를 배움으로 이끄는 유일한 길은 호기심을 품는 것이며, 호기심을 품는다는 것은 무지를 인정했다는 뜻이 됩니다. 아인슈타인처럼 똑똑한 사람도 우주의 법칙에 대해 아는 것이 거의 없다고 말했습니다. 흥미롭지 않습니까? 누가 살짝 각색한 것 같기도 하지만 아인슈타인은 "우리가 반드시 알아야 할 지식은 도서관의 위치뿐"이라는 말도 했다고 합니다.

남자는 원래 똑똑해야 한다는 생각은 틀렸습니다. 남자라서 더 똑똑해질 필요가 없다고 생각하는 것은 더 큰 문제입니다. 남자아이들은 무언가를 모를 때 자신이 멍청하다고 자책합니다. 그리고 이것은 자의식 형성에 나쁜 영향을 끼치죠. 다른 남자애들한테 무시당하지 않으려고 똑똑한 척을 하거나, 반대로 자신을 깎아내리면서 똑똑한 아이를 재수 없는 놈이라며 비하합니다. 올바른 정보없이 중요한 결정을 하고, 나중에서야 잘못된 결정을 후회하게 됩니다. 왜 그때는 모른다는 걸 솔직히 인정하지 않았던 걸까요?

머릿속이 복잡해졌나요? 똑똑하고 현명한 방식은 한 가지가 아닙니다. 잠시 후에 자세히 설명하겠습니다. 여러분은 똑똑해질 수 있습니다. 물론 그렇지 않을 수도 있습니다. 헷갈리죠? 다 알 것 같고 다 안다고 착각하는 것보다, 조금 어수선하고 의아한 지금 상태가 훨씬 좋습니다.

알 것인가 말 것인가, 그것이 문제로다

자신에게 물어보세요. 더 배울 것이 없다고 생각하는 사람이 정말 똑똑할 수 있을까요? 새로운 것을 배우지 않기로 한 사람이 똑똑할 수 있을까요? 잘 모르면서 그럴싸한 답을 지어내는 것과 답을 모른다고 인정하고 기꺼이 배우려 하는 것 중 무엇이 더 똑똑할까요?

똑똑함의 여러 유형들,
지능에 대해서

지혜롭다는 것은 지식을 알고 있거나 책을 잘 이해하는 것을 의미할 수도 있습니다. 흔히 이런 종류의 지능은 역사, 수학, 과학, 문학 등 학교에서 배우는 지식에 관련되므로 '분석적 지능'(book smart)이라고 부릅니다. 분석적 지능은 세상을 더 잘 이해할 수 있게 해 주고 특정 분야의 직업을 구하는 데 도움을 주기 때문에 중요합니다. 하지만 기억해야 할 점은 그에 못지않게 중요한 다른 유형의 지능이 있다는 것입니다. 책으로 지식을 얻는 것이 서툴고 독서 집중력이 오래가지 않는다고 해서 똑똑하지 않다는 뜻은 아닙니다!

상황과 환경에 대한 인식 능력을 사람들은 '실용적 지능'(street smart)이라고 부릅니다. 실용적 지능은 특정 사람들과 대화하는 방법, 어떤 지역에서 맛집을 잘 찾는 방법, 거짓말하는 사람을 구별하는 방법, 집에 데려다줄 사람이 필요할 때 믿을 만한 사람을 찾는 법 등 일상에서 사람들과 소통하고 생존하는 기본적인 방법을 아는 능력입니다. 거리에서 살아남기 위해서는 본능과 경험, 인간에 대한 일반적인 지식이 복합적으로 작용합니다. 똑똑한 재능이죠.

또 다른 종류의 지능은 '감성 지능'(emotional intelligence) 또는 '마음 지능'(heart smart)이라고 불립니다. 기업에서는 이를 EQ(정서 지능)라고 부르기도 하는데, IQ(지능 지수)가 높으면 머리가 좋은 사람, EQ가 높으면 감정이 똑똑한 사람입니다. EQ가 높은 사람은 대화로 상대방의 동기, 욕구, 필요를 이해할 수 있습니다. 그들은 공감 능력이 뛰어나서 때로는 대화가 아닌 경청만으로도 상대 심리를 파악합니다. 최신 연구에 따르면 EQ가 높은 사람은 업무 성과를 더 잘 내고 말다툼이 적으며, 일상 생활에 더 만족하는 것으로 나타났습니다.

오늘날 공립 학교의 교육 시스템은 전통적으로 학생들의 분석적 지능을 키우는 데 집중하고 있습니다. 사실 제가 자라면서 학교 생활이 힘들었던 이유 중 하나가 이것이었습니다. 제 방식과 학교에서 요구하는 방식이 너무 달라서 지적 능력이 떨어진다고 느낀 적이 많았거든요. 점점 더 많은 공립 학교가 대안적인 교육 방법을 수용하고 학생들의 다양한 재능과 학습 능력을 인정하는 등 빠르게 변화하고 있다는 점은 고무적인 일입니다.

어렸을 때 저는 '책벌레'와는 거리가 멀어도 아주 멀었습니다. 저는 책에 잘 집중하지 못해서 책상에 가만히 앉아 있지 못했습니다.(지금도 그렇죠. 그래서 이 글을 쓰고 있는 중에도 서 있습니다.) 고등학생 때 제 성적은 평균 정도였고, 시험을 잘 본 적도 없으며, 운동 장학금을 받아 대학을 다녔습니다. 지금이야 분석적 지능이 다양한 지능의 하나라는 것을 알지만, 학교에서는 그것을 가르쳐 준 적이 없습니다. 학교에서는 분석적 지능만 유독 강조했습니다. 그런 탓에 저는 내 지능이 반 친구들보다 떨어지는 건가? 내가 좀 멍청한 건가? 하는 걱정에 내내 시달렸습니다. 교실 밖에서도 제 지적인 능력이 좀 달린다고 느꼈습니다. 이런 감정을 가진 남자들이 어디로 빠지는지 아세요?

짐작하셨겠지만 엉뚱한 곳에서 관심을 받으려고 합니다. '과잉 보상'이라고도 부르죠. 부족한 부분을 보상받으려고 다른 쪽에서 과도한 행위를 하는 경우입니다. 가장 흔한 예는 물질적 소비입니다. 자기 외모에 콤플렉스를 느끼는 사람이 고급 자동차나 화려한 시계, 희귀하고 비싼 신발을 즐겨 사는 경우가 여기에 해당합니다. 자신에게 닥친 문제나 감정을 차분히 살피려고도 하지 않습니다. 문제를 즉시 해결하려고 욕심을 부리거나 지나친 과시욕을 내세웁니다. 농담도 더 과하게, 운동도 더 과하게, 그리고 더 태연한 척하면서 과잉 보상을 추구합니다.

2장. 남자가 똑똑해지지 • 75

"좋은 머리와 좋은 마음은 언제나 강력한 동반자다."

넬슨 만델라(인권 운동가, 정치가)

학교에서 뛰어난 성적을 거두는 똑똑한 학생이 되고 싶었지만, 중등 교육 과정 내내 저는 수업을 쫓아가기 바빴습니다. 성인이 되어 하고 싶은 일을 하려면 지적인 능력이 필요하단 걸 알았지만, 학교와 제 방식이 서로 잘 안 맞았습니다.

예를 들어 보죠. 저는 운동선수였고 스포츠는 어렸을 때 제 삶의 큰 부분이었습니다. 저는 축구를 위해 살았고 밖에서 몸을 움직일 때 가장 행복했습니다. 수업 시간에 책상에 앉아 있을 때면 쉬는 시간까지 몇 분이나 남았는지 세고는 했고, 이런저런 핑계를 대면서 교실을 빠져나갔던 기억이 납니다. 아이들이 무슨 화장실을 그렇게 자주 가냐며 제 방광을 가지고 놀렸지만 달콤한 자유를 위해 그 정도 대가는 지불해야 했죠.

가만히 앉아 있는 법, 마음을 진정시키는 호흡법, 필기를 하며 정보를 흡수하는 법 등을 가르쳐 준 사람이 없었어요. 그래서 책상에 앉아 있는 건 제게 고문과 같았습니다. 저와 같은 문제를 겪는 아이들이 많지는 않지만, 저 같은 아이들도 있답니다. 저는 교사가 일방적으로 정보와 지식을 주입하는 방식에 커다란 곤란을 겪었고, 수업에 흥미가 떨어질 때면 쉽게 산만해졌고 엉뚱한 공상을 했습니다.

이런 상황을 상상해 보기

팀이라는 학생은 수업 방식이 맞지 않아서 어려움을 겪으면서도 그 말을 털어놓고 싶지 않습니다. 팀은 모든 반 친구들이 수업을 잘 이해한다고 생각합니다. 팀은 무엇을 해야 할까요? 수업을 마치고 선생님께 도움을 요청해야 할까요? 아니면 스스로 해결책을 찾아보아야 할까요? 여러분이 생각하는 답을 떠올려 보고 팀이 여러분의 친구라면 어떤 말을 해 주고 싶은지 적어 보세요.

저는 상상력이 아주 풍부한 편이고, 그런 성향이 창작자로서 성공의 밑거름이 되었지만 학교에서는 순탄하지 못했죠. 허구로 꾸민 엉뚱한 상황극을 벌이곤 했는데, 무료한 교실 안에서 흥분과 자극이 필요하기도 했고 주목받고 싶기도 했습니다. 4학년 때 한번은 여자 담임 선생님에게 화장실에 못 가게 하면 변호사인 아빠가 고소할 거라고 협박한 적이 있습니다. 계획대로 풀리지는 않았지만요.

배움은 지속적으로 이어지는 과정입니다. 분석적 지능이 뛰어나지 않더라도 수학, 역사, 과학, 문학에 대한 일정 수준의 지식은 인생에 큰 도움이 됩니다. 그런데 이 배움의 과정이 조금 더 쉬워진다면 좋겠죠. 학교에서 배운 기하학이나 대수학 지식을 살면서 다시 쓸 일이 과연 있을지는 잘 모르겠지만, 어려운 상황에 적응하면서 지식을 배우고 흡수하는 방법을 터득한다면 평생 유용하게 사용할 수 있을 겁니다. 지식을 얻는 방법이 어떠하든 여러분을 도와줄 훌륭한 선생님들이 항상 주변에 있다는 점은 잊지 마세요.

역사적 사건의 연대를 못 외우거나 방정식 풀이법을 잘 모른다고 해서 바보가 아닙니다. 어리석어지는 것도 아니고요. 필기 시험에 약하다고 해서 똑똑하지 않다고 말할 순 없습니다. 누군가의 도움이 필요할 것 같다거나 알고 싶다는 생각이 들면 매우 양호한 상태이니 걱정할 필요가 없습니다. 손을 들고 "잘 모르겠습니다."라고 말하면 더 좋습니다. "다른 방법으로 설명해 주실 수 있나요?"라고 말해도 아주 좋죠. 설명을 다시 들었는데도 이해하지 못해서 당황스럽더라도 걱정하지 마세요. 모르는 걸 묻어 두지 말고 수업이 끝난 후나 집에 가기 전에 선생님께 말씀드리세요. 선생님은 학습에 도움이 되는 방법을 여러분 스스로 찾을 수 있도록 도와주실 겁니다.(학교에서 성적이 좋지 않았어도 나중에 크게 성공한 사람들은 수없이 많습니다. 혼자 고민하지 마세요. 시험 점수가 여러분의 미래를 결정하지 않습니다. 저를 보고 한번 믿어 보세요.)

지금 생각해 보니 정말 재미있는 점이 있어요. 어렸을 때 저를 곤경에 빠뜨렸던 일들, 부모님이 학교로 와 특별 상담이며 교사 회의가 열렸던 사건들이 모두 제 성공에 도움이 됐다는 사실입니다. 하나에 집중하지 못하고 이것저것 동시에 발을 걸쳤던 '나쁜' 습관은 나중에 돌아보니 멀티태스킹 능력의 다른 모습이었어요. 제 개인적 성장과 직업적 발전의 상당 부분은 서로 다른 일들을 동시에 진행하는 멀티태스킹 능력에서 비롯되었거든요. 멀티태스킹 능력을 개발하다 보니 여러 가지 일을 동시에 처리하면서도 어떤 것에 비중을 두어야 하는지 자연스럽게 알게 되더군요.

학생 시절에는 불안과 좌절을 느꼈던 적이 적지 않았습니다. 책상에 앉아 8시간 이상 책을 볼 수 있는 능력이 내게 있다면…… 하고 바란 적도 있었죠. 그렇지만 중요한 것은 제게 알맞은 방식을 찾고 이해하는 일이었습니다. 무척 고무적인 것은 서른 살이 넘으면서 예전에는 몰랐던 집중 요령을 터득하기 시작했다는 점이에요. 차분하게 한 가지 일에 집중하는 능력이 없었던 것이 아니라, 그것을 하기 위해 내 몸에 무엇이 필요한지 미처 알지 못했다는 사실을 나중에야 깨달았어요. 호흡법, 명상이 저에게 큰 도움이 되었습니다.

알아보기

명상은 청소년에게도 유익하다

명상에 대한 정의는 사람마다 다르겠지만, 저는 마음을 차분하게 하고 시끄러운 일상에서 벗어나 생각과 감정을 더 잘 알 수 있게끔 하는 행위라고 생각해요. 명상은 평온함과 집중력을 찾는 데 정말 도움이 됩니다. 명상의 방법은 다양합니다. 천천히 심호흡을 해도 되고, 긍정적인 생각과 말을 해도 좋고, 몸을 움직이면서 해도 되죠. 눈을 감고 조용하고 고요한 곳에 있다고 상상하기도 하고요. 저는 매일 명상을 합니다. 명상은 정신을 건강하게 유지하는 필수 도구죠. 명상을 한다고 해서 꼭 가만히 있어야 하는 것은 아닙니다. 가끔은 짧은 산책을 하며 호흡을 조절하기도 하고, 때로는 일부러 밖에 나가서 차가운 바람을 쐬기도 합니다. 그렇게 하면 복잡하게 돌아가는 마음이 정리되고 효과적으로 정신을 집중할 수 있어요. 저는 느린 움직임과 호흡의 조합이 가장 효과적이라는 것을 배웠고, 필요할 때는 차가운 물로 샤워를 하며 정신을 맑게 만들기도 합니다. 그렇지만 각자 자신에게 알맞은 방법을 찾는 게 중요합니다. 명상이나 호흡법에 관심이 있다면 관련 앱들을 사용해 보는 것도 좋겠습니다. (학교에서 진작 가르쳐 주었다면 저는 전 과목 A 학점을 받았을지도 모르지만, 학점과는 상관없이 분명 더 행복한 학창 시절을 보냈을 거예요!)

길 물어보기
다른 남자들은 어떻게 생각할까?!

내비게이션이나 스마트폰을 사용하지 않고 운전을 하던 시절이 있었습니다. 까마득한 옛날 같지요? 그 시절 남성에게 운전은 무척 까다로운 일이었고 일종의 모험과도 같았습니다. 지도와 표지판을 완벽하게 활용하여 목적지에 도착하거나, 길을 잘못 들어서 낯선 동네로 가거나 둘 중 하나였죠.

드물긴 하지만 세 번째 경우가 있긴 합니다. 길을 물어보는 거죠. 제 아버지에게 해당하는 경우는 아니었습니다. 아버지는 '사내다움'과 거리가 먼 분인데도 운전이나 길 찾기에서만큼은 다른 보통의 아저씨들처럼 꽉 막히고 고집스러웠습니다. 지금은 훨씬 나아졌지만, 당시에는 운전 중에 낯선 이에게 길을 물어보는 일이란 격투기 시합 도중에 항복 신호를 보내고 패배를 인정하는 것이나 다름없었거든요. 바다 쪽 방향으로 그냥 갔으면 될 것을, 아버지가 지름길로 가겠다며 물어보지도 않고 운전하는 바람에 험준한 산맥을 넘다가 폭풍우를 만나 며칠간 고립된 적도 있습니다.(실화입니다.)

저희 아버지만의 경우는 아닙니다. 내비게이션 회사에서 조사한 바에 따르면 중년 남자들이 평균적으로 수십 년간 쓸데없는 자동차 주행을 1,300킬로미터나 더 한다고 합니다. 길을 잃었다는 것을 알고서 지도를 다시 확인하거나 타인에게 도움을 요청한 경우는 6퍼센트에 불과했다고 합니다. 놀랍지 않습니까, 길을 헤매는 남자 운전자 100명 중에 고작 6명만 길을 물어본다는 말이죠.

제게는 낯선 이야기가 아닙니다. 어렸을 때를 떠올려 보면 길을 물어보는 남자를 거의 본 적이 없어요. 게다가 이제는 누구나 스마트폰을 가지고 있기 때문에 길을 물어볼 이유 또한 없어졌습니다. 여기에 더 심각한 문제, 우리 삶의 모든 영역에 영향을 미치는 문제가 있습니다. 대부분의 남자아이들은 우리가 인지하든 아니든 도움을 요청하는 행위를 나약함과 동일시합니다. 그렇게 배우죠. 어느 쪽이 북쪽인지 잘 알고 있어야 하고, 누군가의 도움을 받아 길을 찾는 건 남자답지 못하다는 이미지가 형성돼 있는 겁니다. 참으로 우스꽝스러운 불문율이죠.

제가 태어나기 전에 돌아가신 할아버지는 이탈리아 이민자로서 편견과 차별을 극복하고 인디애나주 상원 의원이 되신 분입니다. 몇 년 전 고모에게서 할아버지가 상원 의원 재선에 실패한 직후 경제적 형편이 악화되어 힘든 시기를 겪었다고 들었습니다. 젊은 시절부터 몸담았던 자동차 공장이 갑자기 폐업하면서 할아버지는 일자리를 잃었고 퇴직금도 받지 못했습니다. 무일푼이 되어 가족을 먹여 살리느라 청소부로 야간 근무를 하기도 했습니다.

할아버지는 평소 수많은 사람들을 도와주었음에도, 정작 자신은 자존심 때문에 누구에게도 도와 달라고 하지 않았습니다. 침묵 속에서 의지할 곳 없이 고난을 감당했을 할아버지의 마음이 얼마나 무겁고 외로웠을지 상상하기도 어렵습니다. 고모는 60년이 지난 지금도 할아버지를 이해하기 어렵다고 하더군요. 남성다움이라는 메시지는 우리에게 조용히 고통을 견뎌 내면서, 도움을 청하거나 나약함을 내보이지 말라고 말합니다. 다른 이들의 시선을 두려워하다 보면 우리가 가야 할 올바른 방향을 잃어버리게 됩니다. 자신에 대해 확신이 들지 않을 때 우리는 고통을 겪는데, 잘못된 판단이라는 것을 알고 나서도 혼자 힘으로 해결할 수 있다고 믿는 경우가 많습니다.

　모르거나 틀렸다는 점을 인정하지 않는 남자들은 자칫 고압적인 '맨스플레인'(mansplain; man+explain)으로 빠지기 십상입니다. 모든 것을 두루 잘 안다는 식으로 여성에게 충고하고 가르치려는 남성의 태도를 뜻하는 말이죠. 고등학교 때 한 녀석이 월경과 폐경에 관한 올바른 지식도 없으면서 같은 반 여자애들에게 여자들은 매달 폐경을 반복하며 평생에 걸쳐 생리를 하게 된다며 진지하게 떠드는 것을 본 적이 있습니다.(여학생들은 '쟤 또 저런다' 하는 심드렁한 표정이었고요.) 그런 이야기를 어디서 주워들었는지, 그리고 무슨 생각인지 알 수는 없었지만, 그건 여학생들을 향한 말이라기보다는 주변에 있던 우리 남학생들을 겨냥한 말 같았어요. '나 이런 것도 안다'고 유식해 보이기 위해서 말이죠.

　종종 친한 친구들과 둥그렇게 모여 토론하면서 각자 자기 생각이 옳다는 것을 증명하려고 애를 쓰곤 합니다. 그렇지만 막상 주장을 위한 주장, 논쟁을 위한 논쟁이 되기 일쑤죠. 그래도 친한 친구들 사이에서는 금세 아무 일 없는 듯 털고 일어날 수 있지만, 세상 사람들에게 똑같이 했다가는 곤란한 상황이 오거나 낭패를 당할지도 모릅니다.

　그동안은 가치를 인정받으려면 먼저 제 주장이 통해야 한다고 생각했습니다. 부족한 사람으로 비치는 것이 너무 두려웠기 때문에 모든 상황에서, 심지어 명백히 틀린 경우에도 제가 옳다며 기를 썼어요. 틀렸다고 지적받으면 창피하거나 바보가 된 것 같았고, 마음속 깊은 곳에서 무력감이 올라왔기 때문에 그 감정에서 벗어나려고 온갖 시도를 했습니다.

알량한 자존심 때문에 자신이 틀렸는데도 맞는다고 다른 사람을 설득하려는 행위는 여성과 소녀들을 향하기 쉽습니다.(설령 맞는 얘기라 해도 듣고 있는 여자들에게는 괴로운 일이죠.) 이러한 행동을 '가스라이팅'(gaslighting)이라고 합니다. 가스라이팅에 지속적으로 노출된 이는 자신의 정신 상태를 스스로 의심할 정도가 되어 실제 경험이 진짜가 아니라고 믿게 됩니다. 예를 들어 하늘에 구름 한 점 없는 날이라서 "오늘 날씨 화창하네."라고 말하는 사람에게 이렇게 말하는 식이죠. "아니야, 오늘 잔뜩 흐린 날씨인데, 너 왜 그래? 무슨 일 있어?"

가스라이팅은 남학생에게도 일어날 수 있습니다. 저는 첫 번째 연애 때 그런 경험을 했습니다.(6장에서 자세히 설명하겠습니다.) 저는 그 여자와 사귀면서 항상 심리를 조종당하고 세뇌당하는 기분이 들었습니다. 심지어 그 여자가 나와 동시에 다른 남자와도 사귄다는 사실을 알게 되었을 때조차도 그 여자를 탓하기보다는 내가 형편없는 남자 친구라서 그런 거구나…… 하고 생각했어요. 정말 끔찍한 일이죠.

여러분이 혹시 가스라이팅과 비슷한 상황에 처한다면 자리를 박차고 나와 어른에게 이야기하는 것이 좋습니다. 어른들이 모든 해답을 가지고 있는 것은 아니지만(정답을 가진 사람은 없습니다.) 일단 여러분의 이야기에 귀 기울여 줄 것입니다. 그리고 우월감을 느끼기 위해 자기 의심을 주입하려는 사람과 교류하면 정신 건강에 매우 해롭다는 사실을 여러분에게 강하게 상기시켜 줄 것입니다.

> **"모든 시냇물은 자신보다 낮은 쪽으로 흐른다.**
> **광대한 바다는 이렇게 더 낮게 흐른 물들이 모인 것이다."**
>
> 노자 『도덕경』

틀린 것의
옳은 면

남성성과 관련하여 제대로 언급되지 않는 한 가지 중요한 자질은 겸손입니다. 자신이 모르거나 틀렸을지도 모른다고 겸손하게 인정하는 것은 매우 강력한 힘을 발휘합니다. 처음에는 적응이 잘 안 될 수도 있어요.(보통 맞히는 것과 아는 것이 좋은 쪽인 반면, 틀리거나 모르는 것은 나쁘다고 여기기 쉬우니까요.) 자신을 낮추거나 기존에 알던 것을 부정하고 나면 그 자리는 호기심을 향한 갈망이 대신하게 됩니다. 조금 거창하게 말하면 정신적인 활동이 일어납니다. 자신이 누구든 상관없이 자신을 내려놓고 대화에 임하면 상대방과 진실하게 교감하고 서로 공감할 수 있게 되죠. 항상 올바른 선택을 하는 것처럼 보이는 박식한 사람도 더러 혼란에 빠지거나 실수하며 종종 틀린다는 점을 부인할 사람은 별로 없을 거예요. 인간사의 보편 진리니까요. 어렸을 때는 겸손보다는 힘과 권력, 확신과 결단이 더 중요하다고 생각했어요. 그렇지만 이제는 인간으로서의 성장에는 겸손이 더 중요하다는 점을 깨달았습니다. 저는 겸손이 자갈을 가득 채운 유리잔 같다고 생각합니다. 이 유리잔은 다른 공간이 없는 듯 보입니다. 그렇지만 실제로는 자갈들 사이에 틈이 있기 때문에 가득 찬 건 아니죠!

유리잔이 우리의 모습이고 자갈들이 우리가 아는 지식이라고 생각해 보세요. 유리잔이 가득 차 있다고 여기기 쉽지만 아닐 수도 있다는 점을 겸손하게 인정하고 나면 부드러운 모래들이 빈 공간을 채울 수 있음을 깨닫게 됩니다. 다른 지식과 정보, 타인의 의견, 미처 몰랐던 능력을 유리잔에 더 채워 넣을 수 있어요.(이미 가득 찬 유리잔에 뭔가를 더 채워도 잔이 넘치지 않습니다. 놀랍지 않나요?)

고등학생 때의 잊지 못할 추억이 있습니다. 고 3 시절, 선생님에게 처음으로 도움을 요청한 순간이었죠. 도와 달라는 부탁은 하기도 싫었고 하게 되리라고 상상조차 해 본 적 없었는데, 대학 입학 필수 제출 항목인 독후감 과제 때문에 어쩔 수가 없었습니다. 평소에 저는 독서를 싫어하진 않았지만, 차분하게 앉아서 집중하지 못했기 때문에 한 번 읽고 나면 세부적인 내용은 기억하지 못했습니다. 책을 펴고 몇 쪽 읽다 보면 머릿속은 공상으로 채워졌고, 점심 때 먹었던 피자가 떠오르거나 이번 주에 있었던 축구 시합 장면들이 펼쳐졌습니다.

10분 동안 분명히 열 장을 읽었는데 내용은 전혀 기억이 안 났습니다. 떠오르는 게 없으니 종이에 쓸 내용이 있을 리가 없죠. 생각을 정리하며 타이핑을 하는 것은 힘겨운 마라톤 경기 같았어요. (이 책을 쓰면서도 비슷한 위기의 순간들이 여러 번 있었습니다.) 그런 제가 대학 입학 필수 과제로 독후감을 제출해야 하니 얼마나 속이 탔겠어요.

그래서 국어 선생님에게 도와 달라고 용기를 낸 것입니다. 선생님은 다른 선생님들과는 완전히 다른 접근 방식을 취했어요. 선생님은 저와 대화하면서 제 말에 귀를 기울이고 제가 흥미를 느낄 수 있는 방식으로 과제를 완수하도록 도왔습니다. 앞부분에서 설명한 지능의 여러 유형을 가르쳐 준 첫 번째 선생님이죠. 함께 논의한 결과, 제가 과제를 완수하는 가장 좋은 방법은 동영상 독후감이라고 결론을 내렸습니다. 타이핑도 필요 없고, 머릿속에서 떠오르는 생각을 종이에 옮길 필요도 없으며, 집에 있는 캠코더로 책의 후기 영상을 찍으면 되는 거였습니다. 어설픈 연기도 하면서 유치하지만 독창적인 영상 독후감 한 편을 즐겁게 만들었습니다. 선생님이 제 안에 잠재한 똑똑한 지능을 이끌어 낸 겁니다.

이 과제가 최고 점수를 받은 것보다 중요한 점은, 자신의 능력을 처음으로 확인했다는 거였습니다. 스스로가 멍청하지 않다는 것을 알았고, 어리석었던 것이 아니라 그동안 알맞은 배움의 방식을 몰랐을뿐이었다는 사실을 알게 되었죠. 도움을 청한 일이 그런 깨달음으로 이어졌습니다. 모름을 인정할 만큼 똑똑하지 않았다면 저는 아무것도 배우지 못한 채로 남아 있었을 겁니다.

> **"실수하는 게 삶이다, 완벽한 척하는 건 삶이 아니다."**
>
> 드레이크(래퍼·가수·배우)

　도움 요청, 지식 습득, 조언 구하기 등은 근육과 같아요. 돌아보면 근육을 단련할 기회는 많았지만 제대로 활용하지 못했던 것 같습니다. 근육을 키울 수 있는 유일한 방법은 모름을 인정하는 첫 단계를 수행하는 것입니다. 자존심은 자신을 방어하는 갑옷 같은 겁니다. 밖에서 누가 뭐라고 하든 외부 환경과 단절시켜서 자신을 안전하게 지켜 줍니다. 하지만 자존심을 잠시 내려놓고 자기가 무엇을 모르는지 인정하기만 하면 학교나 가정, 더 나아가 직장에서, 무엇보다 인간관계에서 훨씬 더 나은 성과를 얻을 수 있습니다.

　제 안에 있던 부정적인 자아는 점점 조용해졌습니다. 자신을 탓하거나 다른 사람과 비교하는 일이 줄어들었거든요. 모르는 것을 인정하는 데도 열정과 에너지가 필요합니다. 모름을 인정하면서 저는 예전과 다른 방식으로 강해졌습니다.

절대 모를걸?
그러니까 계속 물어봐야지

　「엑스맨」은 제가 가장 좋아하는 만화 시리즈인데요, 다양한 능력을 지닌 사람들이 힘을 합쳐 싸우는 이야기이기 때문이에요. 엑스맨이라고 불리는 팀원 모두는 각각 특별한 힘을 지니고 있는데,

자신이 최고라는 생각을 버리고 다른 팀원들의 도움을 받아야 비로소 악당을 물리치거나 문제를 완전히 해결할 수 있습니다. 울버린의 발톱 하나만 있어서는 안 됩니다. 날씨를 조종하는 스톰이나 폭죽을 만드는 주빌리의 능력도 혼자만 있으면 무용지물이죠. 엑스맨은 우리에게 소중한 교훈을 줍니다. 우리 안에 슈퍼히어로 같은 능력이 있더라도 서로 도와야 진정한 능력치를 발휘할 수 있다는 것입니다.

그렇지만 엑스맨에게는 이겨 내야 할 공동의 적이 있어요. 바로 세상의 무지입니다. 세상 사람들은 자신들과 다르게 생긴 엑스맨의 외모(예컨대 푸른 악마처럼 생긴 나이트크롤러) 때문에 그들을 혐오하고, 그들의 비범한 능력(예컨대 마음속으로 들어갈 수 있는 프로페서엑스)과 강한 힘 때문에 그들을 두려워합니다. 그래서 엑스맨은 사악한 악당과 로봇, 괴물을 물리치면서도, 동시에 자기들을 이해하지 못하는 사람들이 있는 세상에 적응하려고 끊임없이 애를 써야 합니다.

학습도 끊임없는 적응 과정입니다. 아무리 교육을 많이 받고 사려 깊고 호감이 가는 사람이더라도 항상 더 배워야 할 것이 있습니다. 겸손한 자세로 지식을 쌓는 것이야말로 더 나은 사람이 될 수 있는 유일한 방법입니다. 그리고 새로운 아이디어가 많이 받아들여지는 사회일수록 새로운 것을 배울 기회는 많아집니다. 사람들은 마음 놓고 자기 경험을 말할 것입니다. "어, 처음 듣는 얘기네요. 그건 아닌 것 같은데요?"라고 말하는 대신 "와, 처음 듣는 얘기네요. 더 듣고 싶어요."라고 말하면 어떨까요?

당장은 그리 수월하지 않을 겁니다. 특히 남자라면 당연히 모든 걸 저절로 터득할 수 있어야 한다는 이야기를 들으며 자랐을 테니 쉽지 않겠죠. 저는 지금도 어렵습니다. 마음을 단단히 챙기지 않으면, 제 말을 상대방이 조금이라도 미심쩍어 하거나 무시하는 것 같거나 옳지 않다는 식으로 반응할 때 방어적이 되거나 아니면 반대로 공격적이 되곤 합니다.

> "장애물이 나타났다고 해서 좌절하지 마세요.
> 벽이 앞을 막았다고 포기하면 안 됩니다.
> 뛰어넘을 수는 없는지, 뚫고 나갈 수는 없는지,
> 옆으로 돌아가는 법은 없는지 찾아보세요."
>
> 마이클 조던(농구 선수)

그럴 때는 호흡을 조절하며 대체로 잘 넘어가는 편이지만 그게 잘 안 될 때도 있습니다. 납득하기 어려운 상황에 직면해 간혹 불안한 소년 시절의 제가 다시 튀어나올 때가 있거든요. 소년 시절의 저는 잘 몰라서 불안하다고 걱정합니다. 그리고 해내지 못할 것 같다며 겁을 내죠. 그렇지만 안 좋은 기억이 떠올라도 이 순간이 다 배움의 과정이라고 여기고 더 나은 방법을 궁리하며 현명하게 처신하려고 노력합니다. 그 과정에서 내 안에 도사리고 있는 작은 악당들(사회가 내게 주입한 메시지들)은 어느 정도 물리칠 수 있었는데요, 우리 사회에는 무지라는 거대한 적이 여전히 굳건하게 자리를 지키고 있습니다. 우물쭈물하는 어릴 적의 내가 나타나기만을 노리고 있습니다. 우리 판단을 좌지우지하기 위해서죠.

💚 마음의 소리 듣기

신뢰도 테스트

자신감을 갖는 것은 멋진 일이지만, 내면에서 진정으로 우러나온 것이 아니라면 정작 필요한 순간에는 사라질 가능성이 큽니다. 최근에 자신감을 잃어버렸던 순간을 떠올려 보세요. 왜 자신감이 떨어졌는지 이유를 적어 보세요. 창피해서 그랬나요? 다른 사람과 자신을 비교했나요? 불안을 느꼈나요? 진정한 자신감은 있는 그대로의 나에게서 나오는 것이기 때문에 결코 쉽게 사라지지 않습니다. 그 점을 확인하는 것이 이 간단한 셀프 테스트의 목적입니다.

자, 이제 지능 비교 같은 건 그만둡시다. 누가 더 똑똑하고 덜 똑똑한지, 누가 더 빠르고 느린지 신경 쓰는 건 시간 낭비에 불과합니다. 배움에 써야 할 시간을 버리는 거죠. 정답을 모른다고 해서 뭐가 문제인가요? 다른 사람들이 그렇게 한다고 해서 똑같이 해야 할 필요가 있나요? 누가 여러분에게 가르쳐 준다고 하면 기꺼이 배우면 되고, 가르쳐 줄 사람이 없다면 스스로 깨우쳐 가면 됩니다.

마지막으로 하나 더 말씀드리자면, 어떤 분야에서 1위가 되겠다는 목표는 별로 도움이 되지 않습니다. 실제로 어떤 분야에서 항상 1위가 되는 것은 불가능하며, 설령 경쟁자들 중에 0.000001퍼센트에 들어서 1위를 쟁취했다 한들, 곧 다른 누군가가 우리를 제치고 1위를 차지할 것이므로 목표 달성의 기쁨은 잠시뿐입니다. 심리학 교수인 애덤 그랜트는 이렇게 설명합니다. "1위가 되려고 매진하는 것은 좋지 않습니다. 인생의 종착점이 있다는 잘못된 시각, 다른 사람을 이기면 성공할 수 있다는 잘못된 망상을 품게 하죠. 더 좋은 방식은 승리에 초점을 두는 것이 아니라 능숙함에 초점을 두는 것입니다. 미숙했던 과거의 자신과 경쟁하며 부족한 부분을 보완해 나가고, 미래의 자신에 대한 기준을 점점 높여 가는 것이죠."

얼핏 단순한 사고 전환처럼 보일 수도 있겠지만 실제로는 매우 심오한 깨달음입니다. 우선 모든 면에서 1등을 해야 한다는 생각은 비현실적일뿐더러 우리의 행복에 별로 도움이 안 된다는 것을 알아야 합니다. 그러고 나면 우리 자신을 최선의 상태로 만드는 방법도 배울 수 있을 것입니다.

남자는 뭐든 다 알아야 한다는 기대는 불공평하다.

사회화 과정에서 남자아이들은 자신이 틀렸거나 모른다는 사실을 절대 인정하면 안 된다는 무언의 압력을 받으며 자랍니다. 하지만 아는 척만 한다면 새로운 것은 어떻게 배울 수 있을까요?

똑똑해지는 방법은 여러 가지다.

똑똑함의 종류는 분석적 지능, 실용적 지능, 감성 지능 등 여러 가지입니다. 그중 하나를 완전히 터득하지 못했다고 해서 똑똑하지 않다고 말해선 안 됩니다. 각자가 가진 배움과 학습의 방식이 다를 뿐입니다.

틀렸다는 것을 인정하지 않으면 길을 헤매게 된다.

길 묻기를 싫어하는 사람처럼, 자기가 생각한 대로만 행동하면 계속 엉뚱한 방향으로 차를 몰고 가게 됩니다. 더 일찍 도움을 요청할수록 정상적인 경로로 빨리 돌아올 수 있죠.

모든 것을 다 알 수는 없음을 빠르게 인정하자.

우리가 모든 것을 다 알지 못한다는 점을 인정하면, 지능 비교 따위는 하지 않게 되고 각자에게 가장 알맞은 방식으로 배움을 지

속할 수 있어요. 더욱 좋은 점은 그런 과정에서 서로 협력하므로
외로움을 덜 느낀다는 것이죠!

3장

남자가 **멋있어야지**

괴로웠던
내 걸음걸이

6학년부터 중학교 1학년까지는 정말 혼란스럽고 고통스러운 시기였습니다. 육체적으로도 힘이 들었지만 감정적으로는 훨씬 더 힘들었어요. 6학년 때 저는 또래 남학생보다 키가 10센티미터나 더 작았고 몇몇 여학생보다도 작았어요. 아직 '아기' 몸에 불과했던 저는 저보다 먼저 사춘기를 맞은 아이들에게 놀림을 받기 시작했죠.

저는 그저 친구들과 어울리며 잘 지내고 싶었어요. 사춘기를 늦게(나중에 보면 늦은 것도 아니었지만) 맞이하는 것은 또래 사내아이들 사이에서 아주 불행한 일이었습니다. 사춘기가 시작된 것처럼 보이려고 꾸며 내기도 했죠. 글을 쓰는 지금 이 순간에도 그때 생각을 하면 얼굴이 화끈거리고 창피합니다. 그렇지만 전 적어도 그걸 솔직하게 말할 정도로 남자답다고요!

　중학생이 되었을 때, 거칠고 허스키한 변성기 목소리를 따라 하려고 (일부러) 음 이탈 소리를 내곤 했어요. 효과를 좀 보았습니다. 음 이탈 때문에 친구들이 웃으면 목소리가 변해서 괴롭다며 능청스럽게 연기를 했습니다. 그러면 기분이 좋았죠. 그렇지만 그 기분의 밑바닥에는 서글픔이 깔려 있었습니다. 진짜 목소리를 내지 못하는 서러움, 자신이 마음에 들지 않는 자괴감, 또래 친구들보다 성장이 더딘 몸에 대한 분노, 다른 애들에 비해 뒤처진다는 수치심…….

　상황은 점점 더 나빠졌습니다. 언젠가 화장실에서 있었던 일이 기억납니다. 남자애 둘이서 거울에 대고 여드름을 짜며 누런 고름이 얼마나 멀리까지 튀는지 겨루며 킬킬거리더군요. 정말 더러웠어요. 저는 반대쪽 세면대에서 그걸 지켜보고 있었는데, 걔들이 나가면서 비웃듯이 말하더군요. "너무 부러워 마요, 밸도니 씨. 아저씨한테도 사춘기는 와요."

　나를 비웃는 미성숙하고 역겨운 그 녀석들이 꼴보기 싫었지만 내 몸에 뭔가 문제가 있나? 하는 걱정이 먼저 들었어요. 소외되거나 뒤처지기 싫었고 또래들처럼 성숙한 신체 변화가 일어나기를 바라게 되더라고요. 그래서 여드름 빨리 나는 방법을 궁리하기 시작했어요. 어머니가 쓰던 유분기 많은 크림을 매일 밤마다 얼굴에 떡칠을 하고 잤어요.

　어떻게 됐게요? 성공했어요. 사실 너무 과하게 성공을 해 버렸죠. 여드름이 너무 심하게 나서 한동안 치료약까지 먹어야 했습니다. 소원대로 여드름들이 잘 돋아 주었으니 불행 중 다행이라고 해야 할까요?

저를 괴롭혔던 또 한 가지는 걸음걸이였습니다. 어느 날 '터치 풋볼' 게임(사실상 상대를 최대한 세게 밀쳐 내는 게임)을 하고 쉬는 시간에 교실로 걸어가는데, 평소에 친하게 지내고 싶었던 인기 많은 두 친구가 앞에 가더라고요. 뒤를 힐끔 보더니 깔깔거리며 자기들끼리 뭔가 쑥덕거렸는데, 나 때문은 아니기를 빌며 왜 웃냐고 물어보자 아니나 다를까 제 걸음걸이가 이상해서라고 대답했습니다. "왜 그렇게 걷는 거야? 걷는 게 너무 이상하잖아. 우리 따라 하지 말고 그냥 평범하게 걸어, 친구."

오늘날까지도 저는 제 걸음걸이가 맘에 들지 않습니다. 얼핏 보면 뒤뚱거리는 것 같고 좀 웃기거든요. 사실 이 걸음걸이는 많은 축구 선수들의 습관인데요, 엉덩이를 바짝 올리고 꼿꼿하게 걷는 거예요.(TV에 나오는 프로 축구 선수들을 한번 유심히 보세요. 그러면 제 걸음걸이가 어떤지 바로 아실 거예요.) 그렇지만 저는 이렇게 걷는 제 모습을 별로 안 좋아해요. 뭔가 문제가 있는 것처럼 보이거든요. 뭐랄까, 별로 남자답지 않은 걸음걸이 같아요. 중학생 때 선망하던 남자답고 멋있는 친구들이 제 걸음걸이를 놀렸기 때문에 더 그렇게 느껴지는 거겠죠. 설상가상으로 제 아버지도 저와 비슷한 걸음걸이를 갖고 있는데, 점점 커 갈수록 그런 걸음걸이를 물려준 아버지가 미워졌어요. 어떻게 저한테 이러실 수 있어요!

어쩌면 그 친구들이 제게 유익한 조언을 해 준 건지도 모르겠어요. 그 친구들처럼 되고 싶었고 뭐든 따라 하고 싶었거든요. 어떻게 하면 걔들처럼 멋있어 보일까 늘 상상했어요. 비록 그날 깨달은 건 난 걔네들처럼 될 수 없다는 사실과 아무리 애써 봐도 안 된다는 실망뿐이었지만요. 당시의 저는 남들한테 별로 멋져 보이지 않았어요. 그 아이들처럼 쿨해 보이는 남학생이 되는 게 턱도 없는 바람이란 걸 깨닫고 크게 좌절했습니다.

> "행복은 쿨한 것과 비슷하다.
> 남의 것을 닮으려고 애를 쓸수록 더 멀어진다."
>
> 마크 맨슨(작가)

'멋있어 보인다'거나 '쿨하다' 같은 말은 정의가 좀 애매모호하지만 어린 시절 저는 그 의미를 뼛속 깊이 이해하고 있었습니다. 멋있어 보인다는 것은 친구들의 대화 소재에 오른다는 것을 의미합니다. 또 점심시간에 언제든 자기 옆자리를 내줄 수 있고 주말에 함께 놀러 가고 싶은 친구라는 말이죠.

멋있어 보인다는 것은 함께 시간을 보내고 싶고, 생일 파티에 초대하고 싶고, 그들의 일거수일투족에 대해 호기심을 가지게 된다는 것을 의미했습니다.(사실이 아니더라도 또래들에게 화젯거리가 될 정도면 쿨한 친구인 거죠.) 여러모로 '인기'와 동의어라고 보면 됩니다. 쿨하고 멋있어 보이는 아이들은 당연히 인기가 많았고, 학교에서 그건 정말 대단해 보였습니다.

쿨하고 멋있어 보이는 것은 결국 자신감에서 비롯됩니다. 멋있어 보이는 이유는 스스로 멋지다고 생각하며 그것을 의심하지 않기 때문이죠. 예전부터 멋있어 보이는 남자아이들이 갖춘 것들(쿨한 패션, 최신 휴대폰, 감각적인 음악 취향, 또래들의 전폭적인 관심 등)은 모두 자신감을 불어넣는 보조 역할을 했습니다.

당시 제 어설픈 생각으로는 멋있는 걸음걸이 또한 그런 요소였고, 그걸 따라 하면 저도 쿨해 보일 줄 알았던 거예요. 나중에야 알게 된 것은 모든 일이 잘 풀릴 때의 자신감은 진짜 자신감이 아니라는 점이에요. 그런 자심감은 주변 상황이 조금만 나빠지면 순식간에 사라져 버릴 겁니다. 진정한 자신감은 내면에서 우러나오며, 외부 상황과 다른 사람의 판단에 상관없이 자기 자신을 향한 믿음에서 비롯되죠. 끊임없는 자아 성찰과 정직함, 고뇌의 감정이 있어야 진정한 자아를 찾을 수 있으며, 그 과정에는 수많은 땀과 눈물이 필요합니다. 남자아이들에게 주입되어 온 생각은 무엇일까요? 지능과 마찬가지로 자신감 역시 남자라면 원래부터 갖고 있어야 하는 거라고 사람들은 말합니다. 사나이라면 누가 가르쳐 주지 않아도 당연히 자신감이 넘쳐야 하지 않습니까. 그러니까 자신감이 넘쳐야 하는 소년들은 질문하지 않습니다. 달리 말해 소년들에게 문제가 생겨도 아무도 도움을 주지 못합니다. 소년들은 자기 최면을 겁니다. "까짓것 견디고 버텨. 멋있어 보이게, 남자답게."

'누가누가 멋진가' 실험

여럿이서 함께하면 이 실험의 효과가 더 잘 나타납니다. 서로 신뢰가 필요합니다. 모두 눈을 감으세요. 예외는 없습니다. 눈을 감은 상태에서 학교생활에 적응하지 못했던 경험이 있는 사람은 조용히 손을 듭니다. 이제 눈을 뜨세요. 솔직하게 반응했다면 아마 거의 다 손을 들고 있을걸요? 흥미롭지 않나요? 완벽하게 학교생활에 적응하는 사람이 없다는 것은 무엇을 의미할까요? 완벽하게 멋져 보이는 학생들 중에 실제로 완벽하다고 느끼는 사람은 몇이나 될까요? 이 실험을 조금 더 많은 학생들과 비밀 투표 방식으로 진행해도 좋아요. 자신의 이상한 점, 못난 점을 종이에 써서 모자에 넣는 거예요. 그리고 이 익명의 쪽지를 다 함께 펼쳐 보게 되는데요, 쪽지가 많으면 많을수록 모두가 비슷한 고민을 하고 있음을 깨닫게 됩니다. 누구나 교우 관계가 불완전하다고 느끼며 학교생활에 서툴다는 점을요.

고등학생 시절에는 옷차림이나 농담, 걸음걸이, 말투 같은 피상적인 것들에서 멋짐이 드러난다고 생각했습니다. 그래서 내면보다는 겉으로 보이는 이미지에 집중했죠.(스포일러: 저스틴 밸도니는 전혀 쿨해지지 않았고, 멋있어 보이기는커녕 엉망진창이 되어 버린다.)

멋있어 보이려고 애쓰는
저스틴의 3대 비극

걸음걸이 흉내는 꼴사나운 행동의 시작에 불과했습니다. 어떤 분야의 장인이 되기 위해 기술을 연마하는 수습생처럼, 고등학교에서 '성공'하기 위해 익혀야 할 첫 기술은 인기 있는 사람처럼 말하고 행동하는 일이었습니다. 자신감이 넘치는 친구들의 말투, 표현, 의견, 요령, 조언 등을 잘 봐 두었다가 엇비슷하게 따라 할 수 있을 때까지 열심히 연습했습니다.(제가 수업이나 과제, 축구에 이 정도 노력을 쏟았다면 나중에 어떤 성취를 이루었을지 궁금하네요.)

어느 날 사건이 생겼습니다. 제게는 끔찍한 악몽이었죠. 제가 좋아하던 여자애가 저에게 선포하듯 말했어요. "저스틴, 다들 네가 건방지대. 솔직히 내가 봐도 넌 너무 자만심이 심해." 쿵, 뒤통수를 세게 맞은 것 같았습니다. 가슴이 무너지는 느낌이었죠.

자신감만으로 가득 차 있다면 그것은 자만심에 불과합니다. 잘못된 행동에도 자신만만하다면, 가치 있는 자신감은 아니겠지요?

그 친구가 미처 알지 못한 부분이 있습니다. 제 안에 가득 차 있던 것은 자만심이 아니라 다른 사람들의 모습이었습니다. 제가 지나치게 자신감 있는 사람처럼 보였다면, 그건 마음속 깊은 곳에 자리 잡은 불안 때문에 나타난 과잉 행동일 거예요. 다른 애들을 따라하고 흉내 내는 모습 역시 저일 텐데, 어찌 보면 제가 거대한 연극을 꾸몄던 셈입니다. 수년간 심리 치료를 받으며 알게 된 사실은 제가 그때까지 다른 사람들의 여러 성격들을 짜깁기하여 성격을 형성해 왔다는 점이었습니다. 취미로 노래를 하나 만들면 모든 음정과 가사는 이미 발표된 곡에서 가져온 것이었습니다. 독창적인 멜로디나 노랫말은 하나도 없었죠. 결과물은 번듯해 보였으나 제 것이 아니었습니다. 진정성 없는 가짜였죠.

그때 다른 친구들은 저를 낄 데 안 낄 데를 모르고 여기저기 간섭하는, 썰렁한 유머 감각을 가진 오지랖 넓고 거만한 남자애라고 여겼을지 모릅니다. 저는 모든 것을 숨길 수 있었습니다. 하루 종일 친구들이 빈정거려도 아무렇지 않은 척, 좋아하는 여자애가 건방 떨지 말라고 선포해도 대수롭지 않은 척, 급식 시간 후에 교정기에 낀 음식물을 빼내다가 들켜도 창피하지 않은 척······. 집에 가면 정신적으로 녹초가 되었습니다. 저 말고는 아무도 몰랐죠. 얼굴을 뒤덮는 여드름을 보며 괜찮은 척하고, 다리가 배배 꼬이는 것처럼 아파서 속으로 비명을 지르면서도 인기남들의 걸음걸이를 죽어라 따라 했습니다. 진짜 자신감이 뭔지도 모르면서 말이에요.

제게는 현명한 어머니가 있었습니다. 어머니는 당신이 살아온 경험에 비추어 괴롭힘을 당하는 것이 무엇인지 충분히 알고 있었고, 제가 학교에서 힘든 시간을 보내고 오면 부끄러움 없이 마음 놓고 펑펑 울어도 되는 공간을 마련해 주었어요. 제 말을 믿어 주었고 제가 어리석지 않으며 충분히 똑똑하고 착하고 가치 있는 사람이라는 점을 끊임없이 상기시켜 주었습니다. 그런 어머니의 놀라운 능력에 감사를 느낍니다.

그런데 학년이 올라가면서 어머니한테 너무 의존한다는 느낌이 들었습니다. '마마보이'로 살고 싶은 아이가 어디 있겠어요? 어느새 저는 학교에서 일어나는 일을 집에서는 전혀 이야기하지 않았습니다. 모든 감정을 억누르고 다 괜찮은 척했죠. 그 시절에는 고민이 있어도 그 고민을 털어놓기보다는 무덤덤하게 넘어가는 게 더 자연스러운 분위기였습니다. 다들 그랬습니다. 우리 윗세대인 아버지도 당연히 그렇게 했고요. 아버지가 힘든 일에 대해 이야기하거나 우는 것을 한 번도 본 적이 없으니 아들인 저 역시 그대로 따라 하는 게 자연스러웠죠.

결국 멋있다는 건 감정 없는 로봇이 된다는 의미를 강하게 내포하고 있습니다. 화를 내거나 흥분하는 것은 멋있어 보이지 않는 행동입니다. 집에 가서 엄마에게 울고불고하는 건 '루저'나 하는 짓이고요. 남자들의 인식 속에는 남자다움이란 감정 없이 행동하고 상처 따위는 받지 않는 듯 굴어야 한다는 고정 관념이 끈질기게 연결되어 있습니다.

이는 사실과 다릅니다. 2018년 애리조나대학교의 연구에 따르면, 유명인과 공인은 일반적으로 감정에 더 솔직하며 자주 웃는다고 합니다. 반면에 시합을 앞두고 서로 노려보는 이종 격투기 선수 중 더 무표정한 선수를 남성 시청자는 멋있다고 여깁니다. 여자들이 대체로 감정에 솔직하고 잘 웃는 사람을 더 멋있다고 생각하는 것과는 사뭇 다르죠. 어쨌든 다시 학교 이야기로 돌아가서…….

사회화 과정에서 제게 먼저 주입되었던 메시지는 남자아이라면 자기 주장이 강해야 한다는 직접적인 내용보다는, 분노나 괴로움을 표출하면 안 된다는 간접적인 내용이었습니다. 그렇지만 그게 가능한가요? 인간은 감정을 느끼는 존재 아닌가요? 그래서 '감정'이라는 말도 생긴 것 아니겠어요? 하지만 남자답고 멋진 사람이 되려면 그런 감정적인 부분을 없애 버려야 했어요. 살아 있는 감정을 죽이는 것이죠.

제가 무척 좋아하는 작가인 벨 훅스는 남성이 저지르는 첫 번째 폭력은 자기 자신에 대한 폭력이라고 말했습니다. 그는 감정을 억누르고 타인에게 인정받기 위해 자신을 억압하는 행위를 '영혼 살인'이라고 불렀어요. 우리의 가장 생생한 부분을 없애려는 행위니까요.

멋있어 보이려고 진짜 내 모습을 버려야 한다는 게 마음 아팠지만, 타인의 호감을 얻고 소속감을 느끼려면 누군가 만들어 놓은 규칙에 따라 살아야만 했습니다.

상냥하고 세심하게 살아가면 되는 거 아니냐고요? 그럼 여자애 같다는 소리를 듣죠.

시끌벅적하고 유쾌한 성격은 어떠냐고요? 그럼 그냥 웃긴 남자애가 되는 거죠.(물론 나중에 개그맨이 되고 싶어서 열심히 노력 중인 친구들은 제외.)

잘 웃고 긍정적이고 마음을 활짝 여는 성격이요? 신비한 매력이라고는 없는 남자가 됩니다. 여자애들은 절대 관심을 보이지 않을 것이고, 결국 남자인 친구 정도나 되겠죠.

주변 반응에 아랑곳하지 않고 무덤덤하게, 완전히 로봇처럼 행동하면 여자애들 눈에는 어떻게 비칠까요? 왠지 뭔가 있어 보이고 호기심이 생기고 멋있어 보일 겁니다.

마지막 질문에 주목해야 합니다. 퉁명스럽거나 상대방을 약해 빠졌다며 몰아붙이는 일을 서슴지 않는 그 '냉정함'이 그동안 남성의 미덕처럼 여겨져 왔습니다. 괜히 '나쁜 남자'가 매력적이겠어요? 멜로드라마에 감정을 온통 뺏기거나 사소한 일에도 격정적으로 호들갑 떠는 게 좋다는 말은 아니지만, 항상 무표정한 모습을 보이려고 애쓰는 것은 건강한 모습이 아니에요. 포커 게임에서는 감정과 표정을 숨겨야 유리하지만 인생은 포커 게임이 아닙니다. 그런데도 우리는 살면서 항상 포커페이스를 유지하는 게 중요하다고 배우죠. 인생은 거대한 카드 게임과 다름없으니 상처받거나 손해 보지 않기 위해 자기 감정을 숨기고 보호해야 한다고 말이죠.

> "대부분 어른들은 아이들에 비해 더 많이 교육받았지만, 깊은 마음을 감춘 채로 겉으로만 웃는다면 지금껏 받은 교육이 무슨 소용이 있을까요? 아이들은 그런 식으로 행동하지 않아요. 화가 나면 솔직하게 표출하고 끝입니다. 다음 날이 되면 다시 함께 놀죠."
>
> 달라이 라마(티베트 불교 지도자)

생각해 보면 아주 서글픈 일입니다. 이 모든 문제가 두려움에서 비롯한다는 점 말이에요. 거절을 포함한 남자들의 판단은 자신의 주체적인 결정이 아닌 두려움에서 나옵니다. 연약해 보이거나 남자답지 못한 남자로 인식되는 것에 대한 두려움 말입니다. 남자다움을 입증해야 한다는 걱정도 있고 남성으로서 정체성을 의심받을까 봐 두려운 마음도 있습니다. 우리에게는 매일 새로운 환경과 조건이 주어집니다. 냉정히 말하자면 힘든 일은 누구에게나 비슷하게 일어나므로, 결국 일이 뜻대로 풀리지 않았을 때 감정을 표현하지 않는 사람은 힘든 조건을 극복하기 더 어렵고 적절한 도움을 받는 일 역시 더 힘들어질 것입니다.

가장 나쁜 것은 가식이 반복되면 점차 감정을 느끼는 능력을 상실하게 된다는 점입니다. 자전거를 타는 능력이 본능처럼 몸에 새겨지고 야구 스윙 자세가 몸에 익듯, 많은 연습은 몸에 각인됩니다. 그런 걸 근육 기억이라고 할 수 있을 텐데요, 감정 기억도 비슷합니다. 쓸수록 잘 기억되고 안 쓸수록 잊힙니다. 그래서 정작 감정의 도움이 필요한 순간에도 평소에 사용하지 않았다면 활용법을 잊게 됩니다.

신경 쓰지 않는다고 말하는 사람들이 실은 가장 많이 신경 쓴다는 사실을 혹시 아세요? 그들도 우리처럼 똑같이 고통을 느끼고, 모든 것이 틀어졌을 때를 기억합니다. 가슴으로는 기억하고 있지만, 감정에서 너무 멀어진 나머지 그 고통스러운 기억이 자신의 행동에 영향을 미치고 있다는 사실조차 깨닫지 못합니다. 게다가 그것이 자신의 감정을 누구에게도 보여 주지 못하는 이유라는 사실도 모릅니다. 여러분에게 이렇게 묻고 싶어요. 아무렇지도 않은 것처럼 보이려고 애를 쓰는 사람이 되고 싶은가요? 아니면 문제를 솔직하게 터놓고 공유하는 사람이 되고 싶은가요? 누가 더 멋있는 걸까요?

황금처럼 보이는
돌덩이

고등학생 시절에 가장 외롭고도 고통스러웠던 순간은 끔찍한 학교 축제 참가 양식을 받았을 때입니다. 이런 이벤트를 모르는 독자도 있겠군요. 일종의 인기 투표인데요, 전교생에게 학교에서 가장 멋지고 예쁘고 잘생기고 매력적인 여덟 명의 이름을 적어 내게 한다음, 이름이 많이 나온 학생들이 최종 경쟁을 하는 겁니다. 후보군에만 뽑혀도 인기가 증명되죠. 이 중에서 축제의 킹과 퀸이 결정됩니다. 작가인 제 친구 글레넌 도일이 쓴 에세이 『언테임드: 나는 길들지 않겠다』(Untamed)는 진정한 자아를 찾아가는 여성의 이야기를 담은 작품인데, 이 책을 언급해야겠군요. 이 책의 표현을 빌리자면 여러분은 "황금빛" 존재입니다.

해마다 저는 누군가 투표 용지에 제 이름을 적어 주기를 간절히 바랐습니다. 황금처럼 빛나고 싶어서였죠. 그리고 좀 민망하지만 투표 용지에 항상 제 이름을 적어서 냈죠. 최종 후보에 오르고 킹이 될 거라고 기대해서가 아니라, 이름이 한 번이라도 호명되면 사람들이 '쟤도 괜찮은 애인가 보네.' 하고 생각하지 않겠어요? 그러면 저는 빛나고 멋있어 보일 겁니다.

1학년 때 당연하게도 최종 후보에 오르지 못하고 나서는, 2학년 때 후보에 오르려면 무엇을 준비해야 할지 꼼꼼하게 따져 보았어요. 유머러스해지거나, 목소리 톤을 높이거나, 축구 시합에서 많은 골을 넣거나, 육상 경기에서 좋은 기록을 세우거나, 아니면 더 잘생겨지거나 근육이 우람해진다면 내년에는 황금처럼 빛날 거라고 상상했어요. 나는 마침내 학생들이 모두 인정하는 남학생이 되는 거고요.

돌이켜 보면 인기를 얻기 위해 무척 애쓰면서, 저와 똑같은 심정으로 한 해를 보냈을 다른 아이들도 참 많았을 거라는 생각이 들어요. 우리 중 얼마나 많은 학생들이 서로를 흘끔거리며 저 친구들은 황금처럼 빛나는데 난 뭘까……라고 생각했을까요?

더불어 살아가는 것만으로도 행복한 세상이 되면 좋겠어요. 자신을 아끼고 사랑하며, 누구와도 비교하지 않고 있는 그대로의 모습만으로 충분하다고 믿는 것이 진정한 자신감을 만든다는 점을 우리 모두 깨달으면 좋겠어요. 그렇지만 그때의 저는 깨닫지 못했습니다.(물론 지금도 다 이해하는 건 아닙니다.) 외로움을 방어하기 위한 갑옷 조각을 하나씩 모으고 이어 붙여 나갔습니다.

멋있음의 요소를 충분히 가지고 싶었습니다. 그 때문에 제가 이미 충분하다는 사실은 미처 깨닫지 못했죠.

좋아요, 댓글, 구독
라이언의 땅

새로 알게 된 것이 하나 있습니다. 멋있어 보이는 것도 어렵지만, 아무리 멋진 사람이 된다 해도 더 멋있어 보이는 사람은 항상 존재한다는 점이죠. 언제나 그렇습니다. '베놈'과 '아쿠아맨'을 연기한 배우 톰 하디와 제이슨 모모아를 보세요. 톰 하디는 배역에 맞추어 수없이 많은 억양과 말투를 구사할 수 있습니다. 역할에 맞게 몸도 자유자재로 바꿉니다. 그렇게 해서 하디는 사람의 머리를 먹는, 마블 스튜디오 영화 중 유일한 안티 히어로 베놈을 연기했죠. 한때 약물 중독에 빠진 적이 있지만 완전히 극복하고 지금의 자리에 올랐습니다. 제이슨 모모아는 190센티미터의 키에 트럭 같은 체격을 지녔으며 호쾌한 액션 장면으로 관객을 즐겁게 만들어 줍니다. 저는 그가 전통적인 남성성을 한껏 뽐내면서도 늘 즐겁고 유쾌하게 살아간다는 점이 마음에 듭니다. 확실히 저보다는 이 두 사람이 훨씬 멋지죠.

하지만 짐작건대 두 사람 모두 자신을 최고로 멋지다고 여기지는 않을 것입니다. 멋져 보이는 사람들도 각자 존경하고 선망하는 사람, 자신이 보기에 멋지다고 여기는 다른 사람이 있기 마련입니다. 우리는 멋짐에도 여러 단계의 등급이 있고 먹이 사슬처럼 피라미드를 이루고 있을 거라고 생각하는 경향이 있어요. 그렇지만 실제로는 우리가 모두 같은 선상에 존재한다면 어떨까요? 명성, 성공, 허세로는 누구나 품고 있는 내면의 불안을 감출 수 없고, 그저 자신감을 위해 다들 최선을 다하고 있는 거라면요?

"여러분에게 주어진 시간은 한정되어 있습니다.
다른 사람의 삶을 흉내 내며 시간을 낭비하지 마세요."

스티브 잡스(애플 창립자)

고등학생 때 제가 부러워했던 아이, 그러니까 저의 톰 하디이자 제이슨 모모아는 '라이언'이라는 친구였습니다. 우리 학교에는 암묵적인 규칙이 있었는데요, 연극부나 미술부가 되어서 높은 성적으로 똑똑하다는 소리를 듣거나, 아니면 운동부가 되어서 신체 능력으로 두각을 나타내거나 둘 중 하나였어요. 그런데 라이언은 둘 다 가진 아이였습니다. 운동부이면서 학업 성적도 뛰어났죠. 게다가 친절하고 유머러스했고, 그가 따뜻하게 미소 지으면 누구든 존중받는 느낌이 들었어요. 라이언은 다른 사람을 헐뜯거나 괴롭히는 법이 없었고 우쭐해하지도 않았습니다. 모든 사람들이 그를 유니콘 보듯이 이상적인 인물이라고 여겼죠.

학교생활에 적응하지 못하고 운동부 아이들과 어울리려고 애를 쓰던 저는 라이언이 너무나 부러웠습니다. 그는 완벽했어요. 팬들에 둘러싸인 인기 스타가 환하게 웃으며 복도를 슬로 모션으로 걷는 장면을 떠올려 보면 될 겁니다. 남학생이든 여학생이든 그가 지나가는 모습을 신기한 듯 지켜보았습니다. 저는 하이파이브를 하고 싶어서 기다리며 수줍게 손을 내밉니다. 라이언은 저를 못 보고 그냥 지나치죠. 저는 창피한 마음에 누가 보지는 않았는지 쭈뼛거리며 서 있습니다. 약간 과장을 보탠 상황극인데요, 비유하자면 그렇게 느낀 날이 많았습니다.

라이언은 경외심을 불러일으킬 정도로 완벽한 학생이라서, 나 같은 아이는 좋아하지 않을 거라고 지레짐작했어요. 바보 같지요? 라이언이 착한 학생이니 친해질 수 있겠다는 생각은 안 하고, 거절당할까 봐 적당히 거리를 두었던 것 같아요. 이렇게 착한 친구도 나를 좋아해 주지 않는다면 과연 다른 녀석들이야 오죽할까 하는 걱정으로요.

요즘에도 가끔 생각합니다. 지금 라이언은 내가 고등학생 때 선망하던 만큼 멋있는 모습일까? 제가 어른이 되어서 알게 된 것은, 남들에게 최고로 멋있어 보이는 사람이 혼자 있을 때는 정작 자기 모습에 괴로워하는 경우가 많다는 사실이거든요.

이는 '가면 증후군'의 한 예입니다. 많은 것을 성취한, 인망 높은 사람이 자신이 가면을 쓰고 있다고 여기는 겁니다. 더 멋진 사람이 얼마든지 많고 더 좋은 영화, 책, 노래, 아이디어도 이렇게 많은데 어떻게 나 같은 사람과 내가 만든 것들에 열광하는 거지? 사람들이 속고 있는 것은 아닐까? 이 사실이 모두 들통나면 어쩌지? 모두가 속았다는 사실을 깨닫게 된다면? 이렇게 걱정하는 유명인들이 적지 않습니다.

그들도 우리가 겪는 것과 대체로 비슷한 불안을 겪습니다. 어찌면 이 불안을 타인이 알아 주기를 기다리고 있는지도 몰라요. 사람들이 진실을 알고 나면, 모든 사람을 만족시켜야 한다는 부담을 덜 수 있고 한결 마음이 가벼워질 테니까요. 라이언은 이렇게 말할지도 몰라요. "내가 완벽하게 멋진 사람이라고요? 설마요, 전혀 그렇지 않아요."

제가 고등학교에 다닐 때는 SNS가 없었기 때문에 라이언은 오프라인 공간인 학교에서만 인기가 있었던 셈입니다. 요즘 시대 라이언들의 활동 반경은 SNS 공간까지 넓어졌습니다. 개인적으로 저는 SNS와 애증의 관계에 있습니다. 제가 구축한 커뮤니티를 정말 좋아하고 SNS에서 사람들과 소통하는 일도 가치 있게 생각하는 반면에 SNS의 나쁜 점도 잘 알고 있습니다. 바로 자신감과 자존감에 부정적인 영향을 미친다는 것이죠.

SNS가 없었던 시기에 성장한 제 또래들은 그 영향력을 대수롭지 않게 여기지만, 통계는 그렇지 않다는 것을 보여 줍니다. 2017년 미국 『임상심리과학』 연구지에 실린 논문에 따르면 중학교 2학년부터 고등학교 3학년까지 50만 명 이상을 대상으로 조사를 실시한 결과, 청소년들에게 스마트폰이 널리 보급된 2010년과 2015년 사이에 심각한 우울증을 앓는 청소년의 수가 33퍼센트나 증가한 것으로 나타났습니다.

SNS는 구독자 수와 좋아요 개수처럼 개인의 가치를 측정하는 척도를 제공합니다. 다른 사람들의 멋진 모습, 즐거워하는 모습을 짧은 하이라이트 영상으로 제공하고 사용자의 성향을 파악한 AI가 알고리즘으로 추천 영상을 계속 노출합니다. 누가 얼마나 힘든 하루를 보냈는지, 얼마나 슬픈 일이 있었는지 알 기회는 거의 없죠. SNS는 우리에게 반드시 따라야 하고 놓치면 안 될 유행이 있다고 다그칩니다. 자신이 올린 동영상의 조회 수가 낮으면 유행과 안 맞거나 우리의 능력에 뭔가 문제가 있는 것이 되어 버립니다.

 마음의 소리 듣기

SNS 정리하기

여러분이 SNS를 사용할 수 있는 연령이고 이미 사용해 본 적 있다면, 로그인 후 여러분에게 행복을 가져다 주지 않는 것들의 구독을 취소하기 바랍니다. 비교를 즐기는 온라인 친구나 인플루언서가 있다면 즉시 구독을 취소하세요. 질투를 유발하거나 분노를 일으키는 영상을 올린다면 구독 취소나 숨김을 누르세요. 소중한 친구들과 나에게 기쁨을 주는 콘텐츠만 남을 때까지 SNS를 정리하세요.

> **"우리가 불안에 시달리는 이유는, 남에게 보이고 싶지 않은 자기 모습을 남들의 하이라이트 영상과 비교하기 때문입니다."**
>
> 스티븐 피틱(목사, 작가)

다른 사람과 비교하기를 습관화하면 자신감을 키우기 어렵습니다. 존경하는 사람을 동경할 수는 있겠지만, 자기다움을 희생하면서까지 비슷해지려고 애쓰는 것은 불행으로 빠지는 지름길이죠. 저도 그렇게 해 본 적이 있지만 결과는 좋지 않았습니다. 제가 좋아하는 명언이 있습니다. "비교는 삶의 기쁨을 훔쳐 가는 도둑이다." 정말 그렇습니다. 기쁨은 밖에서 오는 것이 아니라 내면에서 우러나오는 것이기 때문입니다. 행복과 마찬가지로 기쁨 역시 자신이 현재 지닌 것을 소중히 여기고 만족하는 데서 비롯됩니다. 다른 사람과 자신을 비교하는 것은 우리가 지금 이대로는 충분하지 않다고 여김으로써 우리가 마땅히 느껴야 할 기쁨을 포기하는 일입니다. 나보다 더 똑똑하고 재미있고 잘생기고 운동을 잘하고 멋진 사람이 항상 존재하는 세상에서 우리가 행복을 얻으려면 타인과 비교하기를 멈추고 현재 우리가 가진 것들과 스스로의 모습에서 행복을 찾아야 합니다. 주변에만 집중하면 그런 행복은 안 생기죠. 달리 말해서, 행복해지려면 '보이즈 클럽'에 들어가려고 안달하는 남자아이들이 될 필요가 전혀 없다는 뜻이기도 합니다. 보이즈 클럽이 뭔지 알아볼까요?

보이즈 클럽에 들어온 걸 환영한다

'보이즈 클럽'은 어떤 집단이나 조직 안에서 남자들끼리만 주도

하고 공유하는 분위기나 문화를 일컫는 말입니다. 나무 위에 지은 비밀 아지트에 모여서 뭔가를 꾸미는 소년들에게도 보이즈 클럽이 생길 수 있고, 스포츠 팀이나 온라인 게시판에도 보이즈 클럽이 만들어질 수 있습니다. 그런데 곰곰이 따져 보면 보이즈 클럽이 실제로 존재하는 곳은 우리 마음속이라고 봐야 할 것 같습니다. 마음먹기에 따라 들어갈 수도 있고 나올 수도 있으니까요. 그렇기에 딱히 한계를 규정하기가 어려울 정도로 범위가 넓습니다. 우리 마음에 한계가 정해져 있지 않은 것처럼요.

보이즈 클럽에 여학생이 간혹 끼어들 때가 있는데, 그러면 남학생들은 말과 행동을 재빨리 바꿉니다. (실제로는 하지도 않은) 성관계 경험에 관해 떠벌리고 있던 중이면 더욱 그렇죠. 아니면 누구를 헐뜯고 있었을 수도 있겠네요. 놀림의 당사자가 지나갈 때는 자기들끼리 킬킬거리면서 그 학생을 따돌리곤 합니다. 자기들끼리 나누었던 이야기를 다른 곳에 가서 말하지 않는 것이 무언의 약속이라서, 그 금기를 깨는 건 남자답지 않은 짓입니다.

일종의 서약이에요. 어떤 사람들은 이것을 '브로 코드'(bro code) 또는 '가이 코드'(guy code)라고 부르기도 하는데, 그 집단 안에서는 아무리 끔찍한 말이 오가더라도 절대 다른 사람들에게 누설하면 안 된다는 것을 다들 잘 압니다. 누구도 공식적으로 가르쳐 준 적은 없지만, 배우지 않아도 잘 알고 있죠. 친구들과 함께 "좋아, 남학생들끼리 모였으니까 먼저 사생활 보호 선서를 하자."라고 하지도 않았는데, 우리는 저절로 체득한 습관처럼 규칙을 잘 알고 있습니다.

그 규칙이 어디 써 있는 것도 아닌데 어떻게 배울 수 있는 걸까요? 어딘가에서는 왔을 거 아녜요? 바로, SNS를 비롯한 사회적 영향력이 큰 사람들한테서 온 거지요. 일단 그 집단의 구성원이 되면 규칙을 따라야 합니다. 게다가 규칙에 대해 질문하는 건 분위기 파악을 못 하는 것이라 다음 모임이 있을 때 따돌림을 당할 가능성이 커집니다. 알아서 파악해야 하죠.

남학생들은 왜 보이즈 클럽에 들어가려고 애를 쓰는 걸까요? 어떻게 하면 그 집단에 낄 수 있을까요? 가입 여부는 누가 정하는 걸까요? 좋아하는 음악, 운동, 게임 등이 기준이 되는 것 같기도 해요. 남자 대 남자로서 공통 관심사를 통해 유대감을 형성하면 특별한 집단의 일원이 된 듯한 느낌이 듭니다. 주제는 별로 중요하지 않습니다. 같은 스포츠 구단을 좋아할 수도 있고, 같은 게임을 할 수도 있고, 같은 온라인 커뮤니티 회원일 수도 있는 겁니다. 남자들을 모으는 것이 무엇이든 간에 일단 그룹에 속하는 것이 중요하고, 조금만 잘못하면 쫓겨날 수 있으므로 눈치껏 다른 구성원들의 말을 잘 따르는 것도 필요합니다.

자신을 쫓아낼 힘이 있는 구성원에게 싫은 소리를 한다는 건 상상하기 어렵습니다. (저도 대부분 그랬듯) 가만히 있으면 중간은 간다는 말이 여기에 어울릴 것 같네요. 특히 인기가 많은 친구는 웬만하면 건드리지 않는 게 이롭습니다. 그 애가 설사 비열한 짓을 하거나 끔찍한 뒷담화를 해도 회원 자격이 박탈되기 싫으면 잠자코 듣고 있는 게 안전하죠.

이의를 제기하는 것은 그 그룹의 원칙을 지키지 않겠다는 뜻이나 마찬가지라서, 방출될 위험을 감수하는 것입니다. 스스로 삶을 결정하지 못한다면, 그리고 자신을 인기 없고 멋지지 않은 사람으로 여기며 불안한 마음이 든다면, 보이즈 클럽에 계속 머물기 위해 뭘 해야 할까요? 아주 쉽습니다. 감정을 억누른 채 입을 다물고만 있으면 됩니다. 그거 아세요? 그룹에 속한 남자애들 거의 다 그런 생각을 갖고 있으며 다른 아이들의 악행을 묵인하고 있다는 사실을요.

여러분, 이 집단을 벗어날 때 우린 훨씬 더 괜찮은 사람이 되지 않을까요?

말해야 하는 걸 알면서도 감정을 틀어막은 채 잠자코 있는 건 아주 끔찍한 삶의 방식입니다. 우리 감정은 풍선과 비슷합니다. 처음에는 얇은 고무막에 불과합니다. 누군가 당신에게 상처를 주거나 기분이 좋지 않은 일이 생겼는데 아무런 말도 하지 못한다면 풍선이 조금씩 부풀어 오릅니다. 감정을 제대로 직면하거나 얘기해서 공기를 빼지 않는다면 풍선은 계속 부풉니다. 그러다가 결국 한순간에 펑 하고 터지면 자신은 물론 주변 사람들까지 깜짝 놀라게 됩니다.

멋있어 보이는 것 따라잡기

인기 있는 누군가에게 잘 보이려는 행동을 한 적 있나요? 최근 기억을 떠올려 보세요. 주변 사람들 눈에 더 멋져 보이기를 바라며 어떤 말이나 행동을 한 적이 있나요? 효과가 있었나요? 기분이 좋았나요? 만일 효과가 없었다면 그 이유는 무엇이었을까요? 여러분의 생각을 적어 두었다가 다음에 여러분이 '멋있어 보이지 않는다'고 스스로 느껴질 때 꺼내서 읽어 보세요. 이유가 보일 겁니다.

무언가 잘못됐음을 바로 파악할 수 있는 쉬운 방법은 누구나 가지고 있습니다. 자기 일이든 타인의 일이든, 배 속에 불편한 느낌이 오기 시작하면 뭔가 잘못돼 가고 있는 겁니다. 저는 살아오면서 대체로 옳은 것과 옳지 않은 것을 구별할 줄 알았습니다. 문제는 늘 올바른 판단만을 따르지는 않았다는 것이죠. 그런데 이상하게도 잘못된 행동이나 말을 할 때는 마치 체한 것처럼 숨 쉬기 힘들 정도의 압박이 명치쯤에 느껴졌습니다.

저는 이 강렬한 느낌을 극복하고 잠재우려고 애썼어요. 우리를 지켜 주고 우리를 더 나답게 만들어 주는 진실한 내면의 목소리인데 말이죠.

불행한 일이지만, 보이즈 클럽은 내면의 목소리를 외면하면 보상을 주었습니다. (보통 등 뒤에서) 다른 사람을 깔아뭉개는 말을 하거나 수업 시간에 (당사자가 듣게끔) 여학생을 물건 취급하면 그룹 내에서 미션 완료에 대한 가산점을 얻고, 다른 남학생들에게 인기를 땄습니다. 제 영혼에 얼마나 해로운 짓인지 뻔히 알면서도 그런 일을 저질렀다는 점이 더욱 슬픕니다.

험담은 인간이 저지르는 심각한 악행이자, 공동체를 분열시키는 커다란 원인입니다. 험담은 대립을 유발하고 영혼에 상처를 입힙니다. 다른 아이들의 괴롭힘에 엄청난 고통을 겪었으면서도, 명확한 목적도 이유도 없이 그저 남학생 그룹에 끼기 위해, 그저 타인에게 조금 더 인정받기 위해 제 신념을 거스른 채 남을 헐뜯는 짓을 서슴지 않았습니다.

돌아보면 작당할 때의 기분은 흥미진진함보다는 찜찜함에 가까웠어요. 그렇지만 보이즈 클럽에서 얻게 되는 보상이 더 크고 달콤했기 때문에 계속했던 것 같습니다. 임무를 완수하면 다른 남자애들이 잘했다고 킬킬거리면서 집에 초대했죠. 친구들에 둘러싸여 점심을 먹을 수 있었고, 방과 후에는 함께 비디오 게임을 했습니다. 종종 멋있다고 생각했던 친구들과 비슷해진 느낌이 들었어요. 제 본모습을 내보이는 것보다 그 느낌이 중요해졌죠. 저는 그저 남자애들이 저를 좋아해 주길 바라고, 인정받고 싶었던 소년일 뿐이었습니다.

가끔은 저의 중학교 1학년 시절로 돌아가서 그때의 저에게 "넌 멋있어지기 위한 모든 것을 이미 충분히 하고 있어."라고 말해 주고 싶어요. 연기 연습을 하고, 예술을 사랑하고, 술을 안 마시고, 약물에 손대지 않는, 당시 저스틴이 생각하기에 멋있음과 거리가 먼 활동들이 미래의 저스틴을 만드는 '슈퍼 파워'가 되었다고요. 그러면 중학생 저스틴은 되묻겠죠. "그게 무슨 도움이 되나요?" "언젠가 멋있어질 것을 기대하면서, 6년간 괴롭힘을 당하고 놀림을 당하며 축구 골대에 묶여 있으라는 건가요?"

이 문제 제기가 물론 일리 있긴 합니다. 그렇지만 어른이 된 제가 과거로 돌아가서 제 자신에게 꼭 들려주고 싶은 말이 있습니다.

첫째, 몸의 목소리에 귀를 기울이렴. 직감을 믿어. 직감은 결코 널 나쁜 방향으로 이끌지 않아. 둘째, 넌 이미 여러모로 충분해. 널 신경도 쓰지 않는 타인들을 만족시키려고 네 판단에 어긋나는 일을 할 필요가 없어. 그러니 힘들더라도 마음속 깊은 곳에서 옳다고 느끼는 일을 하렴. 기분이 상하는 말을 들었을 때는 의견을 말하는 게 좋아. 다른 사람들이 싫어하는 누군가와 친구가 되더라도 네가 그를 좋아한다면 상관없어. 할 말이 없는데도 일부러 말하려고 하지 말고, 하고 싶지 않은 일에는 뛰어들지 않는 게 좋아. 그게 멋진 태도란다.

10대의 저스틴과 마찬가지로 여러분 역시 지금 모습으로 이미 충분합니다. 여러분이 그 사실을 깨닫고 나면 다른 사람들도 곧 모두 알게 될 겁니다.

감수성 근육

멋있어 '보이는' 남자가 되기 위해 따라야 할 규칙들에는 다음과 같은 것들이 있습니다.

- 다른 사람들이 우러러 보는 남자들을 흉내 낼 것.
- 자신이 멋있지 않다고 느껴질 때는, 다른 남자애들과 자주 어울릴 것. 다만 무심하게 행동할 것. 관심을 끌지 말 것.
- 일을 크게 만들고 시끌벅적한 분위기를 만들 것. 그게 안 되면 여러분을 주목하도록 만들 것. 무시할 수 없는 존재가 될 것.
- 티를 내지 말 것.
- 감정적으로나 육체적으로 상처를 입었다면 이를 받아들이고 남자답게 굴 것. 눈물은 승리에 도움이 안 된다는 사실을 기억할 것.
- 수단과 방법을 가리지 말고 SNS에서 좋아요와 구독자를 늘릴 것.
- 답을 모르면 아는 척할 것.
- 여러분이 틀렸다고 말하는 이들에게 여러분이 옳다는 것을 증명할 것.

일관된 패턴이 보이나요? 잘 안 보일 겁니다. 이 중에 반 정도는 다른 규칙과 서로 모순되거든요.

공통된 내용을 굳이 찾아보자면 '무감각'이 아닐까요. 어느 항목을 봐도 솔직한 감정과는 거리가 멀죠. 멋있어 보이려는 욕심 말고는 없어요. 이 규칙들에 따르면, 멋있어 보이기 위해서는 감정을 억누르고 절제하기보다는 감정을 아예 없애야 하는 것 같아요.

감정을 삭제하는 건 남자아이들이 우정을 쌓는 과정에 나쁜 영향을 끼칩니다. 여자애처럼 보일까 봐 모든 말과 행동을 걱정해야 한다면 어떻게 친구를 사귈 수 있겠어요. 멋있어 보이려고 솔직한 감정을 감추는 것이 당연한 일처럼 여겨진다면 진정 깊이 있는 우정을 쌓기는 어려울 것입니다. 남자아이들은 다음과 같이 생각하기 쉽습니다. 우정은 게임이나 스포츠를 같이하거나 수업 시간이나 급식 시간에 옆자리에 붙어 앉는 친구를 만드는 거라고. 아닙니다. 서로 깊은 우정을 쌓고 싶어도 방법을 모르기 때문에 그렇게 할 뿐입니다.

어른이 된 지금도 다른 남자와 친구 관계를 맺으려 할 때 항상 첫 단계인 전화와 문자가 가장 힘듭니다. 그 사람이 내 생각에 관심이 있을지, 내가 솔직하게 표현한 마음을 나중에 조롱거리로 이용하지는 않을지 미리 가늠해 봐야 합니다. 어렸을 때 멋있어 보이려고 애썼던 경험 때문에 어른이 된 후에도 친구를 사귈 때 불안한 마음이 생긴다니 얼마나 서글픈 일인가요?

그렇다고 해서 우정을 쌓으려면 반드시 민감한 이야기들을 다 터놓아야 한다는 뜻은 아닙니다. 그랬다가는 숨이 막히고 금세 질려 버릴 겁니다. 우정은 즐겁고 편안해야 하는 거잖아요. 요점은 친구에게 힘든 감정을 숨기는 것을 당연하게 생각하면 안 된다는 말입니다. "오늘 너무 힘들어." "누가 나한테 어떤 말을 했는데 엄청 상처받았어." 같은 말을 쉽게 꺼낼 수 있다면 서로 더 좋은 관계가 된다는 뜻입니다.

진솔한 대화란 무엇일까요? 아마도 친구에게 자기 마음을 터놓는 거겠죠. 사람들은 공감과 친절을 좋아하고, 감정을 인식하는 것을 좋아하지만, 그러기 위해 어떤 허락이 필요하다고 여기는 것 같아요. 친구에게 지금 그대로의 모습을 보여 주는 것이 얼마나 좋은지 알고 나면 멋있어 보이려고 더 이상 애쓰지 않아도 되며 더 인간적인 관계가 시작됩니다.

감수성은 타고나는 것이 아니라 노력해야 하는 것입니다. 감수성은 근육과 같아서 사용할 때마다 점점 더 강해집니다. 그리고 사용하지 않으면 위축되고 점점 약해집니다. 감수성을 연습하는 과정에서 고통과 스트레스가 발생할 수도 있는데, 대부분은 우리 자신에게서 나오는 것이 아니라 다른 남자아이들의 놀림이나 감정을 솔직히 표현하지 못하게 하는 강요에서 나옵니다. 스스로에게 솔직해지면 우정도 발전합니다. 돈독한 우정은 감정을 가두지 않을 때 받게 되는 값진 보상입니다.

마음 열기

여러분은 평소에 어떤 친구의 말을 귀담아듣나요? 오늘 그 친구에게만큼은 솔직해져 봅시다. 기분 좋은 일이든 힘든 일이든 숨김없이 터놓고 이야기해 보세요. 전화를 걸어서 여러분이 신경 쓰고 있는 일들과 그 이유를 말하세요. 상대방의 기분이 어떤지 물어보고 서로에게 진정으로 솔직해질 수 있는지 확인하세요. 선뜻 실천하기 쉽지는 않겠지만 감수성 근육을 단련하는 좋은 첫걸음이 될 것입니다.

강해지세요. 감정 근육을 키우면 강해집니다. 감정의 무게를 들어올려 보세요. 실제 감정의 무게나 색깔이 어떤지 알아내려고 노력하고 연습하여 터득하세요. 멋있어 보이기 위한 행동보다 훨씬 쉬우면서도 장기적으로도 유익하고 훌륭한 방법입니다.

남자아이에게 멋짐은 자신감과 관련이 있다.

자신을 향한 오롯하고 온전한 확신에서 멋있음이 생겨납니다.

문제는 대부분의 사람들에게 자신감이 없다는 것이다.

SNS나 학교에서 흔히 보이는 멋진 모습은 연기일 때가 많습니다. 누구나 자신을 의심하지만, 그 감정을 어떻게 대하느냐에 따라 삶의 모습은 완전히 달라집니다.

멋있는 '척'보다는 진짜가 되어야 한다.

속으로는 아니면서 겉으로 아무렇지도 않은 척 지내거나 무감각하게 행동하는 것은, 자신에게 장기적으로 매우 해롭고 주변 사람들에게도 나쁜 영향을 끼칩니다.

가입했던 보이즈 클럽을 탈퇴하자.

멋있는 척하는 남자아이들을 무조건 따르거나 잘못된 행동에 침묵하는 것은 나쁜 일입니다. 보이즈 클럽의 규칙에서 벗어나 더 멋지고 아름다운 규칙으로 운영되며 가입과 탈퇴가 자유로운 자신만의 클럽을 구상해 보세요.

감수성 근육을 강화하는 것은 쿨해지는 가장 쉬운 방법이다.

마음을 열고 솔직해지는 것은 노력할수록 쉬워집니다. 감정을 그대로 받아들이는 일이 제2의 본능처럼 자연스러워지면 있는 그대로의 모습으로 존중받을 수 있을 거예요. 설사 남들이 알아 주지 않으면 어떤가요. 여러분은 그저 평소에 해 오던 것을 꾸준히 하면 됩니다.

스스로 자신감을 가지는 것이 가장 중요합니다. 자신감이 생기면 여러분은 매력적인 존재가 되어 자석처럼 여러 사람들을 끌어당길 것입니다. 멋있는 여러분 곁에 좋은 사람들이 많이 모일 거예요.

남자는 *더 커야 해*

⭐**주목!**

4장에서는 시스젠더* 남성인 제 신체 경험을 공유해 보고자 합니다. 성 정체성에 대한 이야기가 불편하다면 적당히 건너뛰면서 도움이 되는 부분만 자유롭게 읽어 주세요.

완벽한 몸

"야, 너도 복근 있냐?"

같이 축구팀에서 뛰는 두 남자아이, 맷과 숀의 몸이 거울에 보였습니다. 우리 팀은 다른 지역에서 열리는 대회에 참가하고 있었고, 같이 목욕을 하고 있었습니다. 목욕을 마치고 탈의실에서 두 녀석

---

* 시스젠더(cisgender): 생물학적 특성에 의해 지정된 지정성별과 본인이 정체화하고 있는 성별이 서로 일치하는 일. 또는 그러한 사람.

이 자기들 복근과 저를 흘끔흘끔 번갈아 보며 웃기 시작했어요.

"왜 그래?" 제가 물었더니,

"큭큭, 뭐냐? 복근이 하나도 없네." 숀이 말했죠.

거울을 보니 맞는 말이더군요. 숀과 맷은 도드라진 복근을 가졌지만 저는 복근이라곤 찾아볼 수 없는 평범한 올챙이배를 가지고 있었죠. 다른 점은 또 있었습니다. 걔네들한테는 나에게 없는 은밀한 털이 무성했습니다. 그들은 제가 나중에 '알파 수컷'이라고 생각하게 되는, 모든 면에서 신체적으로 우월한 표본 같았습니다. 잘 다듬어진 운동선수의 몸매였죠. 저도 운동을 하고 있었지만 좁은 어깨와 마른 팔다리를 가지고 있었어요.

"너무 걱정 마, 언젠가는 우리처럼 될 거야." 맷이 말했습니다. "아닐 수도 있고!" 그러면서 둘이 킬킬거렸습니다. 저도 태연한 척하면서 웃어넘겼어요. 그 대화를 들은 사람이 있다면 별로 대수로울 것 없는, 사내아이들끼리의 가벼운 농담처럼 여겼을 겁니다. 그 둘한테도 그랬을 거고요.

그렇지만 저에게는 아니었죠. 절벽으로 떨어지는 듯한 절망이 느껴지더라고요. 배 아래에서 얹힌 듯 답답하고 괴로운 느낌이 올라왔습니다. 몇 년간이나 저를 괴롭혔던 이 통증은 어른이 된 지금도 가끔씩 찾아옵니다. 내 몸은 왜 이 모양인가 하는 암울한 생각과 함께 역겨움 같은 것이 밀려와요. 내가 모자라다는 절망으로 생기는 통증이지요. 스포츠와 영화를 보고 만화책을 읽으며 소년들의 뇌리에 은연중 스며들게 된 신체 이미지는 소년의 것이 아니라 성인 남성의 것이었습니다. 소매가 찢어질 듯한 팔뚝, 넓은 어깨, 식스 팩 복근 같은 것 말이죠.

> **"사춘기를 겪어 본 사람이라면 누구나 외톨이가 되는 것이**
> **어떤 기분인지 알 것입니다."**
>
> 크리스 파인(배우)

4장에 본격적으로 들어가기 전에 한 가지 분명히 말씀드리고 싶은 점은 제가 건강과 운동을 매우 중요하게 생각한다는 겁니다. 건강과 운동은 남성과 인간으로서 제 정체성의 큰 부분을 차지합니다. 몸을 움직이는 것은 저에게 기쁨이며 항상 하고 싶은 일입니다. 체육관에 가서 땀을 흘리고 몸을 단련하는 것은 정말 재미있을 뿐만 아니라 신체와 정신 건강에 좋습니다. 몸 관리나 외모에 대한 자부심은 나쁜 것이 아니지만, 몇 년에 걸쳐 알게 된 사실은 잘못된 목적으로 운동을 하면 운동을 하지 않는 것보다 정신적으로나 정서적으로나 더 해롭다는 점입니다.

남자아이들이 신체에 대해 받는 사회적 메시지는 건강에 관한 것이 아닙니다. 신체적인 건강만으로는 충분하지 않다고 말하죠. 남자라면 크고 강하고 근육질이어야 하며 섹시하기까지 해야 합니다. 이 때문에 남자아이들은 자신의 몸과 좋은 관계를 맺기 어렵습니다. 비현실적인 남성 신체 기준에 몸을 맞추기가 어렵기 때문에 남자아이들은 초라하고 빈약한 스스로를 보면서 자책하게 됩니다.

이것은 소년에게도 소년의 몸에도 모두 부당한 일일뿐더러, 그 충격파는 남자아이의 삶 전반에 영향을 미치고 실망과 상처를 남깁니다.

이러한 문제는 사춘기를 지나면서 수년 동안이나 우리를 괴롭히지만, 이에 대해 이야기할 기회는 거의 주어지지 않습니다. 남자가 몸에 대해 걱정한다고? 무슨 소리야! 그런 건 여자애들이나 하는 고민이지! 대략 이런 분위기죠. 그렇지만 신체적 이미지에 대한 불안은 여자들뿐 아니라 남자들에게도 똑같이 영향을 끼치며 사춘기 때부터 그 고민은 시작됩니다.

사춘기,
소년의 몸이 중요해지는 시기

오랫동안 남자아이들은 선생님, 부모님, 그리고 거의 모든 사람들로부터 사춘기는 '남자가 되는 시기'라는 말을 들어왔습니다. 사실 사춘기는 자신이 늑대 인간이라는 사실을 깨닫는 과정에 더 가깝습니다. 여기저기에 털이 무성해지고, 목소리가 갈라지다가 점점 깊어지고, 얼굴에(때로는 목, 어깨, 등, 가슴, 엉덩이까지) 뾰루지가 나서 울퉁불퉁해지고 어떤 남자아이들은 갑자기 성적인 충동을 경험하면서 자신이 일종의 동물이 되어 가는 것처럼 느끼기도 합니다.(실제로는 그렇지 않습니다. 하지만 사회가 10대의 성문화를 바라보는 시선은 그리 곱지 않아요. 이건 6장에서 자세히 다루기로 하고 일단 지나갑시다.)

저는 일반적인 게 아닌 조금 다른 이야기를 하고 싶습니다. 사춘기는 지극히 정상적인 과정이고 살면서 누구나 한 번쯤 거치는 시기입니다. 일단 그것을 받아들인 다음에, 조금 더 깊이 들어가 볼까요?

사춘기는 정말 짜증 나는 시기입니다. 아름다운 시절로 보기는 어렵습니다. 거칠고 힘든 때죠. 힘든 건 사실 신체적 변화보다 신체적 변화에 뒤따라오는 기대들 때문입니다.

사춘기를 '남자가 되는 시기'로 보는 시각의 문제점은 청소년 남성과 어른 남성 사이에 경계를 설정한다는 것입니다. 이로 인해 또래에 비해 사춘기가 늦은 '꼬마 같은' 아이들은 자신에게 어떤 문제가 있는 것은 아닌지, 언제고 꼬맹이 취급만 당하는 것은 아닌지 걱정하게 됩니다. 평균에서 몇 달만 늦어도 몇 년이나 늦어지는 것처럼 여기게 되죠. 반대로 만 10세가 겨우 지났는데 콧수염이 나고 키가 훌쩍 커 버린 아이들은 자신이 '애늙은이'나 괴물 같다고 생각하기도 합니다. 다른 사람과 자신을 자꾸만 비교하게 되기도 하는데, SNS나 대중 매체가 그 불안과 두려움을 더 부추깁니다.

스펙트럼은 여러 색깔의 빛이 연속되어 넓게 퍼져 나갑니다. 그 일부분을 누군가의 사춘기라고 생각하면 어떨까요. 친구들끼리 자신의 색깔 변화에 대해 터놓고 이야기하면 어색함을 조금은 줄일 수 있을 것입니다. 서로 조언해 줄 수도 있겠죠. "응, 나도 얼굴에 뾰루지가 심하게 났었거든. 이 연고 써 볼래?" "수업 시간에 갑자기 발기가 되어서 미치겠어!" 몸의 진화와 변화를 덜 부끄러워하고, 다른 남학생들과 기꺼이 자신의 경험을 공유한다면 힘든 시기를 슬기롭게 견디며 외로움도 덜 느끼게 될 것입니다. 사춘기는 서로 경쟁하는 시기가 아니라 함께 이겨 나가는 공생의 시기입니다. 자, 우리는 모두 늑대 '였'음을 인정합시다!

 마음의 소리 듣기

몸과 소통하기

눈을 감기 전에 명심하세요. 부끄러워하지 말고 판단하려고 하지도 마세요. 잠깐만 시간을 내어 내 몸에 어떤 기운이 느껴지는지 알아보세요. 이제 눈을 감고 천천히 떠올려 봅시다. 최근에 겪은 신체적 변화는 무엇이었나요? 특별한 변화가 없었다면 앞으로 어떻게 변화하기를 바라나요? 곰곰이 생각해 보세요. 자, 이제 눈을 뜨고 내 몸을 위해 감사 메시지를 적어 봅시다. 내 몸이라서 좋은 점, 또는 고마운 점을 떠올려 보고 글로 적거나 말해 보세요. 여러분의 몸이 앞으로 변화할지라도 현재의 몸을 사랑하고 몸이 가진 능력에 감사할 줄 안다면 사춘기를 더욱 현명하게 보낼 수 있답니다.

우리는 모두 늑대 '였'음을 인정하자고 했는데요, 사회나 혹은 영화에서 '늑대'라는 단어의 어감은 별로 좋게 받아들여지지 않는 것 같아요. 잔인한 포식자이자 이방인으로 그려지죠. 하지만 우리는 그렇지 않잖아요. 우리는 늑대가 아니라 인간입니다. 사춘기의 우리는 포식자라기보다는 오히려 쉽게 표적이 되는 먹잇감에 더 가깝지 않은가요?

알파와 베타

우람한 이두박근, 떡 벌어진 가슴과 어깨, 매끈하고 긴 목을 지닌 만화 주인공의 몸은 정상적인 게 아닙니다. 그건 만화나 영화에서 만들어진 몸이지 실제로 우리 삶에 존재하는 신체가 아니에요. 하지만 우리는 영화나 스포츠 경기를 관람하거나 게임을 할 때 그런 몸을 선호합니다. 직접 말하지 않더라도 은연중에 이런 몸이 남성 신체의 바람직한 모습이라고 생각해 버립니다. 통통한 어벤져스는 없고 (물론 토르가 「엔드게임」에서 통통해지긴 했어요. 우울증을 이겨 내려고 애쓰는 모습이 안쓰러워 보였는데, 그건 영화를 재미 있게 만들려고 과장해서 표현한 것이었죠.) 격투기 경기에서 소위 말하는 '아저씨 몸매'를 가진 선수도 없습니다. 그리스 신화에 나오는 인물들처럼 덩치가 크거나 근육질 몸매가 아니라면 진짜 남자가 아니잖아? 하는 생각이 들게끔 하죠. 실제로 그런 식으로 말하는 사람이야 없겠지만 우리는 그게 어떤 의미인지 잘 압니다.

이것이 바로 우리의 실제 신체와 이미지로 존재하는 몸매의 차이입니다. 검은색 눈동자, 155센티미터의 키, 통통한 배 등 우리는 저마다 있는 그대로의 몸을 가지고 있습니다. 이미지로 존재하는 몸매는 우리가 몸을 인식하는 방식에 영향을 끼치고, 다른 사람들이 우리 몸을 어떻게 보는지 가늠하는 잣대가 되기도 합니다. 남자아이들은 몸이 남자를 판단하는 주된 기준이라고 여기죠. 그렇지만 집단에서 최고 근육질 사나이가 된다는 것은 극한의 활동입니다.

"음, 그렇게 힘든 일은 아니었어요. 일주일에 6일 근력 운동을
합니다. 저녁 7시 이후에는 아무것도 먹지 않아야 합니다. 평소에
탄수화물이나 설탕은 절대 먹으면 안 되고, 사실 평소에 좋아하는
음식만 먹지 않으면 됩니다. 하루에 5킬로미터 정도 달리면 되고요,
돈을 내면 모든 건 운동 센터에서 다 관리해 주죠.
왜 다들 그렇게 하지 않는지 의아합니다."

톰 매킬헤니(드라마 「킬라멘지아는 언제나 맑음」에 출연한 배우),
통통한 몸에서 근육질 몸매로 어떻게 변신했는지 설명하는 인터뷰 중에서

여기서 알파와 베타의 개념이 등장합니다. 이는 페미니즘의 영향으로 세상이 매우 '여성화'되고 있다고 주장하는 남성 집단에서 수년에 걸쳐, 특히 인터넷을 통해 만들어 온 것입니다.

늑대와 같은 동물 무리를 살펴보죠. 다른 무리에 대적할 수 있는 큰 몸집과 강인한 투쟁심을 갖춘, 지배적이고 강력한 리더 그룹인

'알파 수컷'들이 존재한다고 합니다. 반면에 신체적인 능력이 떨어져서 싸움에 나서기에는 부족한 '베타 수컷'들이 있고요. 남자들은 이런 아이디어를 만들어 내는 것을 좋아합니다. 뚜렷한 경계선을 긋고 알파에 속하는 남자들과 베타에 속하는 남자들을 다르게 대우합니다. 알파와 베타라는 구분을 들이대는 사람들은 주로 자신을 알파라고 여기면서 은근히 다른 사람들을 베타라고 깔봅니다.(그런데 말이죠, 흥미로운 것은 자신을 굳이 알파라고 내세우는 건 불안함의 표현이라는 점이에요.)

알파/베타 법칙에는 큰 결함이 있습니다. '알파 남성과 알파 여성은 실제로 존재할까?'라는 글을 쓴 작가 에릭 데바니는 '알파'라는 용어가 사회 집단에서 가장 높은 계급을 가진 개체를 의미한다고 설명합니다. 그리고 자연에서 그것은 한 가지로 귀결되죠. 바로 짝짓기 권한입니다. 알파 수컷은 암컷과 짝짓기를 할 수 있는 우선권을 얻는 것은 물론, 먹이나 몸단장 등 모든 면에서 우선권을 갖습니다.

성관계에 대해서는 나중에 자세히 설명할 것이므로 여기서는 너무 깊이 들어가지 않겠습니다. 하지만 말씀드리고 싶은 것은, 오로지 성관계를 위해서 자기 몸을 일부러 바꾸는 일은 우스꽝스럽다는 점입니다. 알파 남성에 대한 믿음은 곧 우리 남자들 머릿속은 성적인 생각으로 가득하며, 그것이 우리를 남자답게 만드는 유일한 길이라고 간주하는 말이나 다름없죠.

'알파 늑대'에 관한 진실

생물학 소식: '알파 늑대'라는 본능 개념은 자연계에 존재하지 않는 것으로 밝혀졌습니다. 데이비드 멕 박사의 저서 『늑대: 멸종 위기에 처한 종의 생태와 행동』(*The Wolf: The Ecology and Behavior of an Endangered Species*)에 따르면, 알파 늑대 개념을 파악하기 위해 늑대들을 관찰한 결과, 포획된 늑대들은 인간에게 둘러싸인 채로 자극과 반응에 노출되면서 야생에서와는 완전히 다른 행동을 보였다고 합니다. 비유하자면 외계인 무리가 지구인들을 우리에 가두고 막대기로 계속 찔러 본 다음에 가장 격하게 저항하는 인간을 알파 인간이라고 부르면서 어떤 이론을 세웠다고 상상해 보세요. 좀 억지스럽겠지요?

늑대는 홀로 활동할 때보다 무리 속에서 더 잘 살아갑니다. 늑대는 복잡한 위계질서 안에서 자기가 맡은 역할을 충실히 수행하며 살아가지만, 어떤 늑대가 다른 늑대보다 더 우월한 것은 아니라고 합니다. 서열에서 가장 앞서고 모든 것을 독점할 권력이 있는 '알파 늑대' 같은 것은 존재하지 않습니다. 인간의 관점에서 알파라고 보이는 속성은 대부분 새끼의 어미로서 보이는 모습입니다. 서열

다툼에 의해서가 아니라, 무리에서 나이가 가장 많은 어미 늑대가 자연스럽게 무리의 리더가 됩니다. 만일 어떤 늑대가 알파가 되고 싶어서 무리 안에서 단독 행동을 한다면 오히려 약한 존재가 되고 말 겁니다.

우리는 어떨까요. 육체적으로 알파가 되고자 할수록 정신적이나 정서적인 면에 소홀하게 되고 결국에는 다른 사람들과 더불어 사는 삶과는 멀어지게 될 거예요. 그러니 잘난 알파, 못난 베타 같은 어리석은 생각을 할 필요가 없습니다. 우리는 홀로 살아가는 존재가 아닙니다.

두려움의 형태

1장에서는 '사내다운 용기'가 신체적으로 얼마나 위험한지 살펴보았습니다. 이것은 '알파 육체'에 대한 환상에도 똑같이 적용됩니다. 또래 집단의 우두머리가 되고자 하는 욕구는 알파 늑대라는 어리석은 환상에서 비롯하며, 이 모든 것은 폭력에 대한 두려움에서 나옵니다. SNS는 24시간 온갖 두려움을 만들어 냅니다. SNS를 운영하는 기업은 우리의 두려움으로 이익을 창출하죠. 인터넷으로 연결된 전 세계 사람들은 하루 종일 두려움에 시달리며 살아갑니다.

겉으로 드러나지 않는 공포스러운 기반 위에서 남자는 자신과 사랑하는 존재들을 지킬 수 있을 만큼 강해야 한다는 생각이 주입

됩니다. 딱히 도움받을 곳도 없고 무방비 상태에 있는 것 같다고 여기는 대부분 사람들이 갖게 되는 두려움이죠. 그들 가운데 일부는 자신과 가족, 재산을 지키려면 훨씬 더 강력한 무기가 있어야 한다고 믿습니다. 신체적으로 강인하지 않다면 강한 무기라도 있어야 한다고 생각하는 겁니다. 신체가 강인하다고 믿는 사람들 역시 훨씬 더 강력한 무기를 소지하고 싶어 합니다. 끔찍한 일이 일어나서 사랑하는 사람이 겁에 질렸을 때 이를 막아 줄 준비가 되지 않은 대다수의 '베타'들은 어떻게 해야 하는 걸까요?

이러한 두려움은 '영웅 콤플렉스'로 알려진 남자들의 과잉 반응으로 나타납니다. 용감한 일을 해야 한다는 강박 관념이 때로는 불필요한 일을 만드는 기현상으로도 이어지죠. 자신과 주변 사람들을 보호할 수 있을 만큼 강해지는 것은 물론 좋은 일입니다. 하지만 우리는 살아가면서 어쩔 수 없는 비극, 우울증, 수치심, 혼란을 겪게 되며 이런 상황은 근육을 단련한다고 해서 해결되지 않습니다. 감정을 다스리는 법을 모르는 채 몸만 부풀린다면 인생을 슬기롭게 살아가기 어렵습니다. 무기를 소지한다 한들 내면의 두려움이 사라지지는 않습니다. 인간을 인간답게 만드는 감정과 단절된다면 아무리 강한 갑옷을 입는다 해도 아무 소용이 없을 것입니다.

수치심 놀이

신체적인 수치심을 자극하는 것은 남자아이들 사이에서 가장 흔한 형태의 괴롭힘인데요, 자기 기분을 위해 다른 사람을 깎아내리는 쉬운 방법이라서 그렇습니다. 낯설지 않죠? 최근 설문 조사에 따르면, 10대 여학생의 94퍼센트와 10대 남학생의 64퍼센트가 한 번쯤은 신체적 수치심을 느낀 적이 있다고 합니다. 제가 그날 친구 숀과 맷에게 당했던 것처럼요. 누가 물어보면 그거 말고도 더 해 줄 이야기가 많아요. 우리가 받게 되는 외부의 메시지들은 우리로 하여금 비뚤어진 판단 기준을 형성시키는 것 같습니다. 예를 들어 몸매가 좋아야 하고 섹시해야 하고 신체적으로 매력적이어야 한다는 규칙을 은연중에 따르면서 그런 생각을 주입하고 강화하는 SNS를 자주 사용하고 있다면 자신뿐 아니라 다른 사람들에게도 그런 잣대를 들이댈 것이 분명합니다. 영악하고 잔인하고 사려 깊지 않은 아이들은 신체적인 수치심을 유발하는 행동을 하거나 비하하는 말을 서슴지 않고 합니다. 사람 몸의 형태는 누구에게나 잘 보입니다. "넌 뚱뚱해/말랐어/작아/장애인이야, 그렇지만 난 아니야." 이렇게 간단하게 말해 버립니다.

신체적인 수치심을 느낀다는 것은 자기 몸에 자신이 없다는 것을 의미하는데요, 그래서 괴롭힐 만한 다른 대상을 탐색해 자신감 부족을 감추고자 합니다. 눈 모양이나 치아 모양, 걷는 방식 등은 눈에 잘 띄지 않는데도 대부분의 사람들은 자격지심에 그런 부분을 창피해하고 부족하다고 여깁니다. 자신을 높이려고 다른 사람을 깎아내리며 상처 주는 행동은 어떤 경우에도 정당화되지 않습니다. 만일 여러분이 누군가를 깎아내린다면 그들도 다른 누군가에게 똑같이 행동할 것입니다.

저는 괴롭힘의 피해자이기도 하고 가해자이기도 했습니다. 가족이 로스앤젤레스에서 오리건주로 이사했을 때 저는 친구가 하나도 없었습니다. 유대계 이탈리아인인 제 외모, 특히 매부리코와 짙고 큰 눈썹은 작은 마을에서 유독 눈에 띄었습니다.

저는 깡마른 체형이었지만 스포츠에서만큼은 능력을 얼마든지 증명할 자신이 있었습니다. 돌아보면 제가 신체적 불안을 가장 크게 느꼈던 무렵에 다른 친구들의 몸에 대한 관심이 아주 높았던 것 같습니다.

체육 시간에 발야구 시합을 하던 중 제가 집요하게 시도했던 끔찍한 짓은 절대 잊을 수 없습니다. 비만으로 보이는 한 남학생이 타석에 섰을 때 저는 외야에서 "뚱보 파이팅!" 하고 외치며 킬킬거렸습니다. 열 살이었던 저는 알파가 되려면 다른 사람을 먹잇감으로 삼아야 한다고 생각했던 거예요. 그렇게 생각할 정도로 외부의 메시지가 제 안에 들어와 있었던 거죠.

발야구 시합이 끝나고서 선생님이 제 행동을 지적했습니다. 선생님은 제가 무슨 짓을 했는지 알려 줬고 스스로가 무척 부끄러웠습니다. 평생 잊을 수 없는 후회스러운 날입니다. 그 말을 들은 아이에게 깊은 상처를 주었을 뿐만 아니라 제 자신에게도 끔찍한 일을 한 것이죠. 저는 그날 신체적 수치심을 이용하는 게임에서 승자는 없다는 중요한 교훈을 배웠습니다. 거기에 가담하는 순간 모두 패배자가 됩니다.

"중요한 것은 사람의 크기가 아니라 마음의 크기입니다."

이밴더 홀리필드(전 헤비급 복싱 챔피언)

남자들은 몸이 얼마나 큰지, 얼마나 근육질인지, 얼마나 매력적인지를 두고 수많은 해로운 외부 자극에 노출되지만, 남자들만 그런 경쟁에 내맡겨지는 것은 아닙니다. 우리만 그런 게 아닙니다.

성인 남성과 남자아이들이 겪는 모든 일을 성인 여성과 여자아이들은 훨씬 더 오래, 훨씬 더 가혹한 기준으로 겪어 왔습니다. 여성이 느끼는 감정의 중요성이 부각된 페미니즘 운동이 확산된 것은 비교적 최근입니다. 까마득한 옛날부터 여성의 존재 이유는 남성과 결혼하는 것이었습니다. 남성과 반대되는 '알파' 개념이었죠. 남성의 취향과 요구에 따라 여성은 날씬한 몸을 만들어야 할 때도 있었고 풍만한 체형을 갖추어야 할 때도 있었으며, 어떤 때는 큰 키가 선호되고 어떤 때는 작은 키가 선호되기도 했습니다. 화장을 진하게 해야 하는 시대도 있었고 화장을 하지 않는 게 선호되는 시대도 있었죠. 남성의 기호가 주도하는 유행에 항상 맞춰야 했습니다. 너무 관능적으로 치장하면 머리가 비어 보인다는 말을 들어야 했고, 너무 안 꾸미면 매력이 없다는 핀잔을 들어야 했습니다. 너무 관능적이어도 안 되고 너무 정숙해도 안 되는 거였죠. 여성에 대한 차별과 요구는 끝이 없었습니다. 여성이 직장에서 똑똑하거나 유능하면 '철면피'일 것이라며 손가락질을 받습니다. 어떤 문화권에서는 여성에 대한 차별 대우가 훨씬 더 극단적으로 가혹하죠.

통계를 보면 남학생과 여학생 간에는 스스로의 신체에 대한 시각 차이가 분명합니다. 2015년에 실시된 조사에 따르면 남학생의 25퍼센트가 날렵한 근육질 몸매를 갖지 못할까 봐 걱정한다고 합니다. 2006년에 발표된 비슷한 연구 조사에 따르면 13세 여학생의 50퍼센트가 자기 신체 모습에 만족하지 못하고 80퍼센트가 뚱뚱해질까 봐 두려워한다고 합니다.

이러한 메시지들이 오랫동안 누적되면서 여자들은 자기 몸을 끔찍하게 여기게 되었고, 많은 여자들이 (음식을 거부하는) 거식증이나 (체중을 유지하려고 폭식과 구토를 반복하는) 폭식증 같은 섭식 장애에 빠지게 되었습니다. 전형적인 기준에 맞지 않아도 친근하게 여겨지는 '아저씨 몸매'의 특권이 여성에게는 없습니다. 성공하고 부유한 남성이 아저씨 몸매에 매력적이지 않은 외모를 가지고 있다면 일반적으로 그냥 성공했다고 여겨집니다. 반면에 성공하고 부유한 여성의 외모가 별로라면 그것은 불리한 외모 조건을 극복하려 엄청나게 노력한 특별한 성공 사례라고 사람들은 생각하죠.

알아보기

페미니즘이란 무엇인가?

페미니즘은 모든 인종, 민족, 종교의 여성이 (동성애자와 트렌

스젠더를 포함하여) 모든 면에서 남성과 동등하게 여겨져야 한다
는 신념입니다. 남성과 여성이 서로 다르게 판단되거나 대우받아
서는 안 된다는 단순명료한 생각이죠.

제가 이 모든 이야기를 꺼낸 이유는 세 가지입니다. 첫째, 신체
문제는 남성이나 여성만의 문제가 아니라 우리 모두 공유하는 문
제입니다. 신체적 이미지에 대한 문제를 살펴보면서 남학생이든
여학생이든 어느 한쪽의 경험이 더 중요한 것처럼 판단해서는 안
됩니다. 항상 함께 고려해야만 합니다. 신체적 이미지를 신경 쓰는
것은 '여자애들의 관심사'라고 간주되어 남자아이들 사이에서 대
수롭지 않은 것으로 여겨져 왔고, 그에 따라서 남자아이들은 몸에
대해 자신감을 갖지 못하고 불안해하거나 여러 다른 감정들을 느
끼는 것이 아예 허락되지 않았습니다.

셋째, '남자다운 게 뭔데?'(Boys Will Be Human)라는 이 책 제목에
서 알 수 있듯이 남자아이가 인간인 것처럼 여자아이도 인간이며,
비이성애자나 트랜스젠더 역시 다 같은 인간입니다. 이들은 훨씬
더 오랫동안 세상의 압박과 편견을 견뎌 왔습니다. 이런 문제를 극
복하는 방법을 찾기 위해 연민과 공감을 갖고 그들의 경험을 대해
야 합니다. 애초에 여자들이 신체적 압박을 받은 이유는 남성이 여
성을 바라보는 시선 때문이었으니까요. 이 '남성의 시선'은 여자아
이들에게뿐만 아니라 남자아이들에게도 특정한 모습을 강요합니

다. 이런 전통적인 관념이 남자와 여자 그 누구에게도 도움이 안 되는 것이죠.

'젠더'란 무엇인가?

성별은 태어날 때 음경 또는 질을 지녔는지에 따라 결정됩니다. 젠더는 '남자다움'이나 '여자다움' 같은, 사회가 만드는 후천적 성 정체성입니다. 남자아이에게는 어떤 행동이 옳고 여자아이에게는 어떤 행동이 옳은지 판단하는 '성 역할'을 나누는 것이 젠더인데요, 아주 오래전부터 존재해 온 이 개념은 생각보다 훨씬 방대하게 우리 삶에 영향을 끼칩니다.

특정한 신체적 현상이 여자에게 일어난다는 이유만으로 남자에게 일어날 때보다 부정적인 인상을 줄 때가 있습니다. 특히 월경을 예로 들자면, 언제부터인지 모르지만 여자아이들은 지극히 정상적이고 자연스러운 현상인 월경을 감춰야 할 부끄러운 것으로 여겨 왔습니다. 그냥 받아들이지 말고 의문을 제기해야 합니다. 왜 그런 걸까요? 피가 나와서일까요? 피라면, 많은 남자아이들이 즐겨 보는 액션 영화나 공포 영화에 철철 넘쳐 나지 않나요? 피 흘리는 캐릭터에게 멋있다고 하잖아요. 제가 생각하기에 진짜 문제는 남자아이들이 여자아이들의 몸은 오직 남성의 성적인 쾌락만을 위해 존재한다는 말을 은연중에 주입당해 왔기 때문인 것 같아요. 남성을 위해 아름답고 단정하게 준비되어야 할 육체가 피를 흘리니까 더럽고 징그러워 보이는 것입니다.

이렇게 생각해 보세요. 남자아이가 방귀를 뀌거나 화장실에서 냄새를 풍기며 똥을 누는 것은 그러려니 하고 봐줄 만한데, 여자아이가 같은 행동을 하면 왠지 민망하고 불쾌하게 느껴지는 까닭은 무엇일까요?

우리는 여자아이와 남자아이에게 이중 잣대를 가지고 있으며, 이해하지 못하는 것이 있으면 어색하거나 불편하다는 이유로 밀쳐 내거나 놀리곤 합니다. 남자아이들은 월경이 무엇인지 잘 모릅니다. 많은 여자아이들과 트랜스젠더들, 또 성별 이분법에 속하지 않는 여러 사람들에게 월경이 얼마나 고통스러운 건지 전혀 배운 적이 없으므로, 월경을 전염병처럼 취급하면서 꺼릴 궁리만 합니다. 월경만 그럴까요? 배운 적이 없는 다른 사람의 어떤 점을 더럽거나 역겨운 것으로 취급하는 일은 인간으로서 가장 비열한 일입니다.

신체에 대한 집착을 버리고 서로 온전한 인간으로 바라보아야 합니다.

성별에 대한
다양한 생각

저는 우리가 다른 어떤 존재이기에 앞서 정신적인 존재라고 믿습니다. 앞서 말했듯이 우리에게는 육체가 있지만 육체가 우리 자신은 아닙니다. 같은 맥락에서 우리에게는 성별이 있지만 성별이 우리 자신은 아닙니다. 정신에 초점을 맞춘다면 영혼에는 성별이 없습니다. 우리 몸이 램프라면 영혼은 램프 안에서 빛나는 불빛입니다. 우리를 우리답게 하는 것은 램프가 아니라 램프 안의 빛입니다.

요즘 젠더를 둘러싼 고통과 갈등, 좌절과 분노를 보면, 다양한 성 정체성을 드러내는 경향에 많은 이들이 자신의 존재를 위협받는다고 느끼는 것 같습니다. 그래서 자신을 지키려면 다른 사람의 신체에 관여해야 한다고 여기는 것 같아요. 왜 우리는 빛이 아닌 램프 모양에 집중하는 걸까요? 전통적인 성별에 부합하지 않는 사람에게 본인의 성 정체성을 비난받고 논란을 겪는 건 무척 견디기 힘든 일일 겁니다. 여러분도 혹시 그런 고민을 하고 있다면 제가 도울게요. 함께 좋은 방향을 찾아가면 좋겠습니다.

다른 사람의 성 정체성으로 인해 위협받는다거나 불편하다고 느낀 적이 있다면 이전 장에서 우리가 살펴본 내용을 바탕으로 그 이유를 찾아보세요! 좋은 인간이 된다는 것은 다른 사람의 경험을 잘 이해하지 못하더라도 그 사람을 사랑하고 배려할 수 있는 법을 배운다는 뜻이라고 생각해요. 그러니 일단 다른 사람의 램프에 신경 쓰기보다는 자신의 램프를 돌보는 데 집중하는 게 올바른 순서일 것 같습니다.

제 친구인 시인 알록 베이드메넌이 제 팟캐스트에 출연했을 때 했던 말이 여기에 딱 들어맞는 것 같습니다. "이해보다 연민이 더 중요합니다. 연민을 느낀다는 것은 판단하여 이해하는 과정이 필요 없다는 말입니다." 이 말을 우리 모두 마음에 새기면 세상은 훨씬 더 친절해질 것입니다.

이제 대놓고
낯 뜨거운 이야기를 해 보자

여러분께 이야기를 하나 해드릴게요. 수치스러운 이야기지만, 무척 중요한 부분이라고 생각하기 때문에 용기를 내어 말씀드리려고 합니다. 맘껏 웃으셔도 됩니다. 그렇지만 웃는 것에 그치지 말고 왜 웃긴지 한번 생각해 보면 더 좋을 것 같습니다.

자, 심호흡을 한번 하고 시작하죠. 중학생이 된 저는 항상 발기되어 있었어요. 당시에는 몰랐지만 그 또래 사내아이에게는 완전히 정상적인 현상입니다. 진짜로요. 남자아이의 성기는 태어나는 순간부터 발기가 됩니다. 자궁 내에서도 발기는 일어날 수 있다고 합니다. 발기는 꼭 성적인 의미를 내포하지 않으며 남자아이가 겪는 필수 과정일 뿐입니다. 물론 사춘기가 되면 신체에서 테스토스테론이라는 남성 호르몬이 더 많이 생기므로 자신의 의지와 상관없이 아침에 빳빳하게 발기가 됩니다.(텐트를 친다고 표현하죠.)

　이상한 점은 성적인 생각을 전혀 하지 않는데도 여전히 발기가 지속된다는 거예요. 그냥 차에 앉아 있거나 수업하던 중에 갑자기 발기가 되곤 합니다. 발기가 된 것을 알아채지 못할 때도 더러 있습니다. 쉬는 시간 종이 울리기 직전에 발기가 되는 게 최악입니다. 일어나지도 못하고 꼼짝없이 자리에 앉아 있어야 하죠. 늘 발기가 된다는 것은 생식 기관이 건강하다는 신호이며, 신체가 원래 설계된 방식으로 잘 작동하는 것입니다. 조금 당황스럽더라도 발기는 전혀 부끄러운 일이 아닙니다. 모든 남자에게 일어나는 일이죠. 단지 밖으로 이야기를 꺼내지 않기 때문에 부끄러워 보일 뿐입니다. 이야기되지 않으면 완전히 정상인 일도 정상이 아닌 것처럼 느껴지거든요.

　다시 제 이야기로 돌아가죠. 한번은 가족과 함께 쇼핑몰에 간 적이 있습니다. 먼 지방에서 온 이모가 함께 차를 타고 있었죠. 쇼핑몰까지 차로 30분 정도 걸리는데 제 '소중이' 꼬마가 자기는 일어서서 가겠다고 하는 걸 제가 미처 눈치채지 못했나 봐요. 차에서 내릴 때도 저는 발기된 줄 몰랐습니다. 이모가 제 반바지를 가리키면서 주머니에 든 게 뭐냐고 물었어요. 아무것도 없다고 대답하며 아래를 내려다보았는데 깜짝 놀랐죠.

　제 인생에서 가장 길고 어색한 침묵이 흘렀습니다. 이모도 당황했는지 알았다며 대강 얼버무렸어요. 이모는 처음에 제가 주머니 안에 뭔가 감추었다고 생각했겠지만 실은 제 음경이 발기되었다는 것을 곧 알아챘죠.

쥐구멍이라도 찾고 싶은 심정이었고 너무 창피했습니다. 왜 이런 이야기를 하냐고요?

첫째, 서로 솔직해지면 신체에 대한 부끄러움이나 걱정을 극복하는 데 도움이 됩니다. 인생에서 부끄러웠던 자신의 경험담을 공유하면 점점 더 편안하게 대화할 수 있죠. 신체에 대한 수치심을 느끼게 하는 벽을 빨리 허물수록 서로 더 신뢰할 수 있습니다. 이는 결코 하찮은 일이 아닙니다. 금기시되는 주제를 더 이상 숨기고 꺼리지 않도록 전환하는 중요한 일입니다.

둘째, 여러분이 비슷한 상황에 놓인 적이 있다면 누구나 그럴 수 있다고 안심하면 좋겠습니다. 예상치 못한 신체 반응 때문에 당황한 적 있다고요? 잘됐네요, 정상입니다! 하늘이 무너지는 것처럼 호들갑을 떨 필요도 없습니다.

마지막으로, 남성 신체 문제의 핵심을 직시하기 위해서입니다. 여러분도 미리 준비를 하면 좋겠습니다. 여러분이 저처럼 혼란스러워하며 자기 몸을 부정한 적이 있다면, 주변 어른들이 이 주제에 대해 말하기를 부끄러워하고 꺼렸기 때문일 겁니다. 여러분 스스로 자신을 지키고 아껴야 합니다.

중대한
'크기' 문제

우리는 지금까지 여러 진솔한 이야기를 나눴어요. 저와 여러분 모두 상처 입기 쉬운 면들을 가지고 있다는 사실을 알았을 거예요. 이제 겨우 네 번째 장일 뿐이지만, 우리는 제법 먼 길을 걸어왔습니다.

음경에 대해 이야기해 봅시다. 민감한 이야기입니다. 우리의 성기가 정말 민감한 아이거든요.(죄송합니다. 처음이자 마지막 성기 농담!) 하지만 사춘기를 겪고 있는 남자아이들에게, 그리고 사춘기 이후에는 더욱 강조되는 남자의 성기에 대해 이야기하지 않을 수 없습니다.

영화를 비롯한 여러 매체를 통해 우리에게 주입되는 메시지는, 남성의 음경은 커다란 것이며 원할 때 발기할 수 있어야 한다는 것입니다. 언제든 즉시 성관계할 준비가 돼야 합니다. 성기는 굵고 길어야 하고, 다른 남자보다 클수록 더 좋습니다. '대물'을 가지고 있으면 자신감이 넘치고 안정감을 느끼게 될 거라는 환상이 퍼져 있습니다. 성기가 작으면 불안하고 예민하며 나약하다는 말이므로 남성으로서 매력이 떨어집니다. 반대는 어떨까요? 성기가 남보다 크면 자신감이 넘치고 매력이 샘솟는 걸까요? 그렇지 않습니다.

거울아 거울아

일주일 동안 매일 신체 긍정 운동을 해 보세요.

- 아침에 거울을 처음 보면서 이렇게 말하세요.
  "나의 몸이 나의 전부는 아니다."
- 그런 다음 마음에 드는 신체 부위를 찾아 큰 소리로 말하세요.
  "나는 내 눈을 좋아해."
- 가슴에 손을 얹고 말하세요.
  "너는 지금 모습으로도 충분히 좋아."

새로운 시도라 처음엔 좀 어색하겠지만 괜찮아요, 익숙해질 거예요.

예민함과 불안감은 우리의 음경 크기에서 오는 것이 아닙니다. 크기에 관해 이야기하는 사람들에게서 비롯하는 것이죠! 세상이 남자는 커야 한다고 말하지 않는다면, 남자아이들이 음경 크기 따위에 신경 쓸 필요조차 없을 텐데 말이죠.

성기는 경쟁 대상이 아닙니다. 싸울 상대가 없고, 승자와 패자도 없기 때문입니다. 하지만 우리를 둘러싼 외부 세계는 남성으로 하여금 '크기'에 대한 환상을 품게 합니다. 남자들의 인생관 전체가 성기 크기와 연관되는 거죠.

아울러 남성성에 지나치게 신경을 쓰거나 다른 남자들 앞에서 주눅들까 봐 걱정하는 순간, 그 남자들은 자신도 모르게 일종의 '성기 측정 대회'에 참가하게 되는 것입니다. 크기에 집착하여 자기 삶을 판단하는 불쌍한 존재가 되는 거죠. 어느 순간 성기에 대한 걱정이 드는 것은 자연스러운 일이지만, 계속 집착하는 것은 어리석은 일입니다.

성기가 큰 남성이 섹스를 더 잘할 수 있기 때문에 성관계 상대는 되도록 성기가 큰 남성을 선호한다는 믿음이 널리 퍼져 있습니다. 남자아이들에게 나쁜 영향을 끼치는 신체 이미지 문제와 마찬가지로, 음경 크기에 대한 강조는 실제로 다른 사람보다 더 나은 남자가 되려는 아이들에게서 비롯됩니다. 두 자녀가 있는 아버지로서, 그러니까 적어도 두 번 이상의 성 경험이 있는 성인으로서 말하자면 (썰렁한 농담 죄송), 그리고 동성애자인 친구들에게도 물어본 바에 의하면 성관계에서 음경 크기는 전혀 문제가 되지 않습니다. 사람들이 성관계 상대를 고를 때 성기 크기보다 중시하는 것은 친밀함과 솔직함이며, 유대감과 지적 호기심 등입니다. 성기 크기 때문에 남자를 사랑한다는 사람의 이야기를 한 번도 들어 본 적이 없습니다. 물론 크기에 신경을 쓰는 사람이 있을 수는 있지만 친밀한 관계로 나아갈 수 있을지 확인할 때 남자의 그곳만 보는 사람은 없죠.

모든 성기는 다르게 생겼습니다. 어떤 것은 크고 어떤 것은 작습니다. 포경 수술을 받은 사람도 있고 그렇지 않은 사람도 있습니다. 사춘기가 오면 음경 주위에 털이 자라고 고환이 아래로 처지기도 하는 등 변화가 생깁니다. 하지만 음경 역시 코나 귀처럼 신체적 기능을 수행하는 기관일 뿐입니다. 의학적인 문제가 있는 것이 아니라면, 음경의 모양이나 상태에 대해 걱정하는 것은 시간 낭비입니다. 그렇지만 완전히 평균적인 크기를 지닌 남자들조차 자기 음경이 작다고 느끼는 경향이 많습니다. 성 관련 구글 검색어 상위 10개 안에 '음경 길이 재는 법' '성기 크기 키우는 법'이 늘 들어가 있죠.

솔직하게 말하죠. 여러분보다 더 큰 성기를 지닌 남자는 항상 있습니다. 그리고 여러분 것보다 작은 성기를 지닌 사람도 항상 있을 겁니다. 여러분 인생은 성기 크기 때문에 더 좋거나 나빠지는 것이 아니라, 마음의 크기에 따라 달라진다는 점을 알아야 합니다.

얼마나 커야
충분한가?

제가 운영하는 인터넷 방송인 「남자는 모름지기」에 출연한 임상 심리학자인 로베르토 올리바디아 박사에게 들은 재미있는 사실을 소개해 드릴게요. 1964년 전투 캐릭터 장난감 지아이 조(G.I. JOE)가 처음 출시되었을 때, 사이즈 비율을 실제 신체로 바꾸면 키는 180센티미터 정도에 허리는 31인치, 가슴둘레는 105센티미터, 팔뚝 굵기는 30센티미터 정도였습니다. 강인한 근육질 몸매로 열심히 근력 운동을 하면 달성 가능한 수치죠. 그런데 2002년에 판매된 지아이 조는 신체 사이즈가 좀 바뀝니다. 키는 그대로였지만 허리는 28인치로 줄어들었고 가슴둘레는 127센티미터로 늘어났으며 팔뚝은 웬만한 여성의 허리 사이즈에 육박할 정도로 굵어졌습니다. 진짜 전투 요원이라면 특수 작전을 수행하고 지구를 구하기는커녕 울퉁불퉁한 근육 때문에 손으로 자기 어깨도 만지지 못했을 것입니다. 폭탄이 터지는 것을 막기 위해 낙하산을 타고 뛰어내리는 지아이 조의 모습을 상상해 보세요. 하지만 너무 굵은 이두박근 탓에 허리 뒤로 손을 뻗을 수가 없어 벨트에서 무기를 꺼내지도 못하겠죠. 덩치에 비해 한없이 작은 티라노사우루스의 앞발과 비슷하겠죠?

사실 지아이 조 제작자는 과장되거나 극단적인 체형을 표현하려는 것이 아니라 말 그대로 비현실적인 체형을 만든 것입니다. 즉, '남성적인 몸'을 떠올릴 때 건강과 멋짐을 넘어 비현실적인 관념들이 반영된다는 뜻입니다. 그 말도 안 되는 이미지로 인해 간혹 남성이라면 마땅히 그런 모습을 지향해야 한다고 여겨지기도 합니다. 하지만 이 이미지는 언제든 마음속에서 왜곡될 수 있으며 현실에 뿌리를 두고 있는 경우는 드뭅니다. 그리고 바람의 방향이 수시로 바뀌는 것처럼 이상적인 모습의 기준은 주변에 따라 끊임없이 변할 수 있습니다.

'왜? 사다리' 오르기

'왜? 사다리'란 지금 하고 있거나 앞으로 하고 싶은 일의 이면에 숨겨진 우리 감정을 파악하는 방법입니다. 예를 들어 체육관에 가고 싶은 생각이 들면 '왜?' 하고 자신에게 물어보는 거예요. '왜? 사다리'를 놓고 계속 왜냐고 물으며 한 걸음 한 걸음 올라가 보는 거죠. 체육관에 가고 싶어, 왜지? 운동해서 몸도 만들고 강해지려고. 자, 사다리를 한 단계 더 올라가요. 그건 또 왜지? 강해지면 좋기 때문이죠. 그건 또 왜지? 영웅 콤플렉스 때문인가요? 누군가에게 강렬한 인상을 남기고 싶어서? 학교에 날 위협하는 녀석이 있어서? '왜? 사다리'를 오르다 보면 외부의 영향에 얽매이지 않고 걱정거리의 핵심에 도달할 수 있습니다. 그리고 이유나 원인을 파악하면 두려움 때문에 판단을 내리는 것이 아니라 더 합리적 결정을 내리게 됩니다.

이제 얻을 수 있는 교훈은 무엇일까요? 우리와 다른 체형은 항상 존재한다는 것이죠. 완벽한 몸매는 마음속에만 존재할 뿐, 나나 주변 남자들의 몸매는 항상 불완전할 수밖에 없습니다. 완벽한 몸매에 대한 생각은 현실이 아니기 때문입니다. 미디어와 신뢰할 수 없는 인플루언서들이 우리 머릿속에 심어 놓은 것들이 뒤섞인 결과 물일 뿐입니다. 잡지 표지나 슈퍼히어로 영화에 등장하는 남자 배우들을 생각해 보세요. 그들은 카메라에 포착되는 단 한 순간을 위해 완벽하게 보이려고 끊임없이 애를 씁니다. 그렇지만 영원하지 않죠. 그들은 자신의 몸을 망가뜨리는 것을 대가로 돈을 받지만, 일이 끝나고 나면 항상 평범한 남자로 돌아갑니다.

완벽한 몸매를 가진다는 것은 무얼 의미할까요. 언제든 더 개선 시킬 여지가 있으니 영원히 노력해야 한다는 뜻입니다. 그리고 나보다 '더 나아 보이는' 몸매를 가진 사람은 늘 나타나기 마련이기 때문에 현재의 몸에 완벽한 자부심을 갖기 어렵습니다.(그리고 몸매를 '더 좋게' '더 이상적으로' 만드는 기준도 계속 바뀐다는 점을 명심하세요. 아무리 노력해도 어느 장단에 맞춰 춤을 춰야 할지 혼란스러워질 겁니다.) 현재의 몸에 만족하고 마음의 평온을 찾지 못하면 결코 이길 수 없는 게임입니다.

3장에서 가면 증후군에 대해 말씀드린 것을 기억하시나요? 많은 것을 성취한 인기인이 자신을 가면을 쓴 사람으로 여기는 현상이지요. 자기보다 더 멋진 사람이 얼마나 많은데 왜 나 같은 사람한테 열광하는 거지? 내가 사람들을 속인 건가? 다 들통나면 어쩌지? 이런 걱정을 하는 유명인들 말이에요. 우리 몸에 대한 자책을 분석해 보면, 불신에서 나오는 가면 증후군과 불만에서 나오는 고통이 마구 뒤섞여 있습니다. 후자인 고통이 우리의 행동을 주도할 때는 아무리 노력해도 심리적 치유는 일어나지 않습니다. 예를 들어 삐쩍

말랐다고 괴롭힘을 당한 소년이 살을 찌운다고 해서 근본적인 문제가 해결되지는 않는다는 거죠. 그런 종류의 고통은 회피하려고 하지 말고 당당히 맞서서 본질을 보아야만 치유할 수 있습니다.

좋은 소식과
나쁜 소식

지금 여러분의 몸은 꽤 빠르게 변화하고 있습니다. 여러분은 천천히 크는데 다른 아이들만 쑥쑥 크는 것처럼 느껴지기도 하죠. 좋은 소식과 나쁜 소식이 하나씩 있습니다. 먼저 나쁜 소식입니다. 여러분의 몸은 계속 변할 것이고, 여러분이 바라던 모습이 아닐 수도 있습니다. 저는 요즘도 청소년 시절과 마찬가지로 거울을 볼 때 어깨에 먼저 시선이 갑니다. 어깨가 맞지 않는 티셔츠는 안 입습니다. 열두 살 때를 돌이켜 보면 좁은 어깨에 대한 열등감 때문에 티셔츠를 두 장 겹쳐 입은 적도 많습니다. 한두 살 많은 학교 형들의 어깨를 보면 더 주눅이 들었죠. 적어도 저 정도는 되어야 하는데…… 하는 불만을 안고 살아갔어요.

자, 이제 좋은 소식입니다. 여러분은 몸이 아닙니다! 무슨 말이냐고요? 아주 중요한 이야기이니까 다시 반복하여 말하겠습니다. 여러분은 몸을 '지니고' 있습니다. 몸 자체가 아닙니다. 빛을 내는 램프보다 훨씬 더 복잡하고 많은 것을 지니고 있습니다. 여러분의 몸은 여러분의 것입니다. 여러분이 소유한 것이고, 오로지 여러분만 가지고 있는 것이죠. 더구나 돈으로 구매한 것도 아니고 아무 대가 없이 주어진 것입니다. 선물과 같죠. 물질적 재산을 소유하는 것과 마찬가지로, 현재 가진 것에 만족하지 않은 채 항상 더 많거나 높은 기준만 추구한다면 우리는 만족할 수 없고 행복을 누릴 수도 없습니다. 행복은 만족에서 비롯되거든요.

그러면 어떻게 해야 신체적 이미지에 얽매이지 않고 자신의 몸에 만족할 수 있을까요? 첫 번째 단계는 솔직하고 용감하게 직면하고 대화하는 것입니다. '알파'라는 우두머리 개념에 대한 환상과 날씬하고 멋져 보이는 몸매에 대한 믿음이 강해질수록 여러분은 헤어나오기 힘든 구렁텅이에 빠져들 것입니다. 비현실적이고 이상적인 몸과 우리 몸을 비교할수록 우리는 불행해질 것입니다.

이제 자신의 몸에서 좋아하는 것에 대해 이야기해 봅시다. 거울에 비친 우리 모습을 감상해 봅시다. 몸에서 어떤 부분이 특별하다고 느껴지는지 생각해 보세요. 통통하게 멋진 엉덩이와 이상하게 생겨 먹은 발을 축복합시다! 피부는 여러분에게 가장 자연스러운 형태로 존재합니다. 여러분의 피부를 받아들이고 사랑합시다. 여러분이 편하고 자연스럽게 느끼면 다른 사람도 여러분을 자연스럽고 편하게 받아들일 것입니다. 어찌 보면 그런 마음가짐의 변화는 타인에게 여러분을 편하게 대할 수 있는 자유를 선사하는 일인 셈이죠!

사춘기는 혼란스러워도 된다.

사춘기가 '일찍' 또는 '늦게' 찾아오는 것처럼 느껴질 수 있지만, 사춘기는 언제 찾아오든 상관없이 항상 복잡한 시기이며 지구상의 모든 성인이 한 번은 겪게 되는 필수 경험입니다.

신체와 신체 이미지는 서로 다르다.

자기 몸을 바라보는 시선이나 타인에게 인식되는 방식은, 실제의 모습과 매우 다를 수 있습니다. 우두머리 '알파 수컷'은 신화에 불과합니다. 이상적인 남성 신체와 알파 수컷은 모두 비현실적인 개념이죠. 중요한 것은 음경 크기나 이두박근의 굵기가 아니라 마음의 넓이와 깊이입니다.

신체 이미지의 대부분은 두려움이 좌우한다.

우리는 사랑하는 사람을 보호할 만큼 충분히 크고 강하지 않으면 어쩌나 하는 걱정에 휩싸이기 쉽습니다. 그러나 힘은 외형적인 모습뿐 아니라 여러 형태로 다양하게 나타납니다. 신체적으로 강인한 남성도 자신을 약한 사람이라고 느낄 때가 적지 않습니다. '왜? 사다리'를 놓고 왜라는 물음을 계속 던지면 신체에 관한 결정을 내릴 때 도움이 됩니다.

우리에게는 신체가 있지만
신체가 우리를 정의하는 건 아니다.

몸은 우리가 가진 것이지만, 우리가 누구인지 보여 주는 한 측면일 뿐입니다. 모든 사람은 죽을 때 몸을 가져가지 못합니다. 몸은 빛을 품고 있는 램프와 같습니다. 몸의 모양이나 크기에 상관없이 자신을 있는 그대로 드러내고 스스로가 진정 원하는 사람이 되도록 노력합시다.

5장

남자애들은 *원래 그래*

가지고 있는 것과 그렇지 않은 것
소년들은 소녀들에 비해 어떤 특권을 누리고 있는가

'특권'이라는 단어는 많은 의미를 담고 있습니다. 분노에 차서, 비꼬는 말로, 때로는 눈물을 흘리며 이 용어를 사용하는 것을 본 적 있을 겁니다. 남성 청소년의 일상을 이야기할 때 특권이라는 말은 어떤 의미로 사용될까요?

특권이란 사회가 특정 집단에 속한 사람들을 그렇지 않은 사람들에 비해 우대하는 것을 의미합니다. 미국에서는 백인 남성이라는 거대한 집단에 속해 있으면, 즉 가장 일반적이라고 여겨지는 집단의 일원이 되면 다른 사람들에 비해 더 나은 대우를 받습니다. 사회가 그들에게 유리한 규칙을 만들어 놓았기 때문이죠.

특권의 문제는 우리 경험과 멀리 떨어져 있을 때가 더 많습니다.

특권층에 속해 있다면 '정상'에 대한 기준이 다른 사람들과 다를 수 있습니다. 특권에는 여러 가지 종류가 있는데, 백인 특권이 대표적입니다. '남성' 특권은 매우 현실적인 문제이며 개선되어야 할 필요가 있습니다. 심지어 '비장애'라는 특권도 있습니다. 저는 최근까지도 이 문제에 관해 자세히 알아보거나 공부해 볼 생각을 하지 못했습니다. 저 같은 일반인이 미처 모르고 있었다는 사실 자체가 특권의 중요한 특징이라고 할 수 있죠.

사람들은 보통 특권층은 돈이 많거나 풍족한 생활을 누린다고 생각합니다. 억만장자 집안에서 태어난 소년을 만났다고 가정해 봅시다. 소년이 여러분에게 왜 신형 게임기가 없냐고 물어봅니다. 여러분은 게임기를 살 돈이 없다고 설명하죠. 그러자 소년은 "그러면 신용 카드로 사면 되잖아."라고 말합니다. 그 소년은 돈 없는 삶을 살아 본 적이 없기에 원하는 물건을 가질 수 없다는 것도 상상하지 못합니다. 게임기를 살 수 없다는 대답을 그는 이해하기 어렵습니다. 이렇게 그가 이해하지 못한다는 사실 자체가 소년이 특권층이라는 점을 대변합니다. 이해하지 못할 만큼 여유가 있기 때문이죠. 어떤 의미인지 알겠나요? 다시 말해, 소년은 돈 때문에 어려움을 겪은 적이 없어서 우리의 삶에 공감할 수 없습니다. 그리고 그것은 소년의 잘못은 아닙니다. 그저 돈이 많은 가정에서 태어난 것이니까요. 여러분에게 못되게 굴 생각도 없었고 그저 여러분을 이해하지 못하는 것뿐입니다.

우리 중 많은 사람들이 자신도 모르게 이런 식으로 살아가고 있습니다. 솔직히 말하자면, 특권을 가진 가장 큰 집단 중 하나는 남성의 몸으로 태어난 남자아이들입니다. 우리가 지닌 특권을 알아본다는 것은 공감을 형성하고 다른 사람의 경험을 이해하는 작업이지만, 이해하는 것 이상으로 다른 사람에 대한 연민을 가진 채 기꺼이 그들의 이야기를 듣고 믿어야 합니다.

물론 각자의 상황이 다르고 특권은 의지와 상관없이 물려받은 조건이기 때문에 어떤 이야기는 듣기 거북할지도 모릅니다. 어떨 때는 방어적으로 몸을 움츠리고 싶은 마음이 들기도 할 거예요. 만일 그렇다면 숨을 고르면서 그것이 여러분을 향한 공격이 아니라는 점을 생각해 주세요. 여러분이 지닌 특권을 공격하는 것이 아니라는 점을 기억해 주세요. 만일 여러분이 어떤 특권을 지녔음을 인지했다면 그 특권을 용기 있게 사용하여 모든 이에게 더 안전하고 좋은 세상을 만들 방법은 없는지 고민해 보는 것도 값진 일이 될 거예요.

제게도 몇 가지 특권이 있습니다. 저는 남자, 백인, 이성애자, 비장애인입니다. 여러분에게 지금 들려주는 이야기는 제 경험에서 우러나온 것이에요. 저는 여전히 한 인간으로서 배우며 성장하고 있기 때문에 이 문제의 정확한 진리를 여러분에게 전달할 수는 없습니다. 제 이야기에 다 공감하지 않아도 돼요. 그렇지만 이건 명심합시다. 우리는 다른 점도 있지만 닮은 점이 훨씬 많습니다!

남성 특권,
우리가 결코 누리지 않아도 되는 것

중학생 때 저는 다른 친구들과 여자아이들 브래지어를 잡아당기는 장난을 자주 쳤습니다. 우리는 여자애들 뒤로 몰래 다가가서 브래지어 끈을 확 잡아당긴 다음 놓고 달아나곤 했습니다. 거의 매일 이 짓을 했고, 제가 좋아하는 아이에게도 그랬죠. 허락을 받지 않고서 브래지어의 일부를 만지는 행위는 저에게 매우 짜릿한 쾌감을 주었습니다. 가슴이 닿는 아주 사적인 부분을 만지는 것이기 때문에 금단의 열매를 먹는 기분이었어요. 그렇지만 실제로 가슴을 만지는 건 아니었기에 남학생들은 이것이 잘못된 행동이라고 여기지 않았습니다.

 마음의 소리 듣기

상상해 봅시다

한 여성 작가가 여러분 학교를 방문해 범죄와 싸우는 공주 이야기로 저자와의 대화 시간을 가지려고 합니다. 선생님이 행사를 안내하며 책 내용이 여자아이들을 위한 것이므로 여학생만 참여 가능하다고 말합니다. 그렇다면 여러분은 어떤 생각이 들까요? 남성 특권과 관련이 있는 일일까요? 그렇다면 왜 그런지, 그렇지 않다면 왜 그런지 한번 생각해 보세요.

브래지어를 당겨 보기로 했던 것은 잘못된 판단이었어요. 돌이켜보면 그냥 장난으로 받아 주며 대수롭지 않게 넘긴 여자애들도 있었지만, 브래지어를 막 착용하기 시작해서 여성으로서 자의식을 느끼고 있었다면 분명 상처를 받았을 겁니다. 저는 당시에 그런 반응이 재밌다고 생각했던 거고요.

역겨운 짓이죠. 이런 장난에는 남성 특권이 스며들어 있습니다. 여자애들을 마음대로 만져도 된다는 생각이 반영되어 있어요. 굳이 그들의 감정을 살펴보지 않아도 별문제 없었어요. 브래지어 끈에 맞거나 긁히면 아프다는 것도 소년들은 신경 쓰지 않죠. 물론 브래지어를 착용해 본 적이 없기 때문에요! 그것 때문에 학교에서 처벌받거나 공개적으로 사과를 해야 할까 봐 걱정할 일도 없었고 상상조차 하지 않았습니다. 여자애들의 동의를 받지 않았지만 그냥 단순한 놀이고 가벼운 장난이라고 생각하면 되잖아요. 남자애들은 원래 다 그러니까요, 그렇죠?

"남자애들은 원래 다 그래."(Boys will be boys.)라는 말보다 특권에 절어 있는 표현이 있을까요? 지금까지 살펴본 내용으로 이 문구가 실제로 무엇을 의미하는지 충분히 알 수 있을 거예요. 결국 이 말은 책임을 회피하면서 다른 사람의 감정을 고려해 볼 생각을 가로막는 장벽입니다. "남자애들은 원래 다 그래."라는 말은 기본적으로

'남자애들의 행동 방식은 못 바꿔. 그건 타고난 거니까.'와 동일하며 남자아이들(그리고 성인 남성)에게 평생 사용할 성차별 허용권을 주는 것과 같습니다.

하지만 정말 그럴까요? 누가 이런 결정을 내렸을까요? 분명 남자들이 만든 것이죠. 사회는 남성이 원하는 것은 무엇이든 할 수 있다고 생각하도록 조직되어 있기 때문입니다. 우리는 남성이 전 세계 권력의 대부분을 장악하고 지배를 당연시 여기는 가부장적 문화에 살고 있기 때문입니다. 우리의 현실 모습 아닌가요?

알아보기

가부장제란 무엇인가?

가부장제는 남성이 항상 최상위에 위치하며 가장 많은 권력을 쥐고 있는 사회 형태를 가리킵니다. 누군가 가부장제를 이야기한다면 의식적이든 무의식적이든 남성에게 더 많은 특권과 혜택이 부여된 사회와 그 구성원들에 대해 이야기하는 것입니다.

남성의 특권이 남자아이들에게 좋아하는 것을 마음껏 하되 싫어하는 것은 안 해도 된다는 의미, 즉 규칙을 어길 수 있는 권리로 받아들여져서는 안 됩니다. 한계에 대한 저항이나 반항이 남성의 본능 아니냐고 한다면 그건 올바른 사실이 아니겠죠.

저는 특권을 장애물 달리기에 종종 비유합니다. 우선 휠체어를 탄 사람은 이 달리기에 참가할 수 없기 때문에 출발선에 설 수 있는 것부터 특권이라고 생각합니다. 그렇다면 저는 '비장애'라는 특권을 누린다고 할 수 있습니다. 경기를 열심히 하든 안 하든 마음대로 할 수 있는 특권이냐고요? 아뇨, 누군가는 하고 싶어도 아예 참가조차 하지 못하는 것을 저는 이미 누리고 있다는 의미입니다.

더 중요한 것은 우리 모두가 같은 경기장에서 시합을 펼친다고 해도 결승선까지 가는 길에는 각자 다른 장벽과 방해물들이 있다는 점입니다. 백인 남성에게는 방해물이 별로 없습니다. 사회가 여성을 바라보는 시각, 남녀 구별에 끼지 못하는 성 정체성을 지닌 이들, 트랜스젠더를 대하는 가혹한 시선, 흑인, 라틴계, 아시아계, 아메리카 원주민 등을 향한 편견, 출신 지역, 불균등한 경제 구조에 따른 조건, 금기시되거나 불경스러운 것으로 오인받는 성적 취향 등 여러 면에서 백인 남성은 훨씬 유리합니다.

마음의 소리 듣기

피라미드 시스템

일반적으로 피라미드형 구조의 꼭대기에 있는 사람들은 가장 많은 권력을 가지고 있으며, 그 아래에 속한 사람들의 삶을 잘 모르는 경향이 있습니다. 보통 피라미드 최상위에 있는 사람들이 피라미드 전체에 영향을 미치는 결정들을 내리는데, 자신에게 유리한 규칙과 법률, 시스템을 만들기 마련입니다. 이것이 사회가 구성되는 바람직한 모습일까요? 피라미드가 존재하지 않는다면 세상은 어떤 모습이어야 하는지 자세히 적어 보세요. 세상이 더 나아질 수 있을까요?

제가 백인 남성이라고 해서 아무런 장벽이 없다는 뜻은 아닙니다. 그렇지만 제 성별이나 피부색이 제 앞길을 가로막는 장벽이 되지는 않을 것입니다. 특권이 있든 없든 저는 여전히 열심히 노력하고 제 삶에 충실합니다. 저에게도 뛰어넘어야 할 장벽이 많지만, 저보다 훨씬 높은 장벽을 만나는 사람들이 무척 많을 것입니다.

저처럼 하나 이상의 특권을 가진 사람이라면 이런 의문이 생길 겁니다. '잠깐만, 그런데 나한테 일어나지도 않는 일을 어떻게 생각하라는 거지? 뭘 어쩌라는 거야?' 하는 반발이 생길 수 있겠죠. 그런데 말이죠, 특권은 어차피 눈에 보이지 않는다는 생각에서 벗어나 보세요. 자신이 지닌 특권을 인식하는 사람이 그것을 누리지 못하는 사람을 이해하고 공감할 수 있습니다. 그리고 그들의 관점으로 세상을 다시 바라보기 시작하면, 특권은 감추어져 있지 않다는 점을 알게 될 것입니다. 사실 지금까지 눈치채지 못했을 뿐, 특권은 눈앞에 버젓이 존재합니다.

저것 봐,
나랑 닮았어!

세상이 어쩌다 이렇게 됐을까요? 답하기 어렵고 복잡하지만, 간단히 말하면 권력을 키워 온 백인들의 역사 때문입니다. 백인들은 자기들의 권익을 넓히려고 최선을 다했습니다. 그들은 더 큰 권력이 없으면 쟁취한 것들을 다 잃을지 모른다고 생각했고, 수단과 방법을 가리지 않고 권력을 지키려 애를 썼습니다.

> "우리를 서로 갈라 놓는 것은 우리의 차이 때문이 아니다.
> 차이를 인정하거나 받아들이지 못하고,
> 때로는 축하할 줄도 모르는 우리의 부족함 때문이다."
>
> 오드리 로드(흑인 여성 시인)

백인 남성 집단은 다양한 형태의 무력을 사용하여 자신에게 부여된 모든 특권을 사회 제도로 만드는 목표를 달성했습니다. 또한 이러한 특권이 자연스러운 삶의 질서라는 사회 관념을 만들어 냈습니다. 그들은 신체적 힘과 경제력이 가장 강한 사람이 가장 많은 특권을 가지는 게 당연하다고 주장했습니다. 특권을 갖지 못한 이들이 자신의 조건을 극복하려고 싸우거나 부당함을 부르짖는다면, 그것은 '자연스러운' 세계 질서를 어지럽히고 무너뜨리려는 시도가 되는 셈입니다. 그리 멀지 않은 최근까지도, 백인이라는 인종이 생물학적으로 가장 우월한 존재라는 과학적 연구가 진행되었을 정도입니다. 그렇지만 이는 이른바 '유색 인종'을 통제하기 위해 조작된 연구였죠.

다행히도 우리는 사회적으로 많은 진전을 이루었지만, 백인 남성의 지배 역사는 여전히 우리 모두에게, 특히 억압과 침묵을 겪어온 공동체 구성원들에게 부정적인 영향을 미치고 있습니다.

그렇다면 어떻게 변화를 이끌어 낼 수 있을까요? 한 가지 방법은 다양한 이들의 목소리가 퍼지도록 하는 것입니다. 이를 위한 좋은 출발점은 대표성입니다.

대표성이란 무엇인가?

대표성이란 여러 사회 영역(정부, 직업 세계, 스포츠 등)에서 특정 개인(주로 백인)이 집단을 대표하는 경향을 의미합니다. 대중문화를 예로 들어 보겠습니다. '블랙 팬서'는 아프리카 억양을 사용하는 흑인 만화 캐릭터이자 인기 영화 주인공으로서 흑인을 대표하는 중요한 상징이 되었습니다. 영화 주연을 맡은 채드윅 보즈먼의 놀라운 연기는 할리우드 관계자들에게 많은 것을 증명했습니다. 흑인 배우가 출연하는 영화도 블록버스터가 될 수 있음을 입증했죠! 수많은 관객이 흑인 슈퍼히어로를 받아들일 뿐만 아니라 흑인과 슈퍼히어로를 동일시할 것입니다! 「블랙 팬서」가 엄청난 성공을 거둔 가장 큰 이유는 대표성을 띠지 못할 거라고 여겼던 분야에서 흑인이 처음으로 인정받았기 때문일 것입니다.

문제는 이러한 캐릭터가 극소수라는 것입니다. 미국 문화 산업에서 대부분의 주인공은 백인 남성이며 이것이 당연하다는 생각, 즉 백인 남성이 표준적인 영웅이라는 관념이 대표성 부족을 초래하고 있습니다.

백인들은 이야기에서 백인 남성 주인공을 만듭니다. 백인들은 대중에게 이것이 표준으로 자리 잡을 때까지 이 작업을 반복합니다.

백인이 아닌 인종이나 여성은 그다음에야 영화의 주연으로 캐스팅됩니다. 업계에서 백인 남성이 표준으로 자리 잡았기 때문에 이 사례가 일반적이지는 않습니다.

비표준에 어색함을 느낀 사람들은 자기 취향이 아니라며 영화를 보러 가지 않거나, 영화를 본 후에도 찜찜한 생각에 사로잡힙니다. 그러고는 온라인에 불평을 쏟아 내죠.

그리고 항상 백인 남성을 캐스팅하는 제작사에서는 "봤죠? 사람들은 영화에서 백인 남성 주인공만 보고 싶어 한다고요."라고 말합니다. 그러면서 더 많은 백인 남성 주연을 만듭니다. 그런 과정이 반복되면서 백인 남성의 특권은 강화됩니다. "통계치를 보세요! 사람들은 원래 이렇다고요!"

좋아하는 것들을 적어 보는 연습

영화, TV 프로그램, 책, 만화 등 좋아하는 콘텐츠의 목록을 작성하세요. 세상의 다양한 모습을 반영하고 있나요? 작품 속 등장인물이 여러분과 다른 문화권에 속해 있나요? 여러분이 좋아하는 이야기와 캐릭터가 한쪽에 쏠려 있는 것 같지는 않나요? 조금 더 세심하게 살펴보세요. 우리가 좋아하는 것들이 다른 이들에게 어떻게 받아들여질지 생각해 보는 연습은 우리의 사고를 더 유연하고 건강하게 만들어 줄 거예요.

하지만 사람들이 '원래' 그렇지는 않다는 점을 점점 많은 이들이 깨닫고 있습니다. 「블랙 팬서」가 전 세계적으로 13억 달러의 수익을 올린 것은 흑인들만 봤기 때문이 아닙니다. 모든 인종과 민족, 무수히 다양한 배경을 가진 관객들이 이전에 본 적 없는 스토리와 캐릭터에 관심을 보였기 때문입니다. 「블랙 팬서」가 일단 물꼬를 트자 여기에 동참하며 관련 내용을 온라인에 공유하는 이들이 엄청나게 늘어났습니다.

요즘은 전 세계 관객들의 요청이 많아지면서 더욱 다양한 목소리가 들려오고 있습니다. 사람들은 더 많은 여성 캐릭터, 아시아계 및 라틴계 캐릭터, 동성애자 및 양성애자 캐릭터, 장애인 캐릭터, 트랜스젠더 및 다양한 성별 정체성의 캐릭터를 보고 싶어 합니다. 이들은 분명히 세상에 존재하고, 존재해 왔으며, 그들의 이야기는 우리가 보고 자라 온 대다수의 백인 이야기만큼이나(그 이상은 아니더라도) 강력합니다. 왜 그들의 이야기를 화면에서 볼 기회를 제한하나요? 영화 제작사의 경영진이 "사람들은 백인 남성만 보고 싶어 한다."고 주장해서일까요?

우리가 다양한 삶의 이야기를 보지 않고서, 연민을 갖거나 공감하려고 하지 않고서 인류를 잘 이해할 수 있을까요? 다양한 인종, 성별, 성적 지향, 국적을 가진 사람들의 이야기를 보고 들어야 우리가 얼마나 서로 다르고 비슷한지 비로소 이해할 수 있습니다. 문화산업이 공감을 일으키는 방법이죠. 이것이 바로 대표성이 중요한 이유입니다.

'눈을 감아 버리는 것'이
도움이 되지 않는 이유

특권은 존재합니다. 특권은 우리가 인정하든 인정하지 않든 사회 모든 곳에 존재합니다. 대표성을 통해 우리는 연민과 공감대를 확장함으로써 특권에 맞설 수 있습니다.

문제는 그렇게 하고 싶어 하지 않는 사람들도 많다는 점이죠. 그동안 얼마나 힘겨운 과정을 통해 얻은 것인데 특권이라는 말을 들는다면 매우 속상하고 기분이 안 좋을 겁니다. 때로는 자신도 어찌할 수 없던 일들 때문에 '나쁜 사람'으로 몰리는 듯한 기분이 들기도 하고, 『이상한 나라의 앨리스』에 나오는 끝도 없는 토끼굴을 만난 듯 당혹스럽고 겁이 날 수도 있고요. 센트럴플로리다대학교 교수인 앤 그라이그는 백인 특권이라는 주제에 대해 "자기들도 태어나기 전에 만들어진 제도에 책임이 있는 것은 아니지만, 백인들은 여전히 흑인들을 희생시키며 혜택을 누립니다."라고 지적합니다.

특권을 누리는 이들이 자신에게 유리하게 세상이 기울어져 있다는 사실을 인식하게 되면, 그것이 삶에 얼마나 커다란 영향을 미치는지도 깨닫게 됩니다. 죄책감이 들 수도 있고 방어적인 경향이 강해질 수도 있습니다.

그렇지만 그런 감정은 나쁜 것이 아닙니다. 자신의 특권을 인정하려고 하지 않는 사람이 나쁜 것입니다. 특권이 기득권층이 만든 허상임을 입증하기 위해 싸우는 일은 주변 사람들이 보기에 무모하게 여겨질지 모릅니다. 남성으로서 우리는 이른바 '정상'이라는 위치에서 자신을 과시하고 다른 이들을 판단하거나 부정할 특권이 있습니다.(저처럼 백인 이성애자라면 더욱 그렇습니다.)

냉정하고 공정하게 말하기 쉽지는 않지만, 제 친구 잭 애너가 팟캐스트 「남자는 모름지기」의 한 에피소드에서 말했듯이 "누구나 언제든지 장애인 그룹의 구성원이 될 수 있습니다." 그렇지만 특권을 깨닫기 위해 사고를 당해야 할 이유는 없겠죠.

특권을 지키려는 방어적인 태도가 항상 소리 지르며 다투는 격한 모습으로 드러나는 것은 아닙니다. 종종 특권은 문제를 소리 없이 외면하며 단단하게 정착됩니다. 백인 특권을 누리는 이들이 이렇게 말하는 것을 자주 들어 보았을 겁니다. "나는 피부색을 전혀 신경 쓰지 않아. 내게는 다 똑같은 사람이야." 남성 특권의 경우에도 마찬가지입니다. 이렇게 말하죠. "나는 성별은 신경 안 써." "남자인지 여자인지, 또는 다른 성 정체성을 가지고 있는지는 상관없어. 얼마나 재능이 있는지, 얼마나 친절한지, 어떤 사람인지가 더 중요해."

얼핏 들으면 특권을 없애고 이점을 공유할 수 있는 해결책처럼 보이기도 합니다. 그렇지만 이런 발언의 특징은 서로 다른 특권을 지닌 집단의 문화적 경험과 고난을 아예 지워 버린다는 점입니다. 남성인 여러분은 젠더에 관심이 별로 없을 테지만, 소녀와 성인 여성은 평생 '남성 세계'에서 '여성'이 차지하는 의미와 규칙과 제약으로 많은 것을 강요받으며 살아가야 합니다. 여러분은 '피부색을 별로 개의치 않는다'고 주장할지 모르지만, 실제로는 우리 모두 피부색을 보며 신경을 씁니다. 피부색을 신경 쓰지 않는다는 것은 달리 말해 '유색 인종'을 신경 쓰지 않는다는 말이 되므로 일종의 무시 행위라 할 수 있습니다.

백인 특권에 대한 제 경험을 좀 더 자세히 말씀드리겠습니다.(제 개인적인 삶의 일부가 여러분과 관련 없다고 느껴지더라도 괜찮습니다. 다른 방식으로 공감할 수도 있고, 제 이야기와 비슷한 상황에 처한 적이 있는 사람도 있겠죠.) 저는 열 살 때 로스앤젤레스에서 오리건주로 이사했는데, 시골 초등학교 전학생 중에는 자말이라는 흑인 아이도 있었습니다. 어느 날 쉬는 시간에 축구를 하고 있었는데 다른 아이들이 자말에게 '깜둥이'라고 부르는 것을 듣고 깜짝 놀랐습니다. 그 말을 처음 들었을 때의 이상했던 느낌이 아직도 생생합니다. 아주 불편하고 속이 메스꺼웠습니다. 그 단어에 스며들어 있는 끔찍한 역사, 증오와 폭력의 의미를 정확히 알지는 못했어도 백인이 해서는 안 되는 말이라는 것은 알고 있었죠. 작은 시골 마을에서 유일한 흑인 아이로 살면서 그런 말을 들었을 때의 압박감과 고통은 아무도 상상할 수 없을 것입니다.

어떻게든 그 상황을 벗어나고 싶었던 자말은 그냥 웃어넘겼지만, 그 자리에 있던 어느 누구도 제지하지 않았다는 점이 가슴 아팠습니다. 저도 그러지 못했기에 부끄럽습니다. 당시에 저 역시 괴롭힘을 당하고 있었기 때문에 괜히 나섰다가 나중에 두드려 맞을까 봐 두려웠어요. 제가 나서서 자말을 도와줬다면 더 좋았을 텐데 생각합니다. 그 말에 맞서는 것이 결국 우리에게 훨씬 도움이 되는 일이었을 겁니다.

중학생 때 축구팀 친구 중에 여러 인종이 섞인 듯한 외모를 지닌, 피부가 검은 레오라는 아이가 있었어요. 저랑 아주 친했죠. 축구 경기 때문에 숙소에 묵었던 열네 살 때의 기억이 생생합니다. 쫓겨날 법한 미친 장난을 치곤 했지만 남자애들은 원래 그러니까요, 그렇죠? 아뇨, 남자애들이라 그런 게 아니라 바보라서 그런 거였죠.

누가 벨을 누르는데 나가 보면 아무도 없을 때가 있잖아요? '벨튀'

라는 장난인데 백인 소년인 제이크가 이 못된 장난을 더 사악하게 '깜둥이 벨튀'라고 불렀어요. 인종과 전혀 상관이 없는 장난인데 말이죠. 검은 피부를 지닌 레오도 별다른 이야기 없이 같이 하겠다고 하더군요. 레오조차 군말 없이 그러자는데 저야 뭐 대세를 따랐죠.

지금 돌이켜 보니 알겠어요. 레오가 아무 말도 하지 않은 것이 아니라 제가 아무 말도 못한 거라는 사실을 말이죠. 아무도 저에게 백인 특권에 대해 가르쳐 주지 않았고, 그런 특권을 이용하는 모든 행동에 책임이 따른다는 점도 몰랐습니다. 초등학생 때 '깜둥이'라는 말을 듣고 대수롭지 않은 듯 넘겼던 자말처럼, 겉으로 태연한 척하는 레오가 어떤 기분이었을지 생각조차 못했습니다. 생존 본능에 따라 저는 보고 싶지 않은 것을 외면했던 겁니다.

당시에는 몰랐지만 백인 특권은 제게도 영향을 미쳤습니다. 흑인 선수와 경쟁에서 졌을 때 흑인은 타고난 운동 신경이 있어서 이기기 어렵다고 변명했는데, 제가 인종 차별적 고정 관념에 빠져 있었다는 걸 의미하죠. 그리고 누군가 제 변명에 딴지를 걸면 이렇게 말했어요. "내 절친도 흑인이거든? 모르면 가만히 있어." 노골적인 백인 특권이죠.

하지만 백인의 특권은 '일어나지 않는 일'에서 가장 잘 드러납니다. 저는 운전면허를 딴 날 바로 차를 거칠게 몰고 나갔습니다. 모든 교통 법규를 어겼죠. 심지어 장난 삼아 빨간불에 친구의 차를 일부러 박기도 했어요! 결국 잠복 경찰한테 잡혔지요.

경찰에게 적발됐을 때 단 한 순간도 겁을 먹거나 목숨에 대한 두려움을 느끼지 않았습니다. 그것은 제가 성장하는 데 도움이 되는 일이 아니었죠. 부모님은 경찰관이 제 차를 세웠을 때 어떻게 해야 하는지 알려 준 적이 없었습니다. 그럴 필요가 없으니까요. 저는 부모님이 경찰에게 학대당하는 것을 본 적이 없습니다. 운전하면서 일어날 수 있는 가장 나쁜 상황이라고 해 봐야 교통 법규를 위반하여 딱지를 떼이는 것이었고, 아버지는 종종 경찰관을 잘 구슬려서 돌려보내기도 했습니다. 사실 부모님은 단속 경찰관에게 화까지 냈던 것 같아요. "제한 속도에서 겨우 8킬로미터 넘은 건데 너무한 거 아닙니까? 경관님 깐깐하시네!" 법규를 위반하고서도 딱지를 떼지 말라며 화를 낼 수 있는 특권, 인종적 특징으로 불이익을 당할지도 모른다는 두려움이 없는 특권, 그것이 한마디로 백인 특권입니다.

내가 보지 못했다고 해서 존재하지 않는다는 뜻은 아닙니다.

알아보기

공정한 무한 경쟁

무한 경쟁은 민담이나 신화가 아니라 대대로 내려오는 실제 전통입니다. 모든 사람은 비슷하게 태어났으며 인생에서 이루는 후천적 성취는 노력에 달렸다는 생각에서 비롯됩니다. 그렇지만 역사적으로 자원과 권력을 독점한 사람들이 구축한 불공정한 시스템이 있었고, 많은 사람들이 불이익을 당했습니다. 누구에게나 열려 있는 '공정한' 무한 경쟁이란 주로 불공정한 시스템을 그대로 유지하기 위한 변명에 불과합니다.

꼬리에 꼬리를 무는 변명

자, 다시 남성 특권으로 돌아가 봅시다. 자신의 특권을 인정하지 않고 인정할 수도 없다고 항의하는 남성들의 변명은 무수히 많습니다. 인터넷에서 유명한 해시태그 중 하나는 여성이 남성의 행동을 지적할 때 방어적으로 사용하는 #다그렇진않아(#NotAllMen)입니다.

부적절하게 행동하는 일부 소수가 있기 하지만 모든 남자들이 그렇지는 않다는 말입니다. 그런데 말이죠, 만일 이게 사실이라면 남성 특권은 없다는 말이 되는 거 아닐까요?

특권에 대한 또 다른 일반적인 반응은 '나랑 관계없어.'입니다. 특권 문제는 자신에게 중요하지 않고 자기 삶에 영향을 미치지도 않는다고 여기는 이들에게, 이 문제로 감정 싸움을 하는 것은 시간 낭비에 불과할 겁니다. "그런 남자들이 있지, 최악이야." 이렇게 말해 버리곤 끝이죠. 특권을 없애는 편에 서는 말 같아 보이지만 그저 자신을 '좋은 남자'로 만들려는 핑곗거리에 불과해요.

변명을 멈춰야 합니다. 남성 특권이 존재한다는 사실을 받아들이지 않으면, 모든 사람이 마땅히 안전한 삶을 살고 공정한 기회를 부여받으며 공평하게 자유를 누리는 문화는 결코 이룰 수 없습니다.

남성의 특권을 다루면서 가장 중요한 부분은, 스스로를 들여다보고 우리가 의도했든 의도하지 않았든 사회적 혜택을 받고 있다는 점을 인식하는 일입니다.('다 그렇진 않아'라며 언급한 그 소수는 실제로는 훨씬 더 많을지 모릅니다.)

이 책에서 충분히 다루고 있듯, 남성은 다른 성에 비해 더 강하고 똑똑하고 자신감이 넘친다고 스스로 가정합니다. 여러분은 세상이 여러분 것이라는 말을 들으며 자랐습니다. 여러분의 신체 일부가 괴상하게 생기면 그건 '웃기는' 괴상함이지 '징그럽고 혐오스러운' 괴상함은 아닙니다. 화장을 하면 더 예뻐질 거야, 더 많이 웃으면 좋아 보일 거야, 다른 색깔 옷을 입으면 더 나아 보일 거야…… 같은 조언을 들은 적도 없겠지요.

여러분이 흰 피부를 가지고 있다면 까무잡잡한 피부를 지닌 이들이 일상생활에서 겪는 다양한 인종 차별을 당해 본 적이 없을 것입니다. 피부에 상처가 생겼을 때는 피부 톤에 맞는 '살색' 반창고를 사면 됩니다. 여러분이 똑똑한 말을 해도 아무도 당신의 지적 능력에 놀라지 않습니다. 그렇지만 다문화 가정 아이가 똑똑한 말을 하면 놀라움의 대상이 되죠. 영화를 보거나 TV를 켜거나 잡지를 펼치면 일반적으로 여러분과 닮은 사람들을 보게 됩니다. 아무도 여러분에게 소속이 어디냐고 따지지 않고 "너희 나라로 꺼져!" 같은 말을 하지도 않죠.

몸이 건강한 사람이라면 계단을 이용하거나 집까지 걸어가거나 놀이터에서 뛰어다니는 일에 대해 한 번도 특별하다고 생각해 본 적이 없을 것입니다. 공 잡기나 컴퓨터 자판을 치는 일들도 당연하게 여길 것입니다. 보고 들을 수 있다는 사실만으로도 감사한 적이 있나요? 우리는 종종 무언가를 잃고 나서야 우리가 가졌던 것에 감사한 마음을 품게 됩니다.

이성애자라면 여자가 당신을 거절하거나 좋아하지 않을까 봐 걱정해 본 적이 있을 것입니다. 누군가에게 끌린다는 이유만으로 얻어맞을까 봐 걱정해 본 적은 없겠죠. 동성애 혐오 발언을 듣고 불안을 느끼며 '저게 바로 난데.' 하면서 걱정한 적이 없을 것입니다.

여러분이 기독교인이라면 겨울 내내 크리스마스 캐롤을 듣거나 연주하며 지낼 수 있겠죠. 상점이 크리스마스 연휴에 문을 닫는 것도 매우 정상적인 일입니다. 목에 십자가가 걸려 있다고 해서, 창문 너머에 크리스마스트리가 있다고 해서 사람들이 공격하지는 않을 겁니다. 다른 종교를 가진 이들이 여러분 교회의 기물을 파손한 적도 거의 없을 테고 말이에요.

다시 한번 말씀드리지만, 여러분에게 너무 많은 특권이 있다고 여러분을 비난하거나 탓하려는 것이 아닙니다. 여러분은 그저 주어진 대로 태어났을 뿐이니까요. 하지만 이러한 특권을 인정하지 않고 혜택만 누린다면 더 나은 세상을 만드는 데 전혀 도움이 되지 않을 거예요. 그러니 특권을 인정하고 이해한 다음, 모든 이가 골고루 잘 살아가는 친절하고 안전한 세상을 만들기 위해 각자 주어진 역할을 다합시다.

남성으로서 특권을 다루는 데 있어 가장 어려운 부분이 바로 이것입니다.

다른 남자애들이 제 친구인 자말에게 인종 차별적인 조롱을 했을 때 저는 아무 말도 하지 못했습니다. 다른 남자아이들의 잘못을 지적하고 알리려면 큰 용기를 내야 합니다.

매우 힘들고 어려울 거라는 점을 잘 압니다.(괜히 나섰다가 무슨 일이 생길지 모르니까요.) 이전 장에서 이야기했듯이 다른 남학생들을 지적하는 것은 보이즈 클럽의 규칙을 깨는 일입니다. 그 아이들은 그저 가벼운 장난을 친 것인데 괜히 심각하게 받아들이고 불편한 이야기를 꺼낸다며 또래 집단의 놀림거리가 될 수 있죠. 누구나 자기를 좋아해 주는 사람을 좋아하기 마련입니다. 우리가 그 아이들에게 공정하지 않은 일은 하지 말라며 이의를 제기하고 공정함은 선택하는 것이 아니라 필수 사항이라며 항변한다면, 우리는 고분고분하지 않은 녀석, 까탈스러운 놈으로 낙인찍히고 따돌림을 당할 수도 있습니다.

하지만 바로 이것이 우리가 행동해야 하는 이유입니다. 특권은 문제를 제기하지 않으면 당연한 것이 됩니다. 특권을 가진 사람이 당연하게 특권을 누리며 살아간다면, 여성을 비롯해 피부가 하얗지도 않고, 성 정체성도 일반적이지 않으며, 장애를 가지고 살아가는 이들의 삶은 더욱 힘겨워질 것입니다. 하지만 우리가 매일 특권적 언어와 행동을 돌아보고 서로 지적한다면 변화할 수 있습니다.

작은 실천이 중요합니다.

콜린 캐퍼닉이라는 미식축구 선수는 인종 차별에 항의하기 위해 국가가 연주될 때 경례를 거부하고 무릎을 꿇었습니다. 요즘에는 정치적으로도 자주 거론되는 인물이 됐죠. 어떤 뉴스 채널을 보느냐에 따라, 투표 성향에 따라 그에 대한 호불호가 극명하게 나뉩니다. 그렇지만 콜린의 행동이 우리를 분열시키는 데 이용되어서는 안 됩니다.

콜린은 2016년에 흑인들이 경찰에 의해 부당하게 사망한 사건을 계기로 미식축구 경기가 시작되기 전 국가가 연주될 때마다 무릎을 꿇기 시작했습니다. 인종 차별에 대한 경각심을 불러일으키고 진지한 대화를 시작해 보자는 것이 그 의도였습니다. 미국풋볼리그(NFL)라는 거대한 플랫폼을 통해 그는 이 메시지를 미국 전역에 전달할 수 있었습니다.

어떤 사람들은 이것이 불의에 맞서 목소리를 내는 강력하고 평화로운 방법이라는 점을 알았습니다. 어떤 사람들은 분노했습니다. "어떻게 감히 우리 국기와 국가를 모욕할 수 있지?" 분노에 찬 사람들은 이렇게 말했습니다. "경기를 뛰라고 많은 연봉을 주는 것이지 인종 차별에 대한 정치적 행동을 하라는 게 아니잖아!" 백인들 사이에서 가장 흔한 분노는 "우리는 그저 미식축구를 재미있게 즐기고 싶을 뿐이라고!"였습니다. 왜 재미있는 주말 경기에 인종 차별 같은 무거운 주제를 꺼내냐는 반응이었죠. 이것이 특권의 예가 아니라면, 무엇이 특권의 예일까요?

> "우리는 스스로 깨달아야 합니다. 우리는 우리 안에 잠재한
> 신비로운 가능성을 멋지게 실현할 수 있는 존재입니다. 정원에 핀
> 모든 꽃이 모양도 종류도 색깔도 똑같다면 우리 눈은 피곤할 겁니다.
> 다양한 꽃으로 알록달록한 정원이 훨씬 더 아름답습니다."
>
> 압둘 바하(바하이 신앙 지도자, 사상가)

그러나 콜린은 자신을 향한 비난과 논란에 개의치 않았습니다. 그는 소속팀을 떠난 뒤 다른 팀에서 영입 요청이 없을 때도 계속하여 자신의 목소리를 표출했습니다. 자신의 메시지가 가치 있다는 걸 알았기 때문에, 다른 선수나 코치의 압력, 심지어 협회의 규정에도 전혀 굴하지 않았습니다.

우리는 우리의 배경이나 신분이 어떠하든 콜린의 실천 목록 중 하나를 삶에 적용할 수 있습니다. 일상생활에서 특권에 맞서기란 처음에는 어렵습니다. 하지만 더 많이 실천할수록 불편한 일은 줄어들 것입니다. 그리고 특권에 정면으로 맞서는 것이 더 이상 두렵지 않을 때, 특권을 해체할 준비가 될 것입니다.

깊숙이 뿌리내린
특권 시스템

자, 우리는 태어났을 때부터 적어도 남성이라는 한 가지 형태의 특권을 누려 왔다는 사실을 인정했습니다. 좋습니다. 이제 알았으

니 상황은 더 개선될 수 있을까요?

꼭 그렇진 않아요. 우리가 일반적으로 특권을 잘 인식하지 못하는 이유는 특권을 뒷받침하는 시스템이 사회 깊숙이 자리 잡고 있기 때문입니다. 특권은 때로 교육, 치안, 의료 등 사회에서 너무 크고 중요해 보여서 어디부터가 시작이고 어디까지가 끝인지 알 수 없는 거대한 문화적 장치들을 통해 나타나기도 합니다. 반면 때로는 사소한 말이나 행동으로 나타나서, 얼핏 봐서는 나쁠 것 없어 보이는 가벼운 조언이나 호의 정도로 여겨질 뿐이죠.

특권이 너무 당연시되어 사소한 일들이 그냥 무마되는 경우가 많은데 이것이 아주 해롭습니다. 이는 '미세 공격'이라고도 하고, 아무렇지도 않아 보이지만 수북하게 쌓이는 먼지처럼 해롭다고 해서 '먼지 차별'이라고도 부르죠. 당사자 자신이 차별적인 행동이나 말을 하고 있다는 것조차 인지하지 못하는 경우가 대부분입니다. "드라마는 여자들이나 보는 것."이라고 무심코 내뱉는 남성, 흑인에게 "말을 잘한다."고 칭찬하는 백인 등의 사례가 '미세 공격'에 해당하죠. 이 칭찬을 정당화하려면 일반적인 흑인은 언어 능력이 떨어진다는 점을 먼저 입증해야 하는 것 아닐까요.

미세 공격은 누군가를 모욕하는 것인데도 때로는 무시해도 될 만큼 평범하게 느껴지기 때문에 그냥 지나치기 일쑤고 따라서 발견하기도 쉽지 않습니다. "뭔가 오해하신 것 같군요. 불필요하게 일이 커지는 것 같아요. 제 의도는 그게 아니거든요." 이것이 문제를 제기했을 때 돌아오는 흔한 대답이죠. 평생 동안 매일 이런 미세 공격에 시달리며 살아가는 경우가 아니라면, 여러분은 미세 공격을 적당히 체념하며 수용하는 법을 배우거나 또렷이 인식하는 법을 배우게 될 것입니다. 다행히도 점점 더 많은 사람들이, 특히 인종과 관련하여 이런 종류의 말과 행동에 반대하는 목소리를 내고 있습니다.

알아보기

의도 대 영향

제가 방금 여러분 옷에 음료를 쏟았다고 가정해 봅시다. 운이 안 좋았지만 실수니까 상대에게 미안하다고 말합니다. 그럴 의도는 없었지만 어쨌든 제가 여러분에게 영향을 미쳤습니다. 제가 옷을 망친 거잖아요. 하지만 사고는 언제든 일어날 수 있는 일이기 때문에 상대방은 사과를 받아들이고 제가 세탁비를 부담하는 것으로 원만하게 해결됩니다. 그러면 이제 제가 친구에게 농담을 하거나 기분을 상하게 하는 말을 했다고 가정해 봅시다. 제 행동의 영향은 이제 감정적인 것이 됩니다. 제 의도가 무엇이든 간에, 그로 인해 발생한 상대방의 감정적 피해에 비하면 전혀 중요하지 않습니다. "너무 예민하게 받아들이는 것 같은데…… 그런 의도가 아니었어."라고 변명하는 것은 책임을 지지 않으려는 태도로 사태를 악화시킬 뿐입니다. 따라서 의도와 상관없이 항상 내 행동이 어떤 영향을 끼치는지 살펴보는 일이 중요합니다. 의도를 배제하고 사태만 살펴보면 상처받은 사람의 모습만 남게 되죠. 의도하지 않았더라도 누군가에게 상처를 주었다고 인정하는 것은 가장 용감한 일이며 치유를 향한 아주 유익한 발걸음입니다.

조금 다른 이야기지만, '쩍벌남'이라고 들어 보았나요? 저도 한 때 그런 아저씨였는데요, 지하철이나 버스에서 두 다리를 쩍 벌리고 앉아서 옆 사람의 공간을 뺏는 남자입니다. 그래서 '쩍벌남' 옆에 앉은 사람은 불편한 자세로 가야 하죠. 대부분 저 같은 남성은 공간을 차지하는 게 당연하다고 생각하도록 사회화되어 왔기 때문에 자신의 행동을 인식조차 못합니다. 쩍벌이든 아니든 다른 이를 의식하지 않고 자세를 취하는 일이 자연스러운 행동이라고 생각하는 게 문제입니다. 실제로는 다른 사람의 공간을 빼앗는 무례하고 무신경한 일이죠. 누가 말해 주지 않으면 전혀 알지 못합니다.

(남자들이) 거의 알아채지 못하기 때문에 전혀 시정되지 않는 또 다른 미세 공격의 예로는 여성이 말하는 도중에 말을 자르고 끼어드는 것이 있습니다. 조지워싱턴대학교 연구에 따르면 남성은 다른 남성과 대화할 때보다 여성과 대화할 때 33퍼센트 더 자주 끼어든다고 합니다. 남성은 3분의 대화 동안 여성의 말을 2.1번 자르는 반면, 남성과의 대화에서는 1.8번 끼어드는 것으로 나타났습니다. 노스웨스턴 프리츠커법학대학원에서 실시한 비슷한 조사에 따르면 법정 진술에서도 마찬가지였습니다.

물론 의도적으로 이런 행동을 하는 남자들은 많지 않습니다. 자기 목소리를 전달하는 것이 중요하고, 남성은 지하철에서 편안한 자세로 앉을 자격이 있다고 알게 모르게 사회적 메시지를 주입당한 것입니다.(그리고 남성 인권 보호 단체인 '캐나다 평등 협회'에 따르면, 지하철 좌석처럼 다닥다닥 붙어 앉는 좁은 공간에서 남성의 성기가 꽉 끼이게끔 두는 것은 가혹한 처사라고 하네요.) 하지만 일단 여러분이 이러한 사실을 알아차리기 시작하면 시선이 닿은 모든 곳에서 다른 성인 남성과 소년들, 심지어 여러분 자신도 끊임없이 그런 행동을 하고 있다는 사실을 눈치채게 될 것입니다. 충분히 남자다워지려면 어떻게 해야 할지 늘 걱정한다는 것은, 달리 말해 다른 사람들이 나의 일거수일투족을 지켜보고 있다고 생각한다는 뜻입니다. 우리 가치를 인정받으려면 우리 존재가 알려지고 보여져야만 한다고 믿는 거죠.

하지만 미세 공격은 그림의 한쪽 면에 불과합니다. 전체 모습을 보려면 거대 서사라는 다른 면도 봐야 합니다. 문제가 많았던 과거 역사를 덮어 버리고 '만들어진 역사'를 우리에게 교육하고 주입하려는 거대한 시도가 있었습니다. 백인 특권의 관점에서 보면 '콜럼버스의 날'이 적절한 예입니다.

콜럼버스의 날은 1492년 10월 12일 크리스토퍼 콜럼버스(원래 이름은 '크리스토포로 콜롬보')가 아메리카 대륙을 '발견'한 날을 기념하기 위해 제정되었습니다. 이 행사에서는 크리스토퍼 콜럼버스를 뛰어난 이탈리아 탐험가로 묘사하며, 지구본과 홀을 들고 있는 그의 포즈를 흉내 내면서 미개한 지역에 문명을 가져다 준 선구자의 업적을 기념합니다. 그렇지만 콜럼버스는 카리브해와 중남미에 도착했을 당시 인도양으로 향하는 통로를 찾고 있었을 뿐입니다. 더구나 많은 역사 기록에는 그가 도착했을 때 원주민 부족을 노예로 삼고 말살하라는 명령을 내린 사실이 빠져 있습니다.

콜럼버스가 고귀한 탐험가로 재조명된 것은 주로 1800년대 말과 1900년대 초에 이탈리아계 미국인들이 미국으로 대량 이민을 오면서부터입니다. 이탈리아계 미국인들은 콜럼버스를 새로운 조국의 역사와 연결할 수 있는 인물로 여겼습니다. 시간이 지남에 따라 이탈리아계 미국인이 미국 사회에 동화되고 백인과 인접한 인종으로 간주되면서 이 아이디어는 우리 문화에 더욱 깊이 뿌리내리게 되었습니다. 그러던 중 콜럼버스의 날이 등장했습니다. 미국의 탄생과 기원을 축하하는 기념일이죠.

최근까지도 저는 콜럼버스가 괴물이라고 생각하지 못했습니다. 왜냐하면 저는 그가 훌륭한 인물이라고 배웠기 때문입니다. 제가 이탈리아 출신인 것을 자랑스러워해야 하는 이유라고 배웠죠. 사실 콜럼버스의 유산은 폭력과 정복에 뿌리를 두고 있으며, 콜럼버스를 지지하고 존경하는 것은 여러 세대에 걸쳐 아메리카 원주민에게 엄청난 피해를 끼쳤습니다.

다행스러운 소식은 이제 사람들이 콜럼버스의 진실에 대해 대화를 나누고 '만들어진 역사'의 부당한 왜곡을 비판하기 시작했다는 것입니다. 이러한 대화는 점점 더 커졌고 변화를 가져왔습니다. 이

제 '원주민의 날'이 콜럼버스의 날을 대체하는 날로 미국 전역에서 기념되며, '발견' 이전부터 이곳에 존재했던 문화를 인정하고 있습니다.

마음 챙김과 특권

우리가 어떤 특권을 누리고 있는지 인식하는 것은 매일매일 해야 하는 일입니다. 이 책이 전달하고자 하는 다른 교훈과 마찬가지로, 자신의 특권을 확인하는 일은 지속적이고 발전적으로 이루어져야 하며, 근본적으로 공감과 연민을 키우는 일입니다. 우리는 멈춰 서서 세상이 우리에게 얼마나 많은 혜택을 주도록 설계되었는지 살펴볼 수 있게끔 두뇌를 훈련해야 합니다. 예를 들어, 걷지 못하면 계단을 어떻게 올라야 할지 생각해 보세요. 지금 여러분이 있는 건물은 휠체어를 타고 자유롭게 이동이 가능한가요? 다음 층으로 갈 수 있나요? 이러한 작은 인식이 '비장애'라는 특권을 인식할 수 있게 해 줍니다. 매일 마음 챙김을 실천하고 일기에 생각을 기록하거나 명상을 하세요. 어느 쪽이든, 자신의 특권을 점검하고 인식하기 위해 더 많이 노력할수록 그 특권을 주변 사람에게 도움이 되는 방식으로 지혜롭게 사용하게 될 겁니다. 그리고 그보다 더 '남자다운' 일은 없죠.

확인하고
또 확인하기

이 장을 읽으면서 왠지 좀 불안해졌다면 여러분이 안전지대에서 벗어나는 중이라는 뜻입니다. 나이가 들수록 특권의 많고 적음에 관계없이 말실수도 많이 하게 되고 특권이 반영된 행동을 하게 됩니다. 그러다 이에 대해 지적을 받기도 하죠. 하지만 어떻게 대응할지는 여러분이 선택할 수 있습니다! 공격받는다는 느낌이 싫어서 갑옷을 챙겨 입고 외부의 목소리를 차단해 버리시겠습니까? 아니면 방어적인 태도 대신 숨을 고르고 말을 경청하며 상대방 입장에서 한번 생각해 보시겠습니까? 자신이 가진 권한을 점검하고 타인의 관점에서 문제를 바라보려 노력할수록, 세상은 물론이고 나 자신 역시 더 나은 방향으로 바뀔 것입니다. 우리가 논의했던 내용을 다시 떠올려 보세요. 성장하기 위한 가장 좋은 방법은 더 성장하고 발전할 필요가 있음을 인정하는 것입니다.

다행스러운 점은 비록 속도가 느리긴 하지만 세상이 점점 변하고 있다는 것입니다. 우리 사회에서 특권 문제가 꾸준히 다뤄지기 시작했고, 특권을 인식하면서 우리의 행동과 실천이 어떤 영향을 미칠지 알아가고 있기 때문에, 다음 세대는 제 세대보다 더 일찍 특권에 맞설 수 있을 거라고 생각합니다.(제가 여러분 나이에 이 책을 읽고 안전지대를 벗어나 특권에 맞설 수 있었다면 좋았을 텐데 말이죠.)

"온 세상이 침묵할 때, 한 사람의 목소리도 힘이 된다."

말랄라 유사프자이(여성 운동가, 노벨평화상 수상자)

얼마나 멋진가요! 여러분은 다음 세대의 주역입니다. 여러분이 미래입니다. 매일 자신의 권한이나 특권을 확인하고 공감과 연민에 눈을 뜬다면, 여러분은 미래를 조금 더 나은 곳으로 만들 수 있습니다.

그것이 큰 책임처럼 느껴질지도 모르겠습니다. 물론 그렇습니다. 하지만 여러분은 할 수 있을 거예요. 우리는 할 수 있습니다. 세상은 스스로 변할 수 없습니다. 세상의 변화는 우리를 기다리고 있습니다.

특권이란 유리한 카드를 받는 게임이다.

특권을 지닌 이는 특권 집단의 구성원이라서 어떤 일을 하거나 하지 않을 선택권을 가집니다.

특권은 실재하지만 알아차리기 어렵다.

종종 우리는 눈에 보이지 않는 방식, 그러니까 특정 경험을 하지 않아도 되는 방식으로 특권을 누리고 있습니다. 내가 느끼지 못한다고 해서 특권이 존재하지 않는 것은 아닙니다.

표현이 중요하다.

등장인물이 누구이며 어디에서 왔는지에 상관없이 모든 서사는 보여지고, 들리고, 느껴질 자격이 있습니다. 대표성은 우리가 살고 있는 다양한 세상을 반영하고 공감을 형성하는 데 도움이 되기 때문에 중요합니다.

특권의 뿌리는 깊다.

특권은 수백 년 동안 우리 사회에 굳건히 자리 잡았습니다. 이를 인정하고 일상에서 특권의 실체를 드러냄으로써 우리는 특권을 하나씩 해체해 나갈 수 있습니다.

6장

남자는 **원래 그래**

주목!

이 장에서 다루는 내용이 여러분과 보호자를 불편하게 만들 수 있습니다. 그렇지만 해로운 내용은 아니에요. 그래도 시작하기 전에 숨을 고르고 성에 대해 알아볼 준비가 되었는지 확인하세요. 준비되었는지는 자신만이 판단할 수 있으며, 부담스럽다면 6장을 건너뛰고 7장을 먼저 읽어도 좋습니다.

섹스,
현실을 직시하자

드디어 여기까지 왔네요! 이 장을 읽다 보면 얼굴이 붉어지거나 움찔하거나 부끄러워서 실소가 터질지도 모릅니다. 본격적으로 읽기 전에 한 가지를 시도해 봅시다. 일곱까지 세어 보는 겁니다. 진지하게요. 읽는 것을 잠시 멈추고 하나부터 일곱까지 천천히 세어 보세요.

다 세었나요? 무슨 생각을 했나요? 보통 남자애들은 이렇게 말하더군요. "너 방금 섹스 생각했지?"

성 심리학 연구의 바이블인 '킨제이 보고서'가 발표되고 나서, 남성의 54퍼센트가 하루에 여러 번 성행위를 생각한다는 보고서 내용이 남성은 평균적으로 7초마다 성행위를 생각한다는 식으로 왜곡되어 널리 퍼졌습니다. 남자과 소년은 쉼 없이 성관계를 갈망하며 항상 준비가 되어 있어야 한다는 잘못된 믿음이 일반적인 경향처럼 오해되었습니다.

그렇지만 우리 책에서는 잘못된 통계나 믿음을 깨고자 합니다. 쉽게 이해하기 어렵고 받아들이기 힘든 내용들이 나올 거예요. 어쩌면 여러분의 불안을 더 키울지도 모릅니다. 지극히 사적인 이야기들이 많이 나올 예정이고, 더러 웃긴 내용도 나올 겁니다. 성기와 음란물에 대해 많은 이야기를 할 거예요.(성폭력과 트라우마에 관해서도 언급하려고 해요.) 성적인 이야기는 다들 꺼리는 일이라서, 공개적인 논의는 훨씬 더 어렵고 힘든 일입니다. 그렇기 때문에 우리는 이 이야기를 해야 합니다. 함께 논의하지 않으면 그 모든 것들이 금기나 비밀, 또는 농담거리로 남아 버릴 것입니다. 그래서 막상 진지하게 논의할 시기가 되면 어찌해야 할지 전혀 모르는 상황에 처하게 되죠. 저 역시 어떻게 해야 할지 전혀 몰랐습니다. 말로 표현도 못 하는 것을 어떻게 잘 이해할 수 있겠어요.

성에 관한 이야기를 쉬쉬하며 감추는 사회 분위기 때문에 우리는 종종 미심쩍거나 바람직하지 않은 경로로 정보를 얻습니다. 잘 모르는 다른 남자애들, 영화, 음악에서 성을 접하고, '포르노'처럼 성에 대해 비현실적으로 묘사하는 콘텐츠를 통해 성을 배웁니다. 정작 성관계 시 어떤 감정을 느끼게 되는지, 사랑하는 상대와 행복한 경험을 하려면 무엇이 필요한지 들을 수 있는 경로나 방법은 거의 없습니다.

청소년 여러분도 성에 관해 이야기하는 것이 매우 어색하고, 어른들 역시 여러분에게 선뜻 말해 주는 것을 껄끄럽게 여기기 때문일 거예요. 성에 관해 포괄적으로 이해할 수 있는 정확한 양질의 정보가 제공된 것도 비교적 최근의 일입니다. 아이들을 위한 정보야말할 것도 없고 어른들을 위한 정보조차도 말이죠. 제가 어렸을 때는 아이들이 성관계나 생식기에 관해 물어보면 어른들은 '새와 벌' 이야기로 빙 돌려서 설명해 주곤 했습니다. 아기는 어떻게 생기고 어디로 나오냐고 질문하면 아주 어린 아이에게는 황새가 물어다 주는 거라고 답해 주고, 조금 더 큰 아이들에게는 '벌이 꽃에서 꽃가루를 묻혀서 다른 꽃으로……'라고 설명하는 식이죠.

성은 매우 민감한 주제입니다. 성 문제로 불안과 트라우마에 시달리는 많은 사람들이 있습니다. 교육 기회도 적고 정보도 많지 않기 때문에 어른들은 이 주제를 청소년들에게 전달해 주는 데 어려움을 겪습니다. 그렇지만 지금처럼 성이 말할 수 없는 금기로 남는다면 긍정적이며 건강한 경로로 성에 대해 배울 수 있는 소년과 어른은 점점 줄어들 것입니다.

비밀 하나 알려 줄까요? 뭐냐면, 성관계가 평범한 삶의 일부라는 사실입니다. 쉿! 아무에게도 말하지 마세요. 모든 사람들이 성관계에 관해 떠드는 상황은 떠올리고 싶지 않거든요. 제가 하고 싶은 말은 인간을 비롯하여 우리 행성에 살아가는 대부분의 동물들이 성관계를 통해 후손을 생산한다 해도, 우리 삶에서 성관계가 단순히 번식의 수단만은 아니라는 점이에요.

삶의 일부인 성관계를 우리는 왜 그렇게 부끄러워하는 걸까요? 대부분 부끄러운 일이고 더러 수치심을 일으킨다고 배웠기 때문일 겁니다. 성은 우리가 늘 관심을 갖고 있으면서도 항상 숨겨야 하는 어떤 것입니다. 그래서 우리는 사춘기 때 몸이 변화하고 낯선 성적 감정을 느끼면 자신에게 뭔가 문제라도 생긴 것 같은 걱정에 휩싸입니다. 우리 몸을 망치는 현상일까요? 아뇨, 그건 인간이 되는 과정의 일부랍니다, 사람 여러분!

더 읽어 내려가기 전에 잠깐 짬을 내어 여러분의 지금 기분이 어떤지 확인해 보세요. 흥분되나요? 긴장되나요? 지난 장에서보다 심장이 조금 더 빨리 뛰나요? 책장에 보이는 그 단어들을 누가 볼세라 슬쩍 감춰야 할 것 같나요? 맞아요, '섹스' 같은 단어요.

남자아이들은 사춘기가 되는 순간부터 성에 대해 박식한 것처럼 행동하기 때문에 제대로 배울 시기를 놓치기 일쑤입니다. 이미 모든 지식을 체득했으므로 불안도 없고 궁금한 점도 없는 듯 보입니다. 똑똑해지는 것에 관해 앞서 말한 적이 있지요? 남자아이들은 모든 분야의 모든 지식을 두루 다 아는 것처럼 착각하는 경향이 있는데요, 성에 관한 대화에서 자기가 모르는 점을 인정하면서 미숙함을 드러내는 것처럼 진실한 일도 없을 겁니다. 남성 청년 대부분은 "난 아직 준비가 안 됐어."라고 말하지 못하고, "이렇게 해도 괜찮아?"라고 물어보지도 않습니다. 그래서 본질적 이야기 대신 성기 길이 대회, 음담패설, 시답잖은 농담으로 거들먹거리며 화제를 돌립니다. 우리와 상관없고 쓸데없는 이야기들 말이죠.

사회는 성관계란 짜릿한 재미를 주지만 지저분하기도 하며 규범에서 벗어난 거라는 인식을 심어 주었습니다. 대화 도중에 성적인 이야기가 나오면 웃음이 터지는 경우가 많은데, 어색하고 불편한 분위기를 무마하기 위해서 그러는 거죠. 잘 모른다고 인정하면 무지를 인정하는 거나 다름없기에 또래 집단에서 놀림을 당하거나 비웃음을 사게 됩니다. 실제로는 어떤가요? 우리를 불안하게 하고 걱정스럽게 하며 또 궁금하게 만드는 호기심이 생겨도 말할 곳이 없기에 꾹 참거나 외면하고, 누가 그런 말을 꺼낸다 싶으면 한바탕 웃고 지나쳐 버리는 게 우리 현실의 모습이죠.

제 작은 바람이자 성취하고 싶은 목표는 웃어넘기지 않고 성에 관해 진솔한 이야기를 나눠 보는 것입니다. 있는 그대로 느껴지는 우리 감정을 소중히 여기면서 우스개로 취급하지 말자는 것이죠. 물론 터지는 웃음을 억지로 참을 필요는 없어요. 괜찮아요. 그렇지만 저는 특히 이번 장에서 제가 여러분의 믿을 만한 친구가 되기를 원합니다. 어색함과 불안을 감추느라 킬킬거리지 않아도 되는 대화 상대 말이에요. 신체적 열등감에 젖어 있었고 분석적 지능이 낮아서 바보 같다고 자책했던 제 이야기를 기억하시나요. 그런 경험들을 솔직하게 터놓고 이야기할 수 있는 친구가 되고 싶습니다.

성 지식 첫 단계

부모님한테서 성 관련 지식을 습득한 사람도 있을 테고, 학교에서 성교육을 받은 적도 있겠지요? 형제자매나 친구, 또는 영상 자료로 정보를 얻은 사람도 있겠군요. 성 지식이 전혀 없는 사람도 있을 테고, 실제로는 전혀 모르면서 성 지식이 충분하다고 착각하는 사람도 있을 겁니다. 이 책에서 제가 사용하는 '섹스', '성관계'라는 단어는 성별에 관계없이 상호 동의에 따라 행하는 모든 신체적 쾌락 행위(입맞춤, 애무, 성기 결합 등)를 의미합니다.

전에도 말했지만 다시 한번 말하고 싶어요. 저는 이성애자로서의 경험을 바탕으로 성관계를 비롯한 성 전반에 관해 글을 쓰고 있으므로, 여기에 있는 내용 중 어떤 것이 여러분에게 맞지 않는다고 여겨지면 그냥 넘어가도 되고요, 적절하게 취사선택을 하며 읽으시기 바랍니다.

너트와 볼트

그런 이야기가 있죠. 남자의 인생 어느 시점에는 성기가 우리의 사고를 지배한다고. 남자는 7초마다 한 번씩 성관계를 생각한다는 이상한 통계를 굳이 떠올리지 않더라도, 우리를 통제하는 제2의 뇌가 아랫도리에 있는 것 같은 느낌이 들 때가 있습니다. 남자아이들이 사춘기에 접어들면 음경은 전능한 존재가 되거든요.

우리의 음경이 얼마나 민감한 신체 기관인지 아는 소년들은 별로 없습니다. 엄밀히 말하면, 우리의 음경과 고환(테스토스테론을 생성하는 기관)은 매우 민감하기 때문에, 이 부위에 충격을 가하면 아무리 힘세고 덩치가 큰 남자라도 꼬꾸라집니다. 음경에만 4천 개 넘는 말초 신경이 집중돼 있습니다. 그러나 그 민감성이 성관계를 즐겁게 만들어 주기도 하죠. 다시 말해, 우리의 큰 약점이 큰 강점이 되기도 합니다. 그러나 우리가 살펴보고자 하는 것은 단지 음경의 신체적 민감성만은 아닙니다.

마치 온 세상이 우리의 음경을 주시하며 어떤 식으로든 사용되기를 기다리는 것 같은 느낌이 들 때가 있습니다. 세상이 남성의 성기를 바라보는 방식은 남자인 우리가 자신을 바라보는 방식이 될 수도 있습니다. 성기는 곧 우리가 되고 우리는 성기라는 듯이 생각하게 되죠. 그렇지만 성기가 예민하듯 우리 남자들도 예민하다는 점을 명심해야 합니다. 연약하다는 뜻은 아니에요. 전혀 나쁜 의미가 아닙니다. 예민한 감수성이 인생의 즐거움을 선사하거든요.

중 1 즈음, 제 성기가 뭔가 부족하다고 처음 느꼈던 때가 기억납니다. 실제 나이는 저보다 한 살 많고 신체 발달도 또래에 비해 빠른 제이슨이라는 아이가 있었습니다. 제이슨한테 혹시 너는 털 났냐고 물어보았어요. 저는 없었거든요. 그러자 갑자기 반바지를 내리더니 자기 성기를 제게 보여 주는 거예요. 성인 동영상에서 이미 성인 남자 성기를 본 적은 있지만 실제로 눈앞에서 보니까 제이슨 것과 내 것의 차이를 바로 알겠더군요.

제 성기는 아직 발달하지 않은 상태였고, 가까운 친구들의 성기는 어떤 상태인지 직접 확인할 기회가 없었습니다. 남자애들끼리는 모든 것을 유독 비교와 경쟁의 관점에서 인식하는 것 같아요. 중학생에 불과했는데도 제이슨의 성기는 제가 잡지와 인터넷에서 보았던 이미지와 비슷했습니다. 더 크고 털도 많은 제이슨의 것과 비교하니까, 사춘기가 아직 오지 않은 제 성기는 왠지 부족하고 미숙한, 비정상처럼 보였습니다. 아직 남자가 덜 된, 아직 남자가 아닌 것 같은 느낌이 들었어요.

물론 그건 아니죠. 제이슨이 저보다 일찍 사춘기를 맞이했을 뿐이고요. 그때 제가 따를 수 있는 유일한 해결책은 참고 기다리는 일이었습니다. 제 성기도 결국 저와 함께 자랄 것이고, 인생은 앞으로도 길며, 살다 보면 신체 일부분보다 훨씬 더 풍부한 일들이 있다는 사실을 깨닫게 될 것입니다. 중 1짜리 소년인 제게 필요했던 조언은 무엇이었을까요? 저를 앉혀 놓고 이제 곧 성기가 커질 것이고, 털도 무성해지고, 발기도 자주 일어날 것이며, 모양도 무척 달라질 거라고 이야기해 준 사람은 아무도 없었습니다. 당황했던 저는 몸에 무슨 문제라도 있는 건 아닌지 궁금하고 걱정스러운 마음이 들었어요. 제이슨의 것은 어른처럼 큰데, 사춘기가 오지 않은 저는 아직 꼬마 고추를 달고 있다는 사실이 창피했고 온 세상 사람들에게 다 들켜서 놀림거리가 될 것 같은 두려움을 느꼈습니다.(물론 돌이켜 생각하는 거지만요.) 가장 안타까운 것은 육체적으로나 정신적으로나 그런 걱정을 할 필요가 없었는데 온통 그 걱정만 했다는 점입니다. 아직 준비가 안 됐음을 인정하고 받아들이는 것이 최선의 성숙한 태도였을 겁니다.

하지만 성기와 관련된 문제는 여전히 무척 어렵습니다. 남자들에게는 성기가 중요하고, 성기가 우리를 남자답게 만든다는 이야기를 들으며 자랐습니다. 성기는 늘 완벽하고 충분해야 한다고 말입니다. 하지만 완벽이라는 생각은 신화에 불과합니다. 남성으로서 자신의 몸을 존중하는 태도 안에는 자신의 발달 과정을 존중하는 자세도 포함돼 있습니다. 성기에 대해 왈가왈부하는 다른 사람의 의견에 휘둘리지 말아야 합니다. 성기의 민감성을 인정하고 성기가 자신의 속도에 맞추어 스스로 성장하고 변화할 수 있도록 돌봐 주어야 합니다. 우리의 성기는 다른 이의 것이 아니라 오로지 우리의 것이기 때문입니다.

안전한 성관계를 위한 준비물

콘돔을 사용하면 더 안전하게 성관계를 할 수 있습니다. 계획되지 않은 임신을 피할 수 있고 성병 감염을 막을 수 있으므로 상대방도 보호하고 자신도 지키게 되죠.

경험이 없다고?
아무렴 어때

이번 이야기는 약간 뜬금없이 들릴지도 모르겠네요. 성관계가 없는 성 이야기거든요. 그렇지만 성관계를 하지 않는 것에 대해 이야기하지 않고서는 솔직한 대화를 하기 어렵습니다. 지금이 바로 그 대화를 하기에 좋은 타이밍인 것 같아요.

결혼할 때까지 순결을 지키거나 성관계를 자제하겠다고 선택하는 것은 개인의 취향이며 전혀 문제될 것 없는 결정입니다. 순결을 지킨다는 생각이 시대에 뒤떨어진 듯 보일 수도 있지만, 다른 성적 취향이나 경험으로 누구를 판단해서는 안 되는 것처럼 순결을 지키고 싶다는 생각을 섣불리 옳다 그르다 판단해서는 안 됩니다. 순결하게 사는 것이 자신에게 맞는 결정이라고 생각한다면, 그에게 순결은 성적 욕구를 억누르는 일이 아닌 것이죠. 제가 보기에 순결은 사람을 총체적으로 바라보는 법을 배우는 것에 더 가깝습니다. 즉, 외모나 성적 매력을 넘어 타인을 바라보고 그 사람을 인간답게 만드는 모든 자질을 소중히 여기는 것입니다. 본질적으로 다른 사람의 육체와 접촉하기보다 영혼과 접촉하는 방식에 더 중점을 두는 것입니다.

성관계를 별로 선호하지 않는 것은 그저 타고난 방식일 뿐입니다. 성적 매력을 평소에 전혀 느끼지 못하는 무성애자도 있습니다. 성교를 원하는 사람이든 원하지 않는 사람이든, 우리는 모두 자기 모습을 있는 그대로 받아들일 자격이 있음을 명심하세요.

주목!

이 글을 읽는 청소년 여러분 중에 자신이 이성애자가 아니라는 점을 알고 있는 사람이 있다면, 여러분은 있는 그대로 소중하고 멋지다는 점을 늘 잊지 말아 주세요. 여러분은 여느 누구와도 다르지 않은 남자입니다. 여러분의 마음과 영혼이 훨씬 더 중요합니다. 정신이 중요합니다. 여러분은 소중합니다. 지금 모습 그대로 여러분은 충분합니다.

"그건 너무 게이 같아."
보이즈 클럽의 성적 지향점

1장에서 '겁쟁이'는 약하거나, 찌질해 보이거나, 계집애처럼 보인다는 의미로 쓰인다고 이야기했죠. 그런데 고등학생 시절에 한 남학생이 다른 남학생을 겁쟁이라고 놀리거나 약해 빠졌다고 비난할 때 가장 많이 들려왔던 말은 '겁쟁이'가 아니라 '게이 같다'는 말이었습니다.

'게이'라고 불린다는 것은 취향이 섬세하거나 부드럽고 남자답지 못하다는 뜻이 아니라 별종이라는 뜻이었습니다. 남성이라는 성별을 배신했다는 의미로 쓰이고 '계집애'라고 불리는 것보다 더 심한 욕이 됩니다. 같이 어울리고 친하게 지내고 싶어도 게이 같은 녀석들이라고 싸잡아 낙인찍힐 것 같아서 선뜻 그러지 못하는 친구들이 많았습니다. 남자다운 남자라면 감정을 쉽게 드러내는 법이 없어야 하잖습니까. 그래서 화를 내거나 자신을 지키려고 맞서면 그 사람은 게이로 보일 수 있습니다. 한번 게이 같다고 말을 들으면, 학교생활에서 그 남학생의 평판은 끝난 거나 다름없습니다.

제가 다니던 고등학교에서는 동생애 혐오가 대체로 묵인되는 분위기였습니다. 저희 학교 출신 중에 커밍아웃을 선언한 사람을 거의 들어 보지 못했습니다. 제가 어렸을 때는 영화배우 짐 파슨스나 래퍼 릴 나스 엑스처럼 커밍아웃을 선언하는 연예인이 없었어요. 그렇지만 잡지나 TV, 영화에 등장하는 동성애자가 많아졌다고 해서 투쟁이 끝났다는 뜻은 아닙니다. 2019년에 실시한 청소년 위험 행동 설문 조사에 따르면 LGBTQ(레즈비언, 게이, 양성애자, 트랜스젠더, 퀴어 또는 자기 정체성을 탐색 중인 사람) 학생의 10퍼센트가 학교 내에서 위협받거나 부상을 입었고, 34퍼센트는 학교 내에서 괴롭힘을 당했으며, 28퍼센트는 온라인에서 괴롭힘을 당한 것으로 나타났습니다.

이전 장에서 논의한 다른 문제들과도 관련이 있습니다. 자신이 동성애자임을 밝히면 앞으로 사회에 진출하여 성공하는 데 타격을 줄지 모른다는 걱정에 선뜻 그런 용기를 내기가 어렵습니다. 혹시 게이라는 손가락질을 받을까 봐 다른 남학생들과 신체 접촉을 의도적으로 피하거나 눈맞춤이나 친밀한 감정 표현을 일부러 하지 않으려 합니다. 친한 친구들끼리 자연스럽게 할 수 있는 행동들인데도 말이죠. 심지어 남자다운 체형에 대한 갈망과도 연관이 됩니다. 제가 운영하는 팟캐스트 「남자는 모름지기」에 출연했던 동성애자 배우 하비에르 무뇨스는 폭행을 당할지도 모르는 세상에서 신변을 지키기 위해 신체 단련을 하고 근육을 키워야 할 것 같다고 말한 적이 있습니다.

"1980년대와 1990년대 뉴욕에서 자란 저는 적대적인 상황에 홀로 놓일 때마다 생존 본능에 따라 상황 파악을 해야 했습니다. 둘 중 하나여야 살아남을 수 있거든요. 쉽게 고분고분해질 만큼 만만해 보이거나, 섣불리 건드리면 안 될 정도로 강해 보이거나."

이 모든 상황이 의아합니다. 왜 어떤 이의 성적 지향이 이성애자 남성에게 그렇게 못마땅하고 혐오스러운 것이 되는 걸까요?

지금까지 우리가 살펴본 바에 따르면 보이즈 클럽 규칙에는 남자애들 앞에서 자기 감정을 드러내지 말라고 명시되어 있는데, 게이가 되는 것은 그 규칙을 정면으로 위반하는 듯 보입니다. 그렇죠?

사실 동성애 혐오증은 학습된 결과입니다. 심리학자인 그레고리 헤렉 교수의 연구에 따르면, 동성애자에 대해 부정적인 태도를 가진 이성애자들은 퀴어 집단과 접촉해 본 적이 전혀 없거나 편협한 가치관을 가진 경우가 많았습니다. 이들은 미디어나 각종 단체, 주변 사람들, 다른 이성애자들이 들려주는 이야기로 동성애를 판단합니다.

무엇보다 아예 공감하려고 하지 않는 것이 문제입니다. 그들은 동성애는 잘못된 것이며 동성애자들을 도무지 이해할 수 없다고 말합니다. 동성애가 존재한다는 사실을 아예 믿지 않는 사람들도 있습니다. 문제 해결에 전혀 도움이 안 되죠. 극단적인 성향의 집단과 가까이 있다면 신변을 위협받는 무서운 경우가 자주 일어날 것입니다.

"저는 치열한 경쟁에서 승리했음을 세상에 보여 주었습니다.
또한 제가 치열하게 살아가는 인간이라는 점도 입증했죠."

애덤 리폰(올림픽 피겨스케이팅 챔피언, 게이 활동가)

동성애 혐오증은 남자들끼리 친밀하게 지내는 것을 용납하지 않습니다. 조금이라도 친밀하게 지내려 하면 게이라는 낙인이 찍힙니다. 이성애자 남성이라면 서로 껴안아도 안 되고 부둥켜안고 울어도 안 되며 사랑스러운 말도 주고받아서는 안 됩니다. 그건 게이들이나 하는 짓이니까요. 서로 포옹을 하려면 '동성애자 아님'이라고 등에 써 붙이고서 해야 하죠. 그것은 우리와 우리의 동료 소년들을 갈라 놓는 나쁜 분리막입니다. 그런 분리막 따위는 벗어 던지고 길가로 치워 버립시다. 상대방의 말에 더 친절하게 귀를 기울이고 머리로 이해하려고 하기보다는 가슴에 연민을 품도록 합시다. 다른 사람의 삶을 다 이해하지 못하더라도 그들의 모습을 마음으로 받아들이고 지지하며 행복을 빌어 줄 수는 있습니다.

준비가 되었든 안 되었든
무슨 상관?

어느 여름날, 아까 언급한 친구 제이슨과 제이슨의 형, 그리고 저는 오후에 함께 마을 호수에 갔습니다. 호수에서 2인승 오리배를 빌려서 제이슨과 제가 한 배를 탔습니다. 오리배를 타고 다른 배가 안 보일 정도로 멀리 나가서 제이슨이 가져온 성인 잡지를 꺼내 볼 계획이었죠.

그런데 호수 한가운데에 도착했을 때, 잡지 하나를 꺼내서 펼친 제이슨이 갑자기 바지를 내리고 성기를 만지기 시작했습니다. 저는 어떻게 해야 할지 몰랐어요. 다른 남자아이의 발기된 성기를 본 것도 처음이고 자위하는 사람을 본 것도 처음이었기 때문에 몸이 얼어붙어 버렸습니다. 자위를 해 본 적도 없었고요. 도무지 어찌해야 할지 모르겠더군요. 그래서 저는 어렸을 때부터 주입받은 방식으로 대처했습니다.

하는 시늉을 하는 거죠. 대수롭지 않은 것처럼 보이도록 저는 등을 돌리고 제이슨의 행동을 흉내 냈습니다. 몇 분 후에 제이슨이 "끝났어." 그러더군요. 뭐가 끝났다는 건지 그때는 몰랐습니다. 답답하고 혼란스러운 순간이 지났습니다. 내가 오줌이 마렵다고 말했고 우리는 오리배 선착장으로 되돌아갔습니다.

즐거운 여름날을 보낼 수도 있었을 텐데, 그날 저는 부끄러움과 불안만 느꼈습니다. 내 성기는 제이슨 것처럼 커지지 않는 그냥 꼬마 고추에 불과했습니다. 별로 쓸 만한 것이 아니었던 거죠. 그리고 마음속에서도 똑같은 불안이 싹텄습니다. 나한테 문제가 있는 걸까? 내 몸도 제이슨처럼 될 수 있을까? 난 이렇게 영영 다른 남자애들한테 뒤처지는 걸까?

너무 오랫동안 저를 괴롭혔던 문제라서 그때 일을 일일이 떠올리는 것이 매우 고통스럽습니다. 그렇지만 이렇게 여러분에게 창피한 제 이야기를 들려주는 까닭은 여러분이 준비되지 않은 성적인 상황에 몰리는 일이 없도록 조금이나마 돕고 싶기 때문입니다. 혹시 그런 상황에 처한다고 해도 이 책에서 읽었던 내용을 떠올리며 혼자가 아니라는 것을 믿어 주면 좋겠습니다.

물론 주입된 생각이겠지만, 남자라면 음경의 생각을 읽을 줄 알아야 한다는 말이 있습니다. 그래서인지 남자아이들의 음경은 남자아이들의 생각을 좌지우지할 수 있는 존재로 여겨집니다. 금속 탐지기처럼 원하는 것을 찾아내는 성기의 능력을 남자들은 믿고 따르는 것 같습니다. 성기는 발달 과정에서 우리가 통제하거나 간섭할 수 없는 뭔가를 지니고 있는 듯 보입니다. 우리가 선택할 수 있는 게 아닌데도 애초에 우리 의지로 선택하기라도 한 것처럼, 가장 소중한 재산처럼 대합니다. 뭔가 이상하지 않습니까?

이제 막 자신의 몸과 성에 대해 알아 가는 청소년들에게 성관계나 성적인 상황을 강요해선 안 됩니다. 준비되지 않은 상황에서 성적인 호기심을 해결하라거나 성에 주도적이어야 한다는 충고는 매우 해롭습니다. 소년들의 성 관념을 이루는 뿌리들은 이런 환경에 토대를 둡니다. 남자라면 가능한 한 일찍 성관계를 가지는 게 좋다는 말은 결코 올바른 조언이 아닙니다. 강박 관념과 잘못된 성 정보에 근거해 성급하게 결정해 버릴 수 있거든요.

성관계란 반드시 해야 하는 것이라고 못박는 건 좋지 않습니다. 성적으로, 신체적으로, 정서적으로 준비되지 않은 상황에서 성관계를 고려해선 안 됩니다. 여러분의 뇌는 아직 발달 중이므로, 신체가 격변하는 시기에 모든 성적 경험은 앞으로 수년간 성에 대한 여러분의 관점을 형성하는 데 커다란 영향을 미칩니다. 성적 호기심이나 자위 행위 등이 건강에 해로운 건 아닙니다. 성적 충동은 배가 고플 때 음식을 먹고 싶은 본능처럼 지극히 정상적이고 자연스러운 것입니다. 그렇지만 신체가 변화하고 호르몬이 과다하게 분비

될 때는 오로지 섹스만이 중요한 것처럼 느껴질 수 있으니 조심해야 합니다.(사실은 그렇지 않다는 것이 또 다른 비밀이죠!)

> "남성이 섹스를 갈망하도록 배운 만큼 사랑을 갈망하도록 배웠다면
> 우리는 문화 혁명을 보게 될 것입니다.
> 대부분 남성은 사랑을 주고받을 수 있는지 여부보다
> 성 기능과 성적 만족도에 더 신경을 씁니다."
>
> 벨 훅스(작가)

성행위는 영화, TV, 음악 등 우리 주변에 항상 존재하지만 아무도 공개적이고 솔직하게 이야기하지 않기 때문에 실제로 무엇인지 이해하기 어렵고 혼란스러우며 절망을 느끼기 쉽습니다. 호기심을 해결하려고 남학생들은 음란물을 찾고 그것에 점점 의존합니다.

하드코어

인터넷에 널린 영상 자료들과, 요즘 스마트폰 기술의 발전 속도를 보건대, 아주 어린 나이에 음란물을 접하는 것은 어쩔 수 없는 일이 되었습니다. 특히 아무도 성(섹스와 음란물 모두)에 대해 이야기해 주지 않을 때 어린 남성은 점점 음란물에서 성 지식을 습득하고자 합니다.

음란물이 도덕적으로 옳은지 그른지에 대해서는 많은 논쟁이 있

습니다. 여러분이 호기심이 많고 음란물을 본 적이 있을 수도 있기 때문에 이 책에서 그 문제를 깊이 다루지는 않았습니다. 음란물을 본 적 있더라도 수치심을 느끼지는 않았으면 좋겠다는 말이에요. 나쁘고 위험하다고 하면 오히려 더 시도해 보고 싶을 때가 있죠.

어렸을 때 저는 항상 금단의 벽을 허물고 싶었습니다.(지금도 마찬가지입니다.) 누가 나쁘거나 금지된 것에 관해 말하면 왜인지 이유를 알고 싶었고, 호기심이 발동하여 그것이 무엇이든 경험해 보고 싶은 마음이 생겼어요. 어떤 래퍼가 논란의 여지가 많은 음악을 만들었다면 그 음악을 듣고 싶어집니다. 보고 나면 악몽을 꿀 것처럼 무서운 영화가 나왔다는 소식을 들으면 꼭 봐야 직성이 풀렸죠.(잠자리에 들기 직전에요.)

음란물에 관한 사실 중에 제대로 알려져 있지 않은 몇 가지 이야기를 해 보고자 합니다. 첫째, 음란물은 실제 성관계에 관해 배우기에 좋은 경로나 방법이 아닙니다. 특히 아무런 지식이 없는 사람에게 해로운데, 성행위를 매우 부정확하게 표현하기 때문입니다. 성관계를 진정으로 즐기기 위해서는 상대방을 향한 두터운 신뢰와 섬세한 의사소통이 필요합니다. 모델 같은 몸매를 지닌 두 주인공이 거친 말과 신음을 내뱉으며 서로 격렬하게 몸을 부딪치는 것은 성교가 아니며 실제와는 거리가 한참 멀죠. 음란물에서 성에 관해 배우려는 시도는, 다이너마이트로 식인 상어의 입을 날려 버리는 잔혹한 장면을 보며 거기서 낚시에 대한 올바른 지식을 배우겠다고 말하는 것과 비슷합니다. 세상에 그 일을 할 수 있는 사람이 딱 한 명 있고, 나머지 모든 사람들이 자신도 가능할 것이라 생각한다? 전혀 현실적이지 않은 상황이죠.

하지만 많은 소년들이 성에 관해 알려면 동영상을 봐야 한다고 생각합니다. 저를 비롯하여 이성애자든 퀴어든 음란물은 남자들에게 유일한 '성교육'이었습니다. 성에 관해 안심하고 질문할 수 있는 경로가 없었습니다. 여자 성기는 어떻게 생겼는지, 성관계는 어떤 과정으로 이루어지는지 모르는 것은 남자아이들에게는 극도로 피하고 싶은 상황이라서 어떤 경로로든 정보를 얻고자 했던 것입니다. 성에 대한 호기심을 보이는 소년을 어른들이 달갑지 않은 시선으로 바라보는 풍조가 매우 안타깝습니다. 실은 어른들 역시 대부분 건강한 성교육을 받지 못했기 때문에 무슨 말을 해야 할지 잘 모릅니다. 그러므로 어른들에 의존할 것이 아니라 우리 모두 함께 배워야 합니다.

어른들에게 성교는 왜 하는 거냐고 물으면 어색한 분위기 속에서 "두 사람이 아주 많이 사랑하면 말이지⋯⋯." 정도 수준에 그치는 경우가 너무 많습니다. 관계 전에 상대방에게 허락이나 동의는 어떤 식으로 얻어야 하는지, 더 많은 즐거움과 쾌락을 느끼려면 어떻게 해야 하는지, 콘돔은 어디서 구하고 어떻게 착용해야 하는지 알고 싶은 소년에게는 도움이 안 되는 상담이죠. 음란물은 그와 정반대입니다. 게임을 시작하자마자 '최상급자 모드'가 나오죠. 우리가 알고 싶은 것은 1단계인데 말예요. 소년들이 진정 바라는 것은 어른들이 아주 솔직하게 대답해 주고 자신들을 어린애 취급을 하지 않는 거예요. 현실은 그렇지 않죠. 어른들은 솔직하지 않고 소년들을 어린애 취급합니다. 부모님, 선생님, 상담 교사, 비현실적인 음란물 등 여러 옵션 중에 소년들은 음란물을 선택하게 됩니다.

자, 두 번째 이야기는요, 모두 연기라는 점이에요. 성관계를 육체적으로 묘사할 순 있지만 배우들이 직업적으로 하는 행위죠. 배우들은 돈을 받고 연출자가 요구하는 극단적인 방식으로 성행위를 하거나 연기합니다. 포르노 배우가 캐스팅되는 결정적 요인은 외모입니다. 배우들은 가슴, 음경, 외음부 등 신체 부위를 더 돋보이게 하려고 성형 수술을 합니다. 평범한 사람들의 신체 기관과는 사뭇 다른 모습이 되죠. 이 배우들이 찍은 영상을 보면서 남자들은 성관계란 원래 저런 거구나, 저래야 하는구나, 하고 믿기 시작합니다. 남자아이들은 거울을 보면서 영상에 나온 것과 너무나 다른 빈약한 몸을 발견합니다. 영상 속 배우와 비교하다 보면 자신을 비하하는 마음이 생길 수밖에 없습니다.

궁금증이 생깁니다. 우리는 왜 이렇게 비현실적인 모습에 몰두하는 걸까요? 왜 환상이나 다름없는 장면을 그렇게 보고 싶어 하는 걸까요? 성행위는 복잡미묘한 것이라서 음란물로 다른 사람의 성관계를 단순하게 보기만 하는데도 손쉽게 흥분 상태가 될 수 있고, 자극이 반복될수록 뇌는 더욱 활성화되어 더 많은 영상을 원하게 됩니다. 그렇기 때문에 여러분과 제가 지금 이 이야기를 하고 있는 것이겠죠. 다른 사람들이 성행위하는 모습을 보고 흥분하면서 동시에 우리의 성행위를 상상하게 되며, 거울에 비친 우리 모습이라고 착각을 합니다. 음란물은 우리에게 안전지대를 만들어 주거나 몸에 대한 존중을 심어 주는 대신 안락한 도피처를 제공하며 섹스의 이상적인 형태를 보여 줍니다. 조건도 없이 말이죠.(멈추지 말고 계속 읽어 주세요.)

셋째, 앞서 언급했듯 음란물은 산업입니다. 음란물 제작은 사업이고, 사업은 돈을 버는 것이 목적입니다. 음란물을 좋아하는 사람들이 기꺼이 돈을 지불할 것을 알기에 수많은 영상이 존재하는 것입니다. 산업이기 때문에 음란물을 만드는 사람들은 우리가 계속 시청하길 원합니다. 주류 회사는 우리가 얼마나 책임감 있게 술을 마시는지 신경 쓰지 않습니다. 담배 회사는 우리가 얼마나 담배를 피우는지 신경 쓰지 않습니다. 음란물 제작 회사도 그렇습니다. 대부분의 회사는 우리가 성행위, 성관계 안전성, 성적 감정에 대해 얼마나 교육을 받았는지 신경 쓰지 않습니다. 회사 입장에서는 시청자의 교육 수준이 낮을수록 유리하고, 나이가 어릴수록 더 좋습니다. 감수성이 가장 예민한 어린 시기에 관심을 끌 수 있다면 평생 고객을 확보할 수 있는 기회가 되니까요! 우리에게서 나오는 조회 수와 시청료가 이들의 수익원이 됩니다.

넷째, 다양한 종류, 빠른 속도, 쉬운 접근성 등 음란물은 우리를 즉각적인 쾌락으로 인도합니다. 쾌락은 뇌에서 분비되는 도파민이라는 매혹적인 화학 물질을 통해 이루어집니다.

도파민의 작동 원리

도파민은 1910년 영국 런던에서 조지 바거와 제임스 이웬스에 의해 처음 합성된 물질입니다. 그 후 스웨덴의 아르비드 칼손과 닐스아케 힐라프가 뇌의 신경 전달 물질로서 도파민의 화학적 성질을 발견했습니다. 이 과학자들의 연구 자료를 살펴보니 너무 복잡해서 잘 모르겠더군요.(모르는 것을 인정하는 것이 발전을 위한 우리의 추구 방식이 맞지요?) 그렇지만 도파민 발견의 가치 정도는 이해할 수 있으니 최선을 다해 설명해 보겠습니다!

본질적으로 우리의 뇌는 광속으로 정보를 끊임없이 처리하는 슈퍼컴퓨터와 같습니다. 우리의 뇌에는 '보상 센터(보상 중추)'라는 것이 있는데, 여기는 경험에 따라 기분을 좋게 또는 나쁘게 만드는 화학 물질을 방출하는 복잡한 시스템이 갖춰져 있습니다. 도파민은 빠르고 자연스럽게 기분을 고양시켜 우리가 하고 있는 일을 반복하고 싶게 만듭니다. 도파민이 존재하는 진짜 이유는 우리가 계속 생존하고 긍정적인 선택을 할 수 있도록 돕는 것으로, 인류 공동체의 번영이 궁극적 목적이죠.

뇌과학 분야에서 자주 등장하는 표현을 빌리면, 도파민과 신경 회로의 관계는 숲속의 등산 코스와 비슷하다고 할 수 있습니다. 뇌가 보상을 받기 전에는 등산로가 없으므로 등산을 할 수 없습니다. 하지만 일단 뇌가 좋아하는 것을 맛보게 되면 도파민으로 보상하여 다시 그 경험을 하고 싶게 만듭니다. 따라서 도파민은 뇌가 좋은 것을 더 많이 경험할 수 있도록, 정글도로 덤불 가지들을 쳐내서 길을 터 주는 것과 비슷한 역할을 합니다.

SNS도 이와 비슷하게 동일한 보상 중추를 활용합니다. 보통 처음에 사진이나 동영상을 올릴 때는 그냥 재미로 합니다. 그런데 누가 좋아요를 누르거나 댓글을 남겨 주면 기분이 좋아지죠. 기분이 좋아지면 뇌에서 도파민이 분비되고, 우리 몸은 더 많은 도파민을 원하기 때문에 우리는 계속해서 포스팅을 하게 됩니다. SNS에 글을 올리면 인기를 얻고 존경을 받는다고 느끼기 때문에 SNS에 의존하는 성향이 점점 높아집니다. 결국 올린 게시물에 좋아요가 별로 달리지 않으면 기분 나쁜 감정을 느끼게 됩니다. 우리 뇌는 도파민을 기대했지만 나오지 않았거든요.

과학자들은 뇌의 보상 중추에서 도파민이 모두 똑같이 작용하는 것은 아니며, 어떤 보상은 다른 보상보다 더 크다는 사실을 발견했습니다. 그렇다면 무엇이 우리 뇌에 가장 큰 도파민 자극을 주는 걸까요? 바로 성행위입니다.

제가 이해하기로는 성관계란 정글도를 손에 들고 휘두르며 덤불을 쳐내는 것과는 차원이 다릅니다. 성관계는 거대한 불도저를 몰고 정글의 일부를 밀어 버리는 것과 같아서 지나가는 곳을 완전히 평평한 비포장 도로처럼 만들어 버립니다. 우리의 몸과 마음이 갈망하는 크고 달콤하고 중독성 있는 도파민이 되죠. 성행위를 통해 도파민이 분비되면 우리 뇌는 "좋다, 정말 기분 좋아. 또 하고 싶어!"라고 말하는 것입니다.

하지만 인터넷이 만들어 낸 '주문 즉시 만족'의 세계에서는 지금 당장 도파민이 분비되기를 원합니다. 동영상을 보며 자위를 하는 건 그것을 쉽게 얻는 간편한 방법이죠. 하지만 곧 우리는 더 많은 것을 원하게 됩니다. 더 크고 강한 쾌감을 원합니다. 그래서 우리는 더 많은 영상을 보고, 더 자주 자위를 하며, 종종 우리 자신도 모르게 뇌가 음란물에 의존하게 됩니다.

음란물 회사가 의존성을 만드는 또 다른 방법은 '무작위 보상 이론'을 사용하는 것입니다. 이는 SNS에서 우리가 몇 시간 동안 무의식적으로 화면을 계속 넘기게 만드는 것과 같은 원리입니다.

식당과 같은 공공장소에 가서 주위를 둘러보았을 때 모든 사람이 휴대폰에 집중하며 엄지만 움직이는 것을 본 적 있나요? 각종 앱과 SNS가 무작위 보상 이론에 기반한 복잡한 알고리즘을 통해 사용자의 관심을 유지하도록 과학적으로 설계된 덕분입니다. 즉 과학자들은 SNS 앱에서 피드를 중단하지 않고 사용자의 선호도에 따라 선별적으로 이미지와 동영상을 보여 주는 알고리즘을 만들어 냈고, 그 알고리즘은 여러분이 좋아할 만한 것을 예측하여 계속 제공할 수 있게 됐습니다.

따라서 화면을 넘기는 동안 뇌는 기대 상태에 들어가는데요, 이벤트에 당첨되거나 원하는 사진 또는 동영상이 나오기를 기대하는 겁니다. 뇌는 그저 도파민을 얻으려고 화면을 보라고 명령하고, 도파민을 얻지 못하면 점점 더 많은 게시물을 보도록 시킵니다. 그러다가 마음에 드는 것을 발견하여 도파민이 나오면 더 강렬한 자극을 원하기 때문에 계속 보도록 부추깁니다. SNS의 페이지는 여러분이 이미 누른 '좋아요'와 유사한 콘텐츠를 보여 주고 누가 여러분 게시물에 '좋아요'를 누르면 즉시 알림을 보냅니다. 모든 과정이 사용자로 하여금 휴대폰에 붙어 있도록 프로그래밍되어 있습니다. 뇌의 도파민 분비를 조작하여 작동되는 것이죠, 믿기 어렵죠?

 마음의 소리 듣기

두뇌 운동

뇌의 보상 중추는 강렬한 도파민 자극을 좋아하지만, 가끔 SNS와 게임에서 벗어나 휴식하는 것은 뇌에 필요한 에너지를 공급하는 건강한 방법입니다. 이렇게 해 보세요. 휴대폰이나 태블릿을 집어들고 SNS에 접속하거나 게임을 하고 싶은 충동을 느낄 때, 심호흡을 몇 번 하여 충동의 진행 속도를 약간 늦출 수 있는지 확인해 보세요. 어떤 느낌이 드나요? 불안한 기분이 드나요? 해야 할 일에 집중하지 못하거나 불편한 감정에 사로잡혀 있지는 않나요? 이번 주에는 휴대폰이나 태블릿에 주의를 뺏기지 말고 조금 더 건강한 활동으로 뇌에 활력을 불어넣어 보세요. 산책을 하거나, 책을 읽거나, 퍼즐을 맞추거나, 운동을 하거나, 도파민 분비를 촉진하는 것이 아닌 어떤 것이든 시도해 보세요. 그런 다음 기분이 어

제가 이런 이야기를 들려드리는 까닭은 이 주제에 대한 많은 연
구 논문을 읽어서가 아니라 제가 실제로 경험한 효과 때문입니다.
초등학교 6학년 때 매우 종교적인 가정의 두 아이가 저에게 음란물
을 보여 줬어요. 순진했기에 처음엔 덜컥 겁이 났고 하면 안 될 일
을 하는 것처럼 느껴졌어요. 동시에 가슴이 콩닥거리고 흥분되기도
했죠. 그 집엔 인터넷이 연결된 컴퓨터가 있었습니다.(저희 집엔
인터넷이 아직 들어오지 않았거든요. 제 나이를 대강 알겠지요?)
친구 부모님이 잠에 들면 아이들과 컴퓨터로 벌거벗은 여성의 사
진을 보곤 했습니다. 도파민에 굶주린 제 뇌는 더 많은 나체 사진을
원했지만 집에 오면 찾아볼 수 있는 방법이 없었습니다.

그러다 제이슨을 만났습니다. 제이슨은 훨씬 더 야하고 노골적
인 아버지의 잡지들을 몰래 가져다주었습니다. 저는 완전히 빠져
들었어요. 그날도 오리배를 탔는데 마침내 자위 방법을 스스로 터
득했고, 그때부터 포르노를 볼 때마다 자위 행위를 했습니다.(너무
자주 하는 건 건강에 좋지 않아요.)

대학생 때는 컴퓨터 앞에서 몇 시간이고 포르노를 보곤 했습니
다. 자위는 매일 했고, 하루에 여러 번 한 적도 많아요. 친구들이 파
티에 초대를 했는데도 혼자 포르노를 보려고 거절한 적도 있습니

다. 포르노는 제가 우울할 때는 제 친구였고 즐거울 때는 보상 같은 거였습니다. 그렇지만 포르노를 입수한 경로가 어떠하고 보기 시작한 이유가 무엇이든 보고 나서 마지막으로 느끼는 감정은 항상 수치스러움이었습니다.

그런데 참으로 얄궂은 상황은 수치심을 느끼자마자 뇌에서 그 수치심을 없애려면 새로운 성인물을 보면 된다고 절 설득하는 거였어요. 결과는 어땠을까요. 결국 수치심은 더 커졌습니다.

어느새 저는 불안을 느끼고 우울해지는 악순환에 빠져 있었습니다. 이것이 바로 의존성으로, 거의 끊을 수 없을 듯한 습관이 몸에 배는 것과 같아요. 그리고 그 수치심은 결코 사라지지 않았습니다.

결국 저는 제 자신을 무감각하게 만들고 불편하고 두려운 감정과 단절하기 위해 음란물이라는 안 좋은 방법을 사용했던 것이죠. 슬프거나 외롭거나 두려운 기분이 들면 언제든지 영상을 보며 잠시나마 그 감정을 잊을 수 있었습니다. 하지만 그것은 일시적인 해결책일 뿐이었어요. 그런 감정들은 항상 저를 다시 기다리고 있고, 지금 이 순간에도 저를 삼켜 버릴 정도입니다.

솔직히 이 글을 쓰는 지금도 불안이라는 거대한 파도가 온몸을 휩쓸고 있는 느낌이 들어요. 심호흡을 하면서 그 감정을 글로 옮겨 적는 중입니다. 저의 뇌는 지금 이렇게 조언하고 있습니다. 안 좋은 기억이 떠올라서 불안할 때 이를 없애는 좋은 방법이 있어, 너도 이미 잘 알잖아. 맞아, 성인물을 보면 돼.

이것이 바로 도파민이 얼마나 강력한지, 그리고 포르노, 알코올,

마약, 심지어 SNS에 대한 '의존성'이 우리 삶에 얼마나 부정적인 영향을 끼치는지 보여 주는 증거들입니다. 의존성은 우리를 둔감하게 만들고 감정과 주의력을 흐트러뜨릴 수 있는데, 더 건강하고 용감한 사람이라면 그 상황을 정면으로 마주하며 극복해 나갈 것입니다. 우리가 도피하려는 이 모든 감정을 결국 온전히 느끼려면 시간, 인내, 힘, 용기를 쏟아부어야 하죠. 이보다 남자다운 일이 어디 있겠어요?

주머니 속의 포르노

휴대폰으로 손쉽게 성에 대한 정보를 주고받을 수 있다는 점을 짚고 넘어가야겠어요. 스마트폰으로 수많은 웹사이트에 접속할 수 있을 뿐만 아니라 카메라로 나체 사진을 찍어 서로 전송할 수 있습니다. 성적인 메시지를 주고받거나, 나체 사진을 교환하거나, 화상통화로 화면 너머의 상대와 즉흥적인 성적 소통을 할 수 있을 뿐 아니라, 이미 사귀는 사람과 이런 것들을 즐기고 싶어 하기도 합니다. 그러나 결과적으로 건강하지 않고 바람직하지 않은 행동을 유발하죠.

남자아이들은 종종 또래 집단에서 '알파'가 되고 싶거나 '다른 남자들이 하는 것처럼' 따라 하고 싶어서 여자 친구나 성행위 상대에게 나체 영상을 보내라고 압력을 가하고, 받은 영상을 다른 남자아이들에게 보여 주면서 그 여자는 내 소유라 언제든 이런 영상을 찍을 수 있다고 떠벌립니다. 남자아이들은 상대방이 꺼려 하는 영상을 찍자고 강요합니다. 여기서 여러 심각한 문제가 일어나죠. 상대방이 특정 연령 미만이라면 그건 불법 행위입니다. 단지 남자다움을 과시하거나 또는 뭔가 못마땅해서 상대의 나체 사진을 공유하거나 영상을 온라인에 게시한다면 영상 속 인물과 주변 사람들의 삶이 송두리째 망가질 수 있습니다.(7장에서 자세히 설명할게요.) 상대방 몰래 섹시한 사진을 찍었다면요? 이는 상대에 대한 믿음을 저버린 행위이면서 또한 불법이기도 합니다.

어떤 이에게 비밀리에 보낸 나체 사진 한 장이 일으킨 파장 때문에 일가족이 모두 마을을 떠나야 했던 사례들이 있습니다. 더 심각한 경우 젊은이들이 자살로 생을 마감하는 무수히 많은 사례도 있습니다. 이들은 너무 수치스럽고 모욕적이어서 탈출구가 없다고 생각했을 거예요. 이것은 괴롭힘의 극단적 형태이며 사람에게 할 수 있는 가장 질 나쁜 행동입니다. 누군가 보낸 나체 사진을 보며 킬킬거리는 것이 뭐 그리 나쁘냐고 반문할지 모르지만 이것은 결코 무해한 행동이 아닙니다. 분명히 매우 나쁜 짓입니다.

이는 또한 '동의'를 중대하게 위반한 것입니다. 동의가 무엇인지는 바로 다음 단락에 설명했습니다. 상대방이 노골적인 신체 사진을 여러분에게 보냈다면, 그 사진을 보낸 상대방은 오로지 여러분에게만 보냈다는 점을 명심해야 합니다. 허락 없이 사진을 공유하는 것은 사적 권리를 심각하게 침해하는 행위입니다.

'동의'란 무엇인가?

동의는 다른 사람의 제안이나 욕구를 자발적으로 허락하는 것을 말합니다. 이는 일반적으로 다른 사람과 성적으로 또는 감정적으로 관계를 맺을 수 있도록 허락하는 것을 의미합니다. 누군가 나와 함께 무언가를 기꺼이 하고 싶다고 말한다면 동의한 것입니다. 그러나 동의는 언제든지 변경되거나 취소될 수 있으므로, 누군가 동의했다가 갑자기 불편함을 느껴 그 동의를 취소할 수도 있습니다. 그러면 즉시 이를 받아들이고 하려던 행위를 중단해야 합니다. 계속하자고 설득하면 안 됩니다.

허락 없이 음경 사진을 보내는 것도 물론 마찬가지입니다. 동성애자든 이성애자든 원치 않는 성기 사진을 사람들에게 보내는 것은 정말 끔찍한 일입니다. 요청하지도 않은 남의 성기 사진을 누가 보고 싶어 할까요? 학술 연구 자료는 아니지만 예능 프로그램 「싱글즈」 제작진이 조사한 바에 따르면, 게이 또는 양성애자 남성의 80퍼센트, 여성 중에는 50퍼센트가 성기 사진을 받은 적이 있으며, 그중 90퍼센트는 요청하지도 않았는데 받았다고 합니다! 상대방이 요청하지도 않았는데 자기 성기를 촬영하여 보내는 건 대체 왜 하는 걸까요?

음란물을 너무 많이 봐서 그런 걸까요? 성인 영화를 따라 하는 걸까요? 자기 음경을 촬영한 영상을 틀어 놓고 보면 일종의 포르노 같은 묘한 기분이 느껴질지도 모릅니다. 그러나 그 영상을 타인에게 보내는 것은 묻지도 않고 어떤 사람 얼굴에 성기를 불쑥 들이미는 것과 같습니다. 절대 하면 안 됩니다. 성기 모습을 보고 싶다며 상대방이 1,000퍼센트 동의하지 않았다면 절대, 절대 성기 사진이나 영상을 보내지 마세요!

성관계는 동의와 합의에 의해
이루어지고 서로 연결된다

아마도 여러분은 성관계를 할 준비가 되기까지 몇 년이 더 남았을지도 모릅니다. 물론 괜찮습니다. 섹스는 서둘러 처리해야 하는 일이 아닙니다. 저는 스무 살에 처음 성 경험을 했는데 준비가 안 된 상태에서 한 거라서 전혀 좋은 경험이 아니었습니다. 사람들에게 첫 섹스에 대한 기억을 물어보면 대부분 이렇게 대답합니다. "생각했던 것과 너무 달라서 이상했어요." "너무 순식간에 끝났어요……." 이런 반응은 많은 사람들이 미디어와 주변 사람에게서 보고 들은 포르노로 인해 성관계에 대한 고정 관념이 생겼기 때문입니다. 섹스를 처음 경험할 때, 상대방의 옷을 찢거나 거칠게 벗겨버리는 사람은 없습니다. 우리를 막아 주던 갑옷이 벗겨진, 온갖 감정에 사로잡히고 실수투성이인 우리 모습만 남죠.

이제 어떤 이에게는 아주 고통스러울지 모르는 이야기가 나옵니다. 여러분이 성추행이나 성폭행 경험이 있는 피해자라면 먼저 그 기억을 떠올리게 만들어 죄송스럽고 그와 더불어 위로 말씀을 드립니다. 여러분이 얼마나 혼란스럽고 고통스러웠을지 상상조차 못 하겠습니다. 여러분의 잘못이 아니라는 점을 항상 잊지 않았으면 좋겠습니다. 여러분이 믿고 안심할 수 있는 어른, 학교 선생님, 상담사, 친구, 또는 부모님이 있나요? 여러분을 소중한 사람이라고 인정해주는 교직원이나 운동부 코치가 있나요? 아직 아무에게도 말하지 못했다면 그분들에게 털어놓아 보세요. 일단 믿을 만한 사람에게 말하는 것이 중요합니다. 여러분에게 일어난 사건이 여러분의 인생 전부를 결정하진 않아요. 여러분은 사랑받고, 인정받으며, 믿음직한 사람입니다. 그 모습이 여러분이에요.

성관계 중 남성에게 예상치 못하게 일어날 수 있는 일로는, 자신이 원하는 타이밍보다 일찍 오르가슴(orgasme)을 느끼는 조루, 발기가 잘 되지 않는 발기 부전 등이 있습니다. 그리고 가장 단순하면서도 치명적인 것으로는 정서적으로나 정신적으로 성관계를 가질 준비가 되지 않아 성관계를 갑자기 거절하는 상황도 있죠. "있잖아, 나 지금은 안 될 것 같아. 시간이 좀 필요해."

어떤 남자든 살면서 그런 일들 중 하나 또는 전부를 경험하게 됩니다. 매일 수백만 명의 남자들에게 일어나는 지극히 정상적인 일입니다. 왜냐하면 우리는 로봇이 아니라 인간이고, 섹스의 많은 부분이 우리의 감정 상태에 영향을 받기 때문입니다. 그런 일이 생길 때마다 수치심은 더욱 쌓여만 갑니다. 항상 성관계할 준비가 돼 있어야 한다는 압박감도 문제죠. 미디어와 포르노에 나오는 사람들은 그런 문제가 없으니 우리만 겪는 문제 같군요.(사실 배우들은 그런 일을 카메라 앞에서 보여 주기 않기 위해 미리 약을 먹고 촬영을 할 때가 많습니다.) 현실 세계에서 이런 일이 일어날 때 우리는 상처받고 실패자 같은 느낌을 받습니다.

제 첫 경험 이야기로 돌아가죠. 제가 사귀던 여자는 성관계를 원했지만 저는 아직 준비가 덜 돼 있었어요. 그리 건전한 사이가 아니었던 거죠. 계속 성관계를 강요당했어요. 자기가 원하는 것을 상대방이 원치 않는데도 하게끔 만드는 데는 여러 방법이 있을 겁니다. 감정을 억압하거나 신체적를 제압하거나(때로 둘 다 쓰거나), 심리를 교묘히 이용하거나, 심지어 언어 학대로 굴복시킬 수도 있죠.

대화를 하며 준비가 될 때까지 시간을 좀 달라고 말했습니다. 한번은 나체 상태에서 서로 몸을 만지며 키스를 하고 있었는데, 상대가 갑자기 자세를 바꾸는 거였습니다. 그러고는 제가 동의하지도 않았는데 삽입이 이루어졌습니다.

저는 충격과 혼란에 빠지고 상처를 받았습니다. 저는 행위를 멈추고 왜 그랬는지 따졌습니다. 상대는 우리가 섹스를 할 정도로

'아주 가까워진 것' 아니냐며 반문했고 이제 했으니 된 거 아니냐고 말했습니다. 제 파트너는 제 믿음을 저버렸습니다. 제 감정과 정서적 경계를 전혀 중시하지 않았던 거죠.

우리가 방금 했던 건 섹스가 아니라고 제가 말하자 그녀는 제가 잘못 알고 있는 거라고 말하더군요. 성관계는 다 똑같은 거라며 우리는 분명히 섹스를 한 거라고요. 그러고는 "네가 정말 나를 사랑한다면 이런 것쯤은 아무렇지도 않은 거야."라고 말했습니다. 그 말을 듣고 나니까 제가 비겁하고 쪼잔한 남자처럼 느껴지더군요. 이런 것이 앞에서 말한 '가스라이팅'의 한 예입니다.

어쨌든 제 경계선이 무너지고 신뢰가 꺾이고 나니, 화를 내고 있는 제 모습이 한심해 보였고 씁쓸한 기분이 돼 버렸습니다. 안타깝게도 비슷한 일을 경험한 많은 사람들처럼, 저 역시 자신의 솔직한 감정보다는 상대방 기분에 더 신경을 썼고, 나중에는 스스로의 감각은 무뎌지고 상대방의 욕망을 따라가고 있었습니다.

첫 경험을 맞이한 스무 살 남자가 후회와 상처에 대처하는 방법은 무엇이었을까요. 제 남성성을 의심하는 일이었습니다. 내게 무슨 문제가 있는 걸까? 나는 정상적인 남자가 아닌가? 돌이켜 보면 탓해야 할 대상은 제가 아니었는데도 말이죠. 제 상대였던 여자는 그날 선을 넘었고, 말과 행동도 적절하지 않았습니다. 마치 보이즈 클럽 멤버라도 된 듯 그녀는 제게 준비되지 않은 관계를 강요했습니다.

당시에 저는 제 신념에 충실하고 싶었습니다. 평생을 함께하고 싶은 한 사람과 성관계를 갖고 싶었고, 그때까지 기다리고 싶었어요. 이 이야기를 그녀에게 들려주었지만 결국 비웃음거리만 되었죠. 괜히 말을 꺼냈다는 창피함과 자괴감이 밀려왔어요. 그러다 보니 제 남성다움에 의문이 들더군요. 모든 것은 더 이상 흑과 백으로 선명하게 구분되지 않았고 온통 모호한 회색빛이 되었습니다. 더 이상 무엇을 믿어야 할지, 제가 진정 무엇을 원하는지도 몰랐으며, 그 일에 대한 기억은 점차 관계를 유지해야 하는 이유에 맞춰 왜곡되었습니다. 어느덧 우리는 이미 여러 가지 성적인 행위들을 하고 있었고요. 제 안에서는 새로운 호기심이 일었고 깊은 한구석에서는 성행위를 갈망하고 있었습니다. 저는 생각과 느낌이 따로 노는 모순덩어리가 되었어요.

제가 지금 설명하는 것은 성폭행으로 인해 발생할 수 있는 혼란과 정서적 고통의 극히 작은 일부일 뿐입니다. 성관계를 원하는 마음이 들었다고 해서 준비가 되었다고 생각하면 안 돼요. 성관계는 두 사람이 함께 준비하고 결정해야 하며 '동의'라는 과정을 거치면서 성관계 시간 동안 서로 확인해야 합니다.

알아보기

감자튀김 먹기로 '동의'를 이해하기

상상해 보세요. 여러분이 좋아하는 여학생과 점심을 먹게 되었습니다. 두 사람은 감자튀김 맛집에 가기로 동의하고, 아주 비싼 감자튀김을 주문했습니다.(감자튀김에 트러플 오일을 발라 먹어 본 적이 있나요?!) 드디어 감자튀김을 먹어 보려고 기대에 부풀어 있었는데, 막상 여학생에게 감자튀김을 권하자 먹고 싶지 않다고 말합니다. 이런, 어쩌죠? 마음을 바꿔서 한번 먹어 보라고 설득해야 할까요? 정말 그 사람을 좋아한다면 어떻게 해야 할까요? 기분을 상하게 하면 안 되겠지요? 감자튀김을 먹자고 하고 같이 와 놓고서는 먹지 않겠다고 하는 데에는 여러 가지 이유가 있을 수 있습니다. 갑자기 배탈이 났을 수도 있고, 생각했던 것보다 맛이 별로였을 수도 있죠. 이유가 무엇이든 따지려 하지 말고, "아, 그래? 그러면 대신 다른 걸 먹을래?"라고 말하면 어떨까요.

평소 둘 다 좋아했기 때문에 함께 먹고 싶었고, 함께 먹자고 동의했기 때문에 무조건 다 먹어야 하는 건 아니에요. "괜찮아, 그럴 수도 있지."라고 말하는 게 현명한 태도입니다. 먹기 싫다고 말했다면 감자튀김을 더 이상 강요하지 마세요. 감자튀김을 들고 '아' 해 보라고 하는 것도 안 돼요. 레스토랑에서 흔히 일어나는 일은 아니지만 친구가 잠깐 잠이 든다면 깨워서 감자튀김을 먹이는 것도 좋은 일은 아니겠죠. 흔들어 깨우면서 '우리 감자튀김 먹기로 합의했잖아!' 하면 안 됩니다. 감자튀김을 먹고 싶지 않다고 말한 뒤에 감자튀김을 맛있게 먹는 사람은 없으니까요. 상황이 어떻든, 감자튀김이 그날 얼마나 맛있게 튀겨졌든, 원치 않는 사람에게 감자튀김을 먹게 할 이유는 전혀 없습니다. 그리고 감자튀김이란 바

성행위에 동의한다는 건 간단히 말해서 이런 뜻입니다.

적극적인 승낙이 아니면 거절이다!

성적으로 친밀한 관계를 맺고자 하는 상대방의 의사를 묵살한다면 그것은 성폭행입니다. 싫다는 말을 꼭 하지 않더라도, 특히나 술을 마시거나 약물을 복용한 상태라면 더욱 그렇습니다. 누구와 성적으로 친밀해지려면 한 번이 아니라 매번 지속적인 '예스'가 필요합니다.

성폭행 피해자의 대부분은 여성이지만 성폭행을 당하는 남성도 많습니다. 남성성이라는 보이지 않는 규범이 남자라면 모름지기 성행위에 자신감이 있어야 하고 언제든 할 준비가 되어 있어야 한다고 우리 생각을 옭아매기 때문에, 남자아이들을 보호해 주지도 않고 남자아이들에게 무슨 일이 있었는지 밝히게끔 허락해 주지도 않습니다.

청소년들에게만 해당하는 이야기가 아닙니다. 나이가 들고 어른이 되어도 성관계를 할 준비가 되지 않았다고 느끼거나 준비가 된 것 같았는데 막상 진행 과정에서 아니다 싶으면 거절해도 괜찮아요. 그렇다고 해서 못나거나 모자란 것이 결코 아닙니다. 남자라는 사실이 부정당하는 것도 아니고요. 무척 인간다운 모습이죠. 높은 다리 난간에서 솔직한 감정은 무시한 채 다른 남자애들의 압박에 못 이겨 뛰어내렸던 것처럼, 스무 살에 저는 결국 성관계에서도 똑같은 일을 반복하고 말았어요.

차이점이라면 청소년 시절에는 제가 스스로 다리에서 뛰어내렸던 반면, 스무 살 때는 누가 등 뒤에서 저를 떠밀어서 뛰어내릴 수밖에 없는 상황이었던 겁니다. 남성성이라는 규범에 따르자면, 섹스를 해야 남자가 되는 거고 거부하면 뭔가 모자란 남자인 거라서, 누구에게 말도 못 하고 혼자 끙끙 앓았던 거죠. 제 말을 들어 주세요. 하기 싫은 일을 하는 것은 전혀 '사내다운 것'이 아닙니다. 특히나 섹스처럼 복잡미묘한 감정이 필요한 일이라면 말이죠. 우리가 할 수 있는 가장 남자다운 일이 있다면, 상대방에게 민망하고 좀 어색한 분위기를 만들지라도 싫은 것을 싫다고 말하면서 나의 감정을 존중하고 나의 몸을 잘 보살펴 주는 일일 것입니다.

취약점을 공유하는 것, 서로 믿는 것, 소통하는 것은 안전한 성행위를 위해 가장 중요한 요소일뿐더러 모든 종류의 인간적 친밀감에서 필수적인 부분입니다. 상대방과 함께 있는 것이 편하고 안전하다고 느끼면 마음을 열고 솔직하게 말하세요. 거절을 부끄러워하지 마세요. 올바른 파트너라면 성관계 전후나 도중에도 자신의 모습이 싫어 보이지 않도록 배려할 것입니다. 어떤 사람을 더 깊이 알게 되고 개방적이며 진솔한 대화를 나누는 일은, 남자다운 남자가 되기 위해 소년들이 배웠던 것은 아니죠. 소년들은 성관계할 기회가 왔을 때 바로 해치우는 게 좋고 감정 따위는 나중에 신경 쓸 일이라고 들어 왔습니다. 두 번 생각할 필요가 없고 성기의 충동에 따라 행동하는 게 자연스러운 거라고 들어 왔습니다. 그렇지만 이것은 바람직한 일이 아니죠.

예상치 못한 일이 일어났을 때만 반응하기보다는 늘 함께하려는 태도가 중요합니다. 온전한 인격체로서 서로 편안하게 연결되어 있다면, 즉 우리의 생각과 관심사, 욕망을 이해해 주는 사람과 삶을 공유한다면, 더 행복한 성경험이 생길 거예요. 섹스는 감정적이고 즐거운 것이어야 하며, 그러기 위해서는 서로 신뢰하고 존중해야 합니다. 안전함에 대한 인식을 공유하는 둘 사이에서 이루어질 때 성관계는 멋지고 아름다운 일이 됩니다.

이런 점이 포르노로는 배우지 못하는 섹스의 커다란 비밀입니다. 섹스는 우리 자신의 가장 솔직하면서도 깨지기 쉬운 부분들을 공유하는 행위입니다.

제가 고리타분하고 고지식한 사람처럼 보이겠지만, 경험에서 나온 깨달음과 지식에 비추어 보건대, 성관계는 정서적으로 성숙한 두 사람이 서로 헌신할 수 있는 관계가 되었을 때 하는 것이 가장 좋다고 믿습니다. 물론 사적인 의견입니다. 저와 다른 현명한 의견들을 존중합니다. 제가 당부하고 싶은 점은 성이 우리 인간성의 자연스러운 일부분임을 깨닫자는 것이고, 성관계를 통해 얻게 되는 정신적인 교감을 존중해 달라는 것이며, 섹스가 선사하는 아름다움에 고마워하자는 것입니다.

성폭행은 (슬프게도)
생각보다 훨씬 더 널리 퍼져 있다

보통 성폭행은 어떤 이에게 일어나는 끔찍한 사고라고 생각하곤 합니다. 성폭행은 여러분이나 가족, 친한 친구, 이웃에게는 일어나지 않는 일 같습니다.

안타깝게도 그렇지가 않습니다. 그리고 불행하게도 우리 중 많은 사람들이 이미 성폭행이나 성추행을 경험했을 겁니다.

미국 성폭력 연구 센터에 따르면 2018년 기준 미국에서 성폭행을 당한 사람은 734,630명입니다. 더 심각한 문제는 이들 중에 불과 25퍼센트만이 경찰에 신고했다는 점입니다. 우리 주변에도 성폭행을 당한 사람이 있을 가능성이 높다는 뜻도 되고, 성폭행은 가슴 아픈 일이고 누군가에게 털어놓는 것조차 너무나 버거운 일이므로 많은 피해자들이 침묵하며 살아간다는 뜻이기도 합니다.

그렇다면 왜 피해자들은 트라우마를 속으로만 삭이는 걸까요? 몇 가지 이유가 있지만, 주로 진실을 이야기할 때 겪어야 하는 일 때문입니다. 1,000건당 250건만 경찰에 신고되는 것은 그 때문이죠.

누군가 성폭행이나 학대 경험을 온라인에 공개하면 되려 피해자를 비난하고 가해자를 옹호하는 댓글을 심심치 않게 볼 수 있습니다. "왜 그동안 가만히 있다가 이제야 나타나셨어?" "증거는 있으신가?" "당신이 가해자라고 우기는 사람이 오히려 당신을 더 도와준 거 같은데?" "자기도 원해서 했으면서 폭행이라니 낯짝도 두껍다.""아무리 봐도 애초에 동의를 한 것 같은데?""알아서 더 조심했어야지…….""그렇다면 알몸으로 같이 있지 말았어야지.""애먼 사람 인생 망가뜨리는 거 참 쉽네."

상상해 보세요. 여러분이 성폭행을 당한 뒤로 오랫동안 혼자 끙끙 앓다가 용기를 내어 이 충격적인 사실을 공개했는데 사람들이 여러분 탓을 한다면 어떨까요?

그러니 먼저 피해자 입장에서 생각하는 것이 매우 중요합니다.

알아보기

통계

성폭행이 보통 사람들에게는 일어나지 않는 드문 일이라고 생각하시나요? 틀렸습니다. 미국을 기준으로 보면 68초마다 어딘가에서 성폭행이 일어나고 있습니다.

'강간·학대·근친상간 실태 조사 네트워크'에서 입수한 최근 데이터는 아래와 같은 사실들을 말해 줍니다.

● 18세 미만 여아 9명 중 1명, 남아 53명 중 1명이 성인에게 성적 학대나 폭행을 당합니다.

● 18세 미만 피해자의 82퍼센트가 여성입니다.

● 어린 여성(만 16~19세)은 성폭행의 피해자가 될 가능성이 평균치보다 네 배 더 높습니다.

여러분이 성폭행 피해자라면 어딘가에 여러분을 믿어 주고 몸과 마음의 상처를 치유할 수 있도록 도와줄 사람들이 있다는 것을 기억하세요. 여러분의 친구나 가족이 다른 사람한테 성적인 행위(동의 없는 모든 형태의 성적 접촉은 폭행입니다.)를 강요당했다고 이야기한다면, 그 사실을 여러분에게 털어놓기까지 깊은 고민과 많은 용기가 필요했을 거예요. 우리는 그들의 안식처가 되어야 하고, 그러기 위해 노력해야 합니다. 우리는 그들을 믿어 주고 지지해 주어야 합니다. 이야기를 들으며 다독여 주고 도와줄 수 있는 방법을 찾아야 합니다.

성폭행 피해자가 무거운 짐을 혼자 짊어지려고 하면 안 되듯, 그 이야기를 들은 청소년에게도 혼자서 도와주기에는 너무 버거운 짐일 수도 있다는 것을 명심해야 합니다. 믿고 의지할 수 있는 성인이 개입하여 위험에 빠진 청소년을 돌보아야 합니다. 그때까지 여러분은 친구에게 이렇게 말하면 돼요.

"이런 끔찍한 일이 네게 일어나다니 너무 안타깝다. 네가 날 믿어 주는 것처럼 나도 너를 전적으로 믿어. 나를 찾아와 주어서 고마워. 그런데 더 큰 도움을 받을 수 있는 믿을 만한 어른을 함께 찾아보면 어떨까?"

친구는 여러분에게 아무한테도 말하지 말고 비밀로 해 달라고 말할지 모릅니다. 밖으로 새어 나가지 않게 꽁꽁 싸매 두면 오히려 위험해지는 비밀도 있습니다. 지금 같은 경우가 그렇습니다.

말하지 말아 달라는 부탁을 저버리고 당장 못된 친구가 될지라도 믿을 만한 어른에게 그 비밀을 얘기해야 합니다. 비밀을 지켜서 소중한 친구가 더 위태로워진다면 그런 비밀은 지킬 가치가 없습니다. 신뢰할 수 있는 어른에게 도움을 요청하는 것이 가장 좋은 방법입니다.

폭행이 일어나고 있거나 일어날지도 모르는 상황에서 여러분의 말과 행동은 어떤 이를 구할 수 있습니다. 무언가에 저항하며 매우 절박해 보이는 사람, 술이나 마약에 노출될 것 같아 보이는 사람, 성적인 접촉을 당할 것 같은 사람을 목격한다면 즉시 경찰에 알리세요. 행동이 필요합니다. 안전과 관련된 문제에서 침묵은 결코 해답이 되지 못합니다. 더 안전해지도록 알리는 것, 그것이 남자답게, 인간답게 행동하는 것입니다.

(안)더러운 진실

성을 다룬 6장이 다른 장에 비해 유독 길지요? 간단히 말하기에는 너무 복잡한 주제이기 때문입니다. 제 이야기에 도움받을지도 모르는 사람에게 가능한 한 솔직하게 말해 주고 싶었습니다. 분량이 너무 많다 보니 편집 과정에서 줄이거나 덜어 낸 부분이 많아서 아쉽습니다. 청소년 여러분이 읽기에 쉽지 않고 불편한 마음도 들었을 텐데요, 그래도 평소 궁금했던 점들에 대한 실마리를 얻었기를 바랍니다.

이 책의 좋은 점이 있습니다. 살아가면서 새로운 일이 생길 때마다 다시 펼쳐 보면 유익하다는 것이죠. 제 경우에는 삶이 성숙해질수록 글에 대한 이해도 역시 함께 깊어지더라고요. 그래서 예전에 읽었더라도 나중에 다시 읽으면 얻는 게 많습니다. 이 책 역시 나중에 다시 본다면 새로운 관점에서 새로 읽는 기분이 들 겁니다.

중요한 건 이것입니다. 여러분, 자신의 성 정체성을 확인하고 경험하는 과정을 두려워하거나 걱정하지 마세요. 여러분이 주도하면 됩니다. 여러분만의 속도로 접근하면 됩니다.

청소년 여러분의 성적 지향이 어떠하든, '성에 관해 알아가기'라는 방해물 코스를 잘 통과하려면 이 점을 기억하세요. 머리를 들어 앞을 보고, 가슴을 활짝 열고, 직감에 귀를 기울이세요. 옳다고 느껴지는 일을 하세요. 사내아이에게 감정 따위는 중요치 않다고 말하는 남자들, 남자는 섹스에 집착할 수밖에 없는 동물이라고 말하는 남자들의 이야기를 뿌리치려고 노력하세요. 신체적 충동과 욕구는 건강하고 자연스러운 것이지만, 이는 인간 경험의 한 부분일 뿐이라는 점을 기억하세요. 섹스는 전혀 나쁜 것이 아닙니다. 그렇지만 가장 아름답고 좋은 섹스는 포르노에서는 볼 수 없죠. 좋은 섹스는 정서적으로 그리고 정신적으로 100퍼센트 서로 연결되면서, 두 사람을 위한 안전한 공간을 만들어 줍니다. 그 공간으로 사랑이 들어온답니다. 우리 삶에 완전히 새로운 장을 열어 주죠.

우리의 성기는 우리의 성적 자아가 아니다.

남자아이의 성 정체성을 구성하는 요소에는 음경보다 훨씬 더 다양하고 많은 것이 있습니다. 성기에 신경 쓰느라 귀중한 인생의 시간과 에너지를 낭비하지 마세요.

포르노는 성교육이 아니다.

포르노는 성을 건강하게 표현하지도 않고 현실적으로 묘사하지도 못합니다. 포르노는 도파민 분비에 영향을 미치기 때문에 의존 성향을 유발합니다.

휴대폰과 SNS는 잠재적 위험 요인이다.

휴대폰으로 성적인 사진이나 영상을 요청하거나 받는 것을 무척 조심해야 합니다. 상대의 동의 없이 온라인으로 콘텐츠를 공유하는 것은 배신 행위이며, 불법 행위로 처벌받을 수 있다는 점을 명심해야 합니다.

동의는 항상 필요하다.

상대에게서 성관계에 대한 지속적이며 적극적인 동의를 얻어야 합니다. 이것은 예외 없이 항상 지켜야 할 규칙입니다. 그리고 동의는 언제든 철회할 수 있습니다.

성폭행은 흔하게 일어난다.

성폭행은 잔인한 현실이며 피해자에게 심각한 피해를 입힙니다. 학대나 폭행을 당하는 사람에겐 잘못이 없습니다. 상처받은 몸과 마음을 당연히 치유받아야 합니다. 그러려면 시간이 필요합니다. 되도록 빨리 믿을 만한 친구나 어른을 만나서 털어놓거나 안전한 장소를 찾아가는 것이 최선입니다.

섹스는 관계의 일부다.

성행위에 대한 과대 표현들이 넘쳐나지만 사랑이 우리를 지켜 줄 것입니다. 정서적으로 성숙한 두 사람이 상대방을 향한 애틋한 감정과 깊은 사랑을 육체적으로 표현할 때 섹스는 가장 좋습니다. 성적인 경험 뒤에 숨어 있는 솔직한 감정과 인간다움을 외면하거나 잃어버리지 맙시다.

7장

남자가 *사랑할 때*

커다란 교훈

사랑에 관한 이야기를 할 건데요, 어디 보자…… 뭐부터 말하는 게 좋을까요. 남자아이들이 자라면서 사랑에 대해 어떻게 배우는 지 궁금해요. 사랑하는 법을 어디에서 배울까요? 부모님에게서? 친구한테서? 영화에서?

우리가 영화에서 본 동화 같은 사랑의 기본 구조는 남자가 영웅적인 행위로 상대를 구하고 사람들도 구하는 내용이죠? 드래곤을 무찌르는가 하면, 사랑하는 여인을 멋진 차에 태워 주기도 합니다. 그렇게 오래오래 행복하게 삽니다. 사랑은 사랑을 경험한 이에게 새로운 목적을 부여하는 강력한 힘이자 동기입니다. 사랑은 너무나 크고 소중하기 때문에 어떤 이에게 사랑을 베풀면 받는 사람의 삶이 완전히 바뀔 수 있습니다. 사랑은 삶도 구하고 세상도 구합니다.(오, 그리고 보니 「겨울왕국」도 결국 두 자매의 사랑이 세상을 구한다는 이야기군요.)

그렇지만 영화에서 표현하는 사랑은 실제와 거리가 멉니다. 영화 제작자들의 말을 들어 보면, 현실에 기반을 둔 사랑 이야기는 매우 드물고, 설사 있다 해도 영화로 만들기엔 충분하지 않아서 관객을 즐겁게 하려면 극적인 요소를 엄청나게 가미해야 한다고 하네요. 맞습니다. 현실의 사랑만으로는 영화를 만들기에 충분하지 않을 것 같네요. 그런데 혹시 진짜 사랑은 빈약한 데다 재미도 없고 따분하다고 생각하도록 우리가 길들여진 것은 아닐까요?

할리우드나 책과 노래에 등장하는 사랑은 너무 강렬하기 때문에 우리의 기대치가 한없이 높아져 버렸습니다. 그리고 은연중에 초라한 현실에 좌절하고 허탈해하기 십상입니다. 우리 삶의 실제 사랑에 대해서 말이죠. 할리우드 영화와는 다른 현실 세계의 사랑은 뭔가 결함이 있거나 어설픈 가짜가 아닌지 걱정마저 듭니다. 이는 마치 졸업 선물로 크리스마스에 차를 사 주겠다는 부모님의 약속에 한껏 들떴다가, 막상 새 차가 아닌 중고차가 나타나자 크게 실망하는 것과 비슷합니다. 물론 사랑은 스포츠카보다 훨씬 정의하기 어렵죠. 멋진 차보다 소중한 것은 우리의 마음이라는 사실을 알면서도 막상 그걸 받아들이기는 어려워요.

사랑에는 함께 풀어야 할 문제들이 많습니다. 우선 사랑이 무엇이며 우리가 사랑을 어떻게 인식하는지 이야기해 보죠. 사랑은 또래 친구들을 향한 우정에서 시작되는 걸까요? 혹시 사랑 없는 우정도 존재할 수 있을까요?

사랑은 여러모로 미스터리하지만, 분명한 것은 지구상에 존재하는 인간만큼이나 사랑도 다양하다는 점이에요. 그리고 이전 장에서 논의했듯이 모든 사람은 저마다 다르며, 각자의 내면에는 생각과 감정을 길어 올릴 수 있는 깊은 우물이 있습니다. 사람들의 관계 유형과 방식은 매우 다양합니다.

이제 동화 같은 사랑 이야기는 접어 두고 다른 영화를 찍어 봅시다. 좀 지저분하고, 불편하지만 멋진 영화가 될 겁니다.

암컷 앞에서 몸을 한껏 부풀려 추는 춤
남자의 구애 방식

성공하기 위해 애쓰고, 더 가치 있게 보이려고 노력하는 것은 주로 여자들에게 해당되는 이야기라고 했었죠. 남자들의 성공은 당연해 보이지만 여자들의 성공은 특별해 보입니다. 남자들은 이미 똑똑하고 능력 있고 멋지다고 간주되지만, 사람들은 여자들이 그렇게 되기 위해 많은 노력이 필요하다고 생각합니다. 그리고 이렇게 한쪽으로 쏠린 생각은 사랑에서도 마찬가지로 적용됩니다.

사랑은 남자아이에게 중요한 것을 해야 하는 인생의 어떤 시기가 있다는 것을 의미합니다. 문제는 엉뚱한 것들에 집중하도록 무언의 압박을 받는다는 점이죠. 인생에서의 우선순위는 뒤죽박죽이 됩니다.

지금까지 우리가 몇 번이고 언급한 남성성의 규칙은 다음과 같습니다.

- 감정을 드러내지 않는다.
- 좋아하는 여자아이한테 절대 티를 내지 않는다.
- 항상 냉정하라.

다리 끝에 서 있든 상대와 마음을 나눌 때든 남자아이는 모든 일을 별일 아닌 듯 취급해야 합니다. 그래서 좋아하는 사람에게 간절한 눈빛을 보내면 안 되고, 거리를 둔 채 무심한 척 행동하라고 배웁니다. 심지어 관심이 있다면 오히려 싫어하는 척을 하라고도 하죠.

사랑은 거부할 수 있는 게 아닙니다. 인간이 알고 있는 가장 강력한 두 가지 감정 중에 하나죠.(다른 감정 하나는 뒤에 나옵니다.) 모든 것을 쏟아붓는 일이므로 '아무 감정도 내보이지 않는 사랑'이란 애초에 불가능합니다. 그런데도 우리 남자들은 사랑에 빠졌을 때 마음을 들키지 않으려고 엉뚱한 방법으로 감정을 표출하거나 상대를 사랑하지 않는 것처럼 행동합니다. 참으로 이상하죠?

사랑에 뛰어들기로 작정한 남자는 사랑을 엄청난 것으로 간주합니다. 자신에게 찾아온 운명적인 사랑이 얼마나 커다란 축복인지 세상 사람들에게 다 알려야 할 것 같은 사명감마저 느끼죠. 관찰 연애 프로그램처럼 다른 남성 경쟁자들을 물리치고 쟁탈전의 최종 승자가 되어야 한다고 여깁니다. 엄밀히 말하면 이것은 남성에게

만 해당하는 문제가 아니에요. 여성에게도 그런 것을 기대하게끔 사회 구조가 만들어져 온 탓입니다.

곤란한 점이라면 좋아하는 감정을 숨기고 타인에게 무심한 척 행동하라는 조언을 들은 후, 갑자기 누군가를 훨씬 더 신경 쓰게 된다는 것입니다. 한층 더 괴이한 점은, 그 사람을 잘 챙겨 주는 까닭이 정말 그 사람을 좋아하고 사랑하는 마음이 들어서가 아니라, 단지 그 사람을 '가지려고' 그런다는 거예요. 상대를 '갖는' 것은 그야말로 충분히 남자다운 성취일 테니까요. 만일 우리가 여인의 마음을 빼앗을 수 있다면 동화는 실현될지도 모릅니다!

사랑과 연애에서는 자기다움을 강조하는 것만으로는 충분하지 않아요. 우리는 되도록 가장 섬세하고 정교하게 숭배의 마음을 표현해야 합니다. 저는 일종의 전문가예요. 평생 로맨틱한 이벤트를 궁리하며 살아왔거든요. 웬만한 건 다 해 봤습니다. 아내 에밀리에게 엄청난 프로포즈를 하려고 27분짜리 단편 영화를 만들기까지 했죠. 에밀리는 끝까지 자기가 출연한 줄도 몰랐습니다.(유튜브에 공개되어 있습니다.)

그런데 제 깊은 내면을 들여다보면 그런 이벤트를 치밀하게 기획한 것은 스스로 부족함을 느꼈기 때문이기도 해요. 에밀리뿐 아니라 모든 사람에게 말이죠. 저는 영화 제작자이기도 하고, 물론 로맨틱한 사람이지만 절친인 제이가 말하기를 사람에게 완전히 순수한 의도란 없는 거라고 하더군요. 순수한 의도는 몇 퍼센트에 불과하기에 우리는 그 비율을 최대한 끌어 올리려고 애쓰는 거라고요.

제가 그동안 꾸몄던 로맨틱한 이벤트를 돌아보면 물론 진심이 들어가 있었지만 다른 한편에는 에밀리에게 깊은 인상을 줌과 동시에 내 사랑이 얼마나 큰지 세상에 드러내기 위한 목적이 있었던 것 같아요.

길고 드라마틱한 편지를 쓰거나 사물함에 풍선과 꽃을 가득 채워 넣고, 댄스 파티에 함께 가 달라고 부탁하는 행위들은 대부분 눈물겨울 정도로 순수해 보이는데요, 여기에는 자기중심적인 동기 역시 작용합니다.

> **"사랑이 있는 곳에 이겨 내지 못할 고난은 없으며,**
> **사랑을 위해서라면 시간은 언제든 낼 수 있다."**
>
> 압둘 바하(사상가)

타인의 마음을 사로잡는 것처럼 짜릿한 일이 없죠.

사랑에서 '사로잡는다'는 무엇을 의미할까요? 일단, 우리가 호감을 느끼는 그 사람을 우리가 '갖는' 것이고, 성공해서 모든 일이 잘 풀리면 '간수해야' 하는 대상으로 생각한다는 뜻입니다. 소유물에 쓰는 표현인 것 눈치채셨나요? 남자들은 이성 관계를 이야기할 때 늘 이런 식의 표현을 쓰기 때문에 일부러 그렇게 써 보았습니다. 분명히 말씀드리고 싶은 것은, 사랑하는 이는 트로피 보관함에 넣어 자랑하거나 수집 목록에 넣고 관리할 대상이 아니라는 점입니다. 사람은 취향과 기호를 충족하는 대상이나 사냥해야 할 먹잇감이 아닙니다. 우리는 모두 같은 것을 추구하는 동등한 존재입니다. 저마다 지금 이대로 충분한 존재라는 것이 그 증거입니다.

웅장한 구애 활동이
끝나고 난 뒤

거대한 이벤트가 효과를 발휘하여 연인이 마음을 받아 주었다고 가정해 봅시다. 원하는 것을 얻고 난 뒤에 비로소 우리는 본래의 마음을 깨닫습니다. 영원할 것 같았던 열렬한 사랑은 그녀가 승낙하자마자 식기 시작합니다. 남자는 자기가 지금 쫓고 있는 사람에 대한 관심보다 추격전의 스릴 자체를 더 좋아하기 때문입니다. 실제 곁에 있지 않을 때는 열정을 쏟다가 막상 관계가 성사되면 갑자기 돌변하여 돌아서는 남자들이 많습니다. 남자의 흥미가 식은 뒤에 거꾸로 여자가 남자의 관심을 끌기 위해 온갖 시도를 하지만 물론 헛수고입니다.

자, 보세요. 구애를 하는 것과 누군가를 좋아하는 건 방식이 다르지요? 좋아한다는 건 매일매일 그 사람을 보고 싶어 한다는 뜻입니다. 함께 시간을 보내며 인생을 즐기고 싶고 그 사람의 삶에 대해 더 많이 알고자 하는 것이죠.

공개적으로 애정을 과시하거나 과한 행동을 하는 것은 도파민 분비와 관련이 있어요. 그렇지만 모든 것을 초월하여 누군가를 진정으로 좋아하는 것은 도파민보다 훨씬 가치 있는 일입니다. 상대를 좋아하고 서로 진실한 관계를 맺으면 마음속에 진정으로 벅찬 흥분이 차오릅니다.

잠깐,
'동의'를 복습하기

6장에서 많이 이야기하긴 했지만, 커다란 이벤트 같은 구애 활동은 감정적 동의의 선을 넘을 수 있으므로 여기서도 잠깐 언급하는 게 좋겠어요. 사랑하는 사람이 둘 사이의 관계를 공개적으로 드러내기를 원치 않는다면 어떨까요? 대중적으로 널리 알려질 경우 곤란해지는 위치에 있는 사람일 수도 있잖아요. 공개되는 것에 불안을 느끼는 사람에게 보여야 할 적절한 태도는 무엇일까요?

신뢰를 쌓고 소통하는 법을 배우며 우리는 상대방이 지닌 경계들을 알아갑니다. 우리가 어떤 이를 사랑한다면 그 경계를 존중하는 것이 무척 중요합니다. 그것이 곧 상대방을 향한 인격적 존중이기 때문입니다.

사실 이런 존중은 상대방이 바라지 않는 방식으로 사랑을 표현하는 사람들에게 가장 필요한 태도이겠지만, 그렇지 않은 보통 사람들 역시 잘 실천하지 못합니다. 그게 옳은 줄 알면서도 말이죠. 늘 잊으면 안 됩니다. 사랑을 쏟는 사람이 하고 싶은 방식이 아니라, 사랑을 받는 사람이 진정 원하는 방식으로 사랑을 하는 것이 맞습니다.

"사랑은 단순한 감정이 아닌 행동이다."

벨 후크(작가)

열정 놀이,
사랑으로 돌진하기 전의 심호흡

아직 모를 수도 있지만 저는 열정적인 사람입니다. 뭔가를 좋아
하면 그것을 계속 추구하고 집착하는 경향이 있습니다. 새로운 기
기든 스포츠든 저를 매료시키는 것에 대해 최대한 많이 배우려고
노력합니다. 또한 이 강렬한 열정이 물건이 아닌 사람으로 옮겨 갈
때도 있죠.

예를 들어, 지금의 아내 에밀리와 처음으로 파티에 갔을 때 저는
다른 사람과 어울리는 데 관심이 없었습니다. 그저 에밀리하고만
함께 있고 싶었죠. 너무나 행복해서 에밀리가 지금 어디에 있는지
항상 주변을 둘러보고 늘 그녀 곁을 맴돌았어요. 에밀리와 함께하
는 시간이 새롭고 흥미진진했지만, 온전히 저와 시간을 보내 주지
않으니 성에 차질 않았어요.

지속적인 관심이 에밀리로 하여금 저를 더 매력적이고 특별한
남자로 여기게 만들 거라고 기대했지만 나중에 알고 보니 정반대
효과를 가져왔더라고요. 에밀리는 그 시절의 저를 '강아지 같았다'
고 회고합니다. 시야에서 벗어났을 때도 에밀리는 제가 자신을 찾
고 있다는 것을 느낄 수 있었대요. 그리고 좀 떨어져 있고 싶었다고

합니다. 강아지가 귀엽기는 하지만 끊임없이 애정을 갈구할 때는 좀 귀찮기도 하거든요. 저는 그렇게 되고 싶지는 않았지만요.

의아하게 생각하는 독자가 있을지도 모르겠네요. 좋아하는 남자가 엄청난 관심을 쏟는데도 오히려 시큰둥해진다고? 하면서요. 사실 에밀리는 제 애정과 열정의 대상이 되는 것을 부담스러워했습니다. 감정의 수문이 열리고 나면 제 표현이 파도처럼 에밀리를 향해 휘몰아쳤고, 에밀리는 거기에 빠져서 허우적거렸습니다. 에밀리에게는 제 열정에서 잠시 벗어나 휴식할 시간이 필요했다는 것을 그때는 미처 몰랐어요. 인생이 그렇죠, 모든 것이 제 역할을 하려면 쉼이 필요합니다.

지금 여러분의 호흡을 느껴 보세요. 숨을 들이마시고 잠시 멈췄다가 숨을 내뱉죠. 누구나 마찬가지입니다. 숨을 내뱉지 않고 계속 들이마시기만 하지는 않죠? 이제 심장에 대해 생각해 보세요. 심장은 박동할 때마다 한 번은 확장하고 한 번은 수축하면서 혈액을 몸 구석구석으로 보냅니다. 예를 더 들자면, 우리가 식물을 키우면서 매일같이 물을 주면 식물은 썩어 버립니다. 식물에게는 물을 서서히 흡수할 시간이 필요합니다. 연애를 시작할 때 이런 점을 기억하는 게 좋습니다. 상대를 숨 막히게 하면 안 됩니다.

연애의 시작에 관해 이야기해 보죠. '열광'이라는 말을 알지요? 열광은 새로운 사람(또는 대상)을 향한 강렬한 열정입니다. 사람이 어떤 대상에 열광적으로 빠지면 모든 것이 무지갯빛으로 보이고, 나비들이 날아다니고, 하프 소리가 들려오는 듯합니다. 그렇지만 결국 모든 관계에는 익숙함이 자리 잡기 때문에 열광이 오래 지속되지는 않아요.

남자들의 열광은 더 복잡하고 강렬합니다. 왜냐하면 처음으로 갑옷을 벗고 마음을 자유롭게 놓아줄 수 있기 때문입니다. 하지만 열광의 설렘이 사라지면 흥분과 과시욕 역시 사라집니다. 실수한 것은 아닌지 고민에 휩싸이고, 사랑에 대해 잘 몰랐다며 자책하기도 합니다.

기억해야 할 중요한 사항은 열광이 관심 있는 사람에 대해 되도록 많은 것을 알고 싶다는 신호라는 사실입니다. 우리는 어떻게 상대방을 진정으로 알 수 있을까요?

방법은 단 하나입니다. 그 방법은 화려하지도, 쿨하지도 않아서 SNS에서 인기를 끌 만한 것은 아닙니다. 휴대폰으로 촬영을 할 수도 없고, 구독자를 늘리는 데 도움되지도 않을 겁니다. 그 유일한 방법이란 바로 서로 정직하게 소통하며 신뢰의 토대를 쌓는 것입니다. 100퍼센트 효과가 있다고 장담하지만, 이 방법은 두 사람이 모두 노력할 때만 효과가 생깁니다.

지금 바로 시작해 보면 어떨까요? 거창한 이벤트와 사랑 연기로 연인을 감동시키려고 애쓰는 대신, 우리의 장단점들을 대화 테이블 위에 펼쳐 놓고 솔직하게 이야기해 보는 건 어떨까요. 오랫동안 자신을 옥죄던 감정의 무게 때문에 어차피 말해도 모를 거라고 지레 판단하여 가슴속에 꽁꽁 싸매 두기보다는, 하나씩 천천히 꺼내어 상대와 함께 이야기해 보는 건 어떨까요? 연애를 시작하며 열정과 열광이 아직 사라지기 전에 불안하고 부끄러운 자기 모습을 상대에게 솔직하게 이야기하면 어때요? 우리는 상대방의 괜찮은 모습만 보고 싶은 게 아니라 본모습을 있는 그대로 알고 싶어 하지 않나요?

보고서 과제를 생각해 보세요. 영감이 솟구쳐서 하룻밤에 다 써 내려갈 수도 있지만, 그러면 다음 날을 망치고 결국 시험 성적도 C⁻로 마감하게 됩니다.(제 경험담이에요.) 그렇지만 평소에 매일 밤 조금씩 작업해 두었다면 내용이 충실해지고 나중에 다시 보면서 '이게 내가 의도한 게 맞나?' 하며 재검토할 여유를 가지게 됩니다.

우리의 눈빛이 반짝인다면 지켜보는 누군가는 무척 기분이 좋고 즐거울 것입니다. 궁극적으로 우리는 우리를 빛나게 해 주는 사람과 가까워지고 싶어 합니다. 그러려면 그 사람이 우리의 본모습을 보게끔 해야 하고, 오랫동안 우리를 지켜볼 수 있는 공간을 마련해 주어야 합니다.(하프 소리도 들을 수 있다면 더 바랄 나위가 없고요.)

 마음의 소리 듣기

나의 X에게

짝사랑했던 사람의 이름을 적어 보세요. 로미오와 줄리엣처럼 진심으로 사랑했나요, 그 정도는 아니었나요? 짝사랑은 우정으로 발전했나요, 아니면 아예 아무 사이도 아니게 돼 버렸나요? 그 사람과 어떤 일이 있었는지, 그리고 왜 감정이 변했는지 적어 보세요.

두려운 '애매한 사이'
그리고 다른 미신들

에밀리가 제 '강아지 같은' 행동을 싫어했다고 했죠. 어쩌면 독자 중에는 에밀리를 못마땅하게 생각하는 사람이 있을지 몰라요. 남자가 그렇게 많은 관심과 호감을 보였는데 기뻐하기는커녕 화를 냈으니까요. '거봐, 남자가 약한 모습을 보이고 저자세로 나가니까 그런 취급을 당하는 거잖아.'라고 생각할 수도 있겠네요. 이는 현재 (특히 인터넷에서) 널리 퍼진 생각이며 수년간 남성성이라는 사슬을 통해 강화되어 왔습니다. 이 문제에 대해 좀 더 자세히 살펴봐야 할 것 같습니다.

남자는 감정적이지 않은 존재라고 배우는 사회 분위기 속에서, 남자가 감정을 드러내는 일은 용기 있고 과감한 발걸음입니다. 설령 거창한 이벤트가 다소 공허한 것이라 해도, 상대에게 관심이 있음을 인정하는 행위 자체는 종종 남성성을 희생하는 것처럼 여겨집니다. 감정을 드러낸 남자가 이렇게 말한다고 상상해 볼 수 있겠네요. '우리는 자의식이라는 드래곤을 죽여 버렸고, 그 보상을 받기 위해 여기까지 왔으니 거절당한다면 납득할 수 있는 명백한 이유가 있어야 합니다. 우리는 중요한 것을 희생했으니 보상받을 자격이 있어요. 사랑을 향한 이런 남자의 노력을 여자가 감히 거부한다고요?'

이 시나리오에서 빠진 상황은 무엇일까요? 남자에게 보상이란 바로 상대가 나의 사랑을 받아들이는 것일 텐데요, 그 사람이 나에게 관심이 없는 경우를 빼놓고 있죠. 그 사람도 사람이니까 그럴 수 있잖아요. 성 정체성이 여성으로 규정되지 않을 수도 있고, 용감한 기사님이 자신을 '구출'해 주기를 전혀 바라지 않고 남자의 접근을 싫어할 수도 있어요. 우리가 애초에 그런 기사가 아니었는지도 모르고요. 어쩌면 구하고자 하는 상대방이 구출을 원치 않을 수도 있잖아요. 거칠고 척박한 환경에서 의외로 평화롭게 잘 지내고 있다면요?

사랑을 쏟는 남자의 감정에 상대가 응답하지 않는다 해도, 그 다양한 이유는 모두 전적으로 타당합니다. 남자로서는 실망스러운 결론이군요. 그래도 어쩔 수 없어요. 그게 옳아요.

앞에서 인간이 지닌 강력한 두 감정 중의 하나가 사랑이라고 말한 적 있지요? 다른 하나는 두려움입니다. 그리고 때때로 그 둘은 구별이 안 되기도 합니다.

무슨 뜻이냐면요, 경험상 사랑을 하면 우리의 취약함이 드러나기 마련이고, 취약함이 드러나면 자신이 깨질까 봐 두려움을 느끼기 쉬워요. 종종 마음속에서 하지 말라는 경고와 대담하게 해 버리라는 충고가 동시에 들려올 때도 있습니다. 사랑이나 두려움이 우리의 행동에 어떤 영향을 미치는지 구분할 수 없을 때, 자기 의심으로 이어집니다. 갑옷 안으로 숨는 것이 가장 안전한 해결책 같아 보이죠? 감정이 잘 작동하지 못하는 것 같을 때는 마음을 진정시키고 가만히 있으려고 노력하세요. 천천히 호흡하면서 그 순간 떠오르는 감정을 온전히 느끼려고 노력하세요. 그렇게 하면 우리의 사랑은 항상 두려움을 극복할 방법을 찾습니다. 사랑에 뿌리를 둔 선택은 늘 두려움에 뿌리를 둔 선택보다 강력합니다. 장기적인 관점에서도 그렇게 해야 우리 삶이 더 잘 풀려 간다는 걸 알게 되죠.

> "인생의 모든 사건은 두려움보다는
> 사랑을 선택할 수 있는 기회 속에서 일어납니다."
>
> 오프라 윈프리(방송인)

자, 다시 기사님 이야기로 돌아가죠! 소년 기사는 평생 동안 어려운 과제를 수행하면서 자기 안의 드래곤(솔직한 감정)과 싸워 이기면 보상받을 수 있다고 배웠어요. 그리고 붙잡혀 있는 여인을 구출하러 갔는데, 그럴 필요 없다며 거절당하죠. 기사는 예상치 못한 상황에 당황하고 덜컥 겁도 나겠죠. 그렇다면 이 기사는 강하지도 않고, 용감하지도 않고, 가치도 없는 인간일까요? 최선을 다하면 원하는 건 무엇이든 얻을 수 있다고 평생 배워 온 규칙이 틀린 거였을까요? 혹시 그 규칙이 애초에 잘못 만들어진 가짜는 아니었을까요?

　기사는 자신이 겁먹었다는 것을 인정하지 않고 다른 탈출구를 찾으려 애씁니다. 지금까지는 다 잘 풀렸으니 이 상황에서도 자신의 행동이 잘못됐을 리 없다고 생각합니다.

　'그 여자한테 뭔가 문제가 있는 게 분명해. 어쩌면 너무 어리석어서 자기 주제를 제대로 파악하지 못하는 건지도 몰라. 멍청하긴!' 이렇게 말이죠. 그러면 남자는 '그런' 여자가 차지하기에는 너무 과분한 존재가 됩니다.

　이것은 무서울 정도로 흔한 남성 특권입니다. 보이즈 클럽의 규칙을 지킨다면 원하는 것이 무엇이든, 누구든 다 가질 자격이 있다는 듯이 말입니다. 심지어 인터넷에서는 진부해진 표현인 '나이스 가이'(nice guy)가 부당하게 호의를 거절당한 남자들을 가리키는 말로 사용되고 있습니다. '나이스 가이가 결국 세상을 구할 것'이라는 말을 들어 보신 적 있나요? 물론 알파 늑대라는 미신처럼 그저 헛소리일 뿐입니다. '나이스 가이'는 전 세계인을 상대로 한 거대한 음모론의 불쌍한 희생자가 아닙니다. 그저 자신이 입은 실망과 상처를 자신을 거절한 여자에게 돌리려고 하는 비겁한 남자일 뿐입니다.

두려움 해석하기

두려움과 사랑의 감정을 동시에 경험한 적이 있나요? 여학생에게 댄스 파티 상대가 되어 달라고 부탁할 때, 아니면 스포츠 팀이나 학교 연극 오디션에 지원하려고 할 때? 두려움은 우리 자신을 보호하는 신체의 메시지로, 삶의 모든 영역에서 나타납니다. 두려움은 통찰력을 단련하는 강력한 도구입니다. 두려움은 어떤 방식으로 나타날까요? 여러분은 언제 두려움을 느끼나요? 지금 잠시 시간을 내어 눈을 감고 천천히 숨을 내쉬면서 두려운 것들을 떠올려 보세요. 몸에 어떤 감각이 느껴지나요? 손에 땀이 나나요? 심장이 더 빨리, 강하게 뛰나요? 아랫배에 뭔가 느껴지나요? 잠시 그 상태를 유지하세요. 자신에게 물어보세요. 두려움은 여러분에게 무엇을 말하려는 걸까요? 두려움이 여러분을 걱정하고 있는 것 아닌가요? 휴식이 필요하다고 말하는 건가요? 더 많은 지지가 필요한가요? 침해받고 싶지 않은 경계선이 필요한가요? 도움이 필요한가요? 떠오르는 것이 무엇이든 적어 보고, 믿을 만한 사람과 대화를 나누어 보세요.

이렇게 생각해 보세요. '나이스 가이'로 불리는 남자가 있습니다. 착한 남자죠. 그는 좋아하는 여자에게 정말 다정하고 자상했어요. 과제를 도와주고, 선물도 사 주고, 할 수 있는 모든 일에 최선을 다했어요. 그렇지만 여자한테 차였습니다. 여자는 다른 사람과 사귀는 것 같습니다. 나이스 가이는 생각합니다. '내 잘못이 아니야, 난 좋은 남자이고 최선을 다했는걸? 왜 여자들은 나쁜 남자나 멍청이랑 사귀는 걸 좋아할까? 여자들은 나쁜 남자 캐릭터가 나오는 드라마에 빠져 있는 게 분명해. 여자 감정을 이용해 먹는 놈일 거야, 수상한 놈일 거야……' 정말 그럴까요? 아니면 나이스 가이가 불안한 마음에 그저 자신에게 푸념하는 걸까요? 피해 의식에서 나왔든, 좌절감에서 나왔든, 자신이 선택받지 못했다는 분노에서 나왔든, 그런 반응을 보인다는 것은 나이스 가이가 결국 좋은 남자가 아니라는 것을 입증할 뿐입니다.

자신의 불행을 다른 사람 탓으로 돌리는 나이스 가이들이 얻게 되는 부산물은 '애매한 사이'(friend zone)라는 개념입니다. '남사친'이 원래부터 우정을 전제한 관계인 것에 비해 '애매한 사이'에 놓인 남자는 연인이 되고 싶었지만 상대방에게 연인 관계로 인정받지 못한 채 친구에 머물게 되는 것을 뜻하는 말이에요. 여자에게 아주 친절하게 대해 주고 각별히 친해져서 더러 속 깊은 이야기도 공유하는 사이가 되기도 하지만, 여자는 친구일 뿐이라며 선을 딱 긋고 로맨틱하거나 성적인 관계의 가능성을 미연에 차단해 버립니다. 나이스 가이는 이런 '철벽'에 막히게 되죠. 그런 다음에 여자들은 그 남자를 앞으로 '형제' 대하듯 사랑해 주면 된다고 여깁니다.

물론 연인 간에 느낄 법한 감정은 접은 상태죠. 반면에 남자는 여자가 자신을 사랑해 줄 거라고 여겨서 더 집착하고 푹 빠지게 됩니다. 현실은 어떨까요. 여자는 나이스 가이가 보기에 쓰레기나 다름없는 남자 녀석과 계속 연애를 하고 성적인 관계를 맺습니다.

자, 단도직입적으로 말하겠습니다. 사랑하되 성적인 관계는 맺지 않는 그런 '애매한 사이' 같은 건 없습니다. 사랑 또는 우정이 있을 뿐입니다. 좀 실망했나요?

인간관계의 기반을 사랑에 두느냐 우정에 두느냐 하는 선택은 여러분에게 달렸습니다. 확실한 것은 사랑 없이는 우정을 쌓지 못하고, 우정 없이는 사랑도 쌓을 수 없다는 점입니다. 그 둘은 서로 연결된 것으로 별개가 아닙니다. '애매한 사이'에 갇혀 상호적인 연애를 더 이상 하지 못하게 된 남자들은 종종 모 아니면 도 같은 극단적 입장을 취합니다. 사랑을 갖지 못할 바에야 아예 인간관계를 다 끊어 버리는 거죠. 하지만 그렇게 살아가다 보면 우리 삶을 풍요롭게 만들어 주는 많은 사람들과의 관계는 처참하게 망가지고 단절될 것입니다.

> "세상에서 가장 훌륭하고 아름다운 것은
> 눈으로 보거나 만질 수 없다.
> 마음으로 느껴야 한다."
>
> 헬렌 켈러(교육자, 시청각 장애인)

이성 친구와의 우정에 관해 말해 볼까요. 솔직히 말하면 저는 여자 사람 친구, '여사친'들이 필요합니다. 제 친구들 중에는 20년 넘게 알고 지낸 경우도 있지만 연애 감정을 느꼈던 적은 없습니다. 제가 힘들 때 곁에 있어 주고, 제 꿈이 이루어지기 시작했을 때 함께 축하해 주고, 더 나은 사람이 되라며 격려해 주었죠. 저도 그 친구들에게 똑같이 해 왔습니다. 우리 문화가 이성애자인 남자와 여자의 우정을 인정하지 않는다고 해서 그 친구들과의 우정을 포기할 순 없습니다. 안타까운 점은 이런 관계를 악용하는 남자들이 꽤 많다는 사실입니다.

어떤 남자가 여자의 남사친이라고 하면서 여자의 절친 집단에 들어갑니다. 그리고 나서는 어느 순간 여사친이 아니라 여자 친구 대하듯 태도를 바꾸죠. 여자가 남자의 불순한 동기를 알아채면서 신뢰에 금이 가고 우정도 흔들립니다. 이런 현상은 모든 종류의 인간관계, 모든 성별 사이에서 똑같이 일어납니다. 남자들은 원하는 것을 얻지 못할 때 자신들이 지닌 특권을 남용해 왔기 때문에, 우리 남자들이 책임 의식을 갖고 우정을 안전하게 보호하도록 각별히 노력해야 합니다.(잠시 후에 자세히 설명할게요.)

그런데 말이죠, 계속 친구로 남고 싶은 이성 친구에게 로맨틱한 감정이 느껴지면 어떻게 해야 할까요?

글쎄요, 아마도 그러한 사랑의 감정이 오히려 나중에는 우정을 돈독히 만드는 유익한 자양분이 될 수 있다고 믿는 게 좋은 태도일 것 같네요. 우리는 어떤 이에게 육체적으로든 정신적으로든 끌릴 수 있습니다. 성격이 맞는다는 것이므로 친구로서도 더 잘 어울린다는 말이기도 합니다. 이런 끌림의 감정을 행동으로 옮겨야 할 이유는 없습니다. 감정이 강렬해도, 그 감정으로 무엇을 하느냐가 중요하죠. 어떤 때는 아무것도 하지 않는 게 최선의 선택일 수도 있습니다. 무슨 소리냐 싶겠지만 사실입니다. 우리는 평생 동안 많은 사람들에게 끌리게 됩니다. 심지어 결혼하고 나서도 여전히 다른 사람들에게 끌리게 되는데, 끌리는 감정이 든다고 해서 그 감정에 따라 행동해도 좋고 그동안 쌓은 부부의 신뢰를 배반해도 좋다는 의미는 아닙니다. 왜 우리는 우정을 충분히 대우해 주지 못하는 걸까요?

성관계는 하면서도 서로 로맨틱한 감정이나 정서적 교감이 없는 '실속형' 관계인 경우 금세 사이가 나빠질 수 있고, 어쩌면 평생 지속됐을지도 모르는 우정이 불가능해집니다. 현실을 직시하세요. 호감은 꽃처럼 순식간에 피었다가 금세 시들지만, 우정은 커다란 삼나무처럼 오래 지속되고 튼튼합니다.

친구로 지내다가 마음을 고백하고 연인 관계가 되었는데 연애가 이어지지 않을 때는 어떻게 해야 할까요? 그거 아세요? 연인 관계로 만나다가 헤어져도 얼마든지 좋은 우정을 맺을 수 있습니다. 심지어 어떤 이들은 사귀다가 헤어졌는데 나중에 절친이 되기도 한답니다. 인간관계에서 이별은 거대한 분화구 같은 흔적을 남기는 미사일이나 폭탄이 아닙니다. 가을이 깊어 단풍이 들었기에 나무에서 떨어져 나가는 낙엽 같은 거예요.(갑자기 스타벅스 계절 특선

메뉴인 '펌킨스파이스라떼'를 마시고 싶네요, 평소에 즐기진 않지 만요.)

아무튼 제가 말하고자 하는 요점은, 만약 여러분이 이 '애매한 사이'에 빠져 속상한 마음이 든다면, 잠깐이라도 시간을 내어 자기 성찰을 해 봐야 한다는 것입니다.

우리 마음 안에는 보관함이 하나 있는데, 여기에는 마음을 확 사로잡는 것은 아니지만 그럼에도 항상 소중하다고 여기는 존재들, 예를 들면 형제나 반려동물 등이 들어 있죠. 여러분이 어떤 이의 보관함 안에 들어 있다고 생각해 보세요.

어떤 마음이 드나요? 그래서 뭐? 이런 생각이 드나요? 모든 사람이 다 우리를 좋아하는 건 아닙니다. 우리를 좋아하지도 않는 사람을 억지로 설득하거나 조종하려고 해서도 안 되겠죠. 좋아하지 않는다면 설득도 효과가 없을 거예요. 설사 겉으로는 좋아한다 말해도 가식일 겁니다. 누군가 우리를 좋아하지 않는다면 그 사람은 우리와 맞지 않는다는 뜻이며, 그만 잊어버리면 됩니다. 상대방뿐 아니라 우리를 위해서라도 말이죠!

이런 방향도 생각해 볼 수 있습니다. 상대방이 여러분을 좋아하게 될 수 있죠! 자주 일어나진 않더라도 그런 일은 간혹 일어나긴 해요. 다만 여러분이 하려고 했던 설득의 방식으로는 아닐 거예요.

열심히 노력하여 좋은 남자가 되면 우주의 기운을 받아서 충분한 보상을 받게 된다는 식의 아름다운 상상을 좋아하는 제가 이런 말을 꺼내는 게 무척 어렵습니다. 그러면 얼마나 좋을까요. 그렇지만 사랑에서는 아닙니다. 사랑은 노력만으로 안 되는 일이니까요. 사랑받으려고 무진장 애를 써도 안 되는 건 안 되는 겁니다.

사랑은 왜 노력만으로 부족할까요? 수십억 가지 이유가 있지만 대부분은 우리와 무관한 이유 때문이에요. 궁합이 안 맞거나, 케미가 부족하거나, 신체적 매력이 떨어질 수도 있고요. 뭔가 미덥지 않은 특성이 있을 수도 있어요. 다시 말씀드리지만 우리가 통제할 수 있는 게 아닙니다. 우리가 볼 때는 모든 걸 다 갖춘 듯한 운동선수, 영화배우, 심지어 세계적인 지도자들도 상대와 잘 맞지 않아서 사랑에 실패하고 상처를 입습니다.

지금까지 많은 내용을 다루었지만 여러분이 꼭 기억해 주기를 바라는 것이 있습니다. 인생은 로맨스 말고도 수없이 중요한 것들로 가득 차 있습니다. 숨을 쉬려면 공기가 필요하듯 우리에게도 로맨틱한 방식 밖의 친구들이 필요합니다. 우리를 좋아해 주는 사람과 로맨틱한 사이가 아니면 좀 어떤가요. 그런 사람을 마음으로 받아들이면 그 멋진 사람이 내 인생에 들어오는 거잖아요. 인생은 알 수 없는 겁니다. 우리가 어떤 이와 친구가 되어 진정으로 행복을 느낀다면, 어느 날 문득 우리를 향하는 친구의 태도가 로맨틱한 방식으로 바뀌어서 되돌아올지도 모르거든요!

이 모든 것은 우리가 감정을 자유롭게 놓아주기로 결정했을 때만 일어날 수 있습니다.

> "당신의 임무는 사랑을 찾는 것이 아니라,
> 사랑을 가로막는 내면의 모든 장벽을 찾아내는 일이오."
>
> 루미(중세 페르시아 시인)

허풍 떨기,
거절 차단 요령

제 여사친 중 하나와 저녁을 먹는데 데이트가 끔찍했다면서 푸념을 하더라고요. 남자가 굉장히 고압적이고 종업원에게도 함부로 했다고 그러더라고요. 왜 데이트 수락을 했는지 궁금해서 물어봤다가 그녀의 대답에 깜짝 놀랐습니다. "거절하면 날 어떻게 할까 봐 겁이 났어."

남자들은 어떤 상황에서든 감정이 무너지면 안 된다고 배워 왔기 때문에, 좋아하는 사람이 자신에게 무심하거나 자기를 무시한다고 느낄 때 아주 위태로운 상태가 되기 쉽습니다. 좋아하는 여자한테 거절을 당한 남자들이 종종 좋지 않은 행동을 하는 것은 그 때문입니다. 화를 내고 거친 욕을 하고 끔찍한 소문을 내고 자신을 거부한 여자를 적으로 간주합니다. 남자란 모름지기 강인하며 쉽게 상처 입지 않는 존재라며 세뇌당했기에, 굴욕감이나 창피함을 느낀 남자는 어떻게든 되갚아 주어야 남자답다고 여기는 경향이 있습니다.

그리고 마음속으로는 남자라서 그런 거라고 자신을 납득시킵니다. 남자다운 세계관에서 남자에게 허용되는 유일한 감정이 있으니, 바로 분노입니다.

여자에게 차이는 건 추후의 행동에 '남자니까 그럴 수 있어.'라는 명분을 부여해 줍니다. 남자로서 자존심에 큰 상처를 입었을 것이라고 다른 남자들이 공감하므로 그의 분노를 누구나 인정해 줍니다. 그렇지만 그건 누구에게도 도움이 되지 않습니다. 그런 정당화를 멈춰야 합니다. '리벤지 포르노'(revenge porno)라는 앙갚음은 비뚤어진 정당화의 한 모습입니다. 자신을 찬 여자의 나체 사진이나 동영상을 온라인에 공개하는 행위를 리벤지 포르노라고 하는데요.(끔찍한 배신 행위이자 범죄입니다.) 우리의 감정을 어떻게 다루어야 할지 모른다고 해서 과격한 행동을 취하고 나쁜 짓을 저질렀음에도 대수롭지 않게 여기는 것은 결코 자랑할 만한 일이 아닙니다.

그렇다면 상처를 받았을 때 쓰라린 감정을 어떻게 다룰 수 있을까요? 글쎄요, 제가 도움을 받았던 방법을 말하자면, 진정하고 한동안 가만히 있는 거였습니다. 고통, 슬픔, 좌절, 분노를 있는 그대로 내버려 두는 것이죠. 회피하거나 당장 공격적인 태도를 취한다한들 아무것도 해결되지 않아요.

그것이 유일한 탈출로입니다.

신앙도 제게 도움을 주었습니다. 거절에 대한 분노에 사로잡혔을 때 기도하고 명상하면서 자신을 돌아보면 왜 화가 났는지 원인을 찾을 수 있었습니다. 제 안에 생긴 것은 불안이나 슬픔인데, 남

자로서 그런 감정을 느낀다는 거부감 때문에 남자에게 허락된 감
정인 분노를 이용해 불안과 슬픔을 밀어내 버리려 한다는 것을 깨
달았습니다. 종교적 신념이 어떠하든(또는 종교를 믿지 않더라도)
차분한 명상을 통해, 두려움과 취약한 부분들을 있는 그대로 느끼
는 것만으로도 이를 극복할 수 있는 계기가 만들어지고 많은 것을
깨달을 수 있을 거예요.

참고로 분노는 인간에게 꼭 필요한 감정입니다. 분노는 우리가
어떤 경계를 넘거나 누군가 우리의 경계를 넘어왔을 때 경고 메시
지를 주고 우리 자신에 대해 많은 것을 알려 줍니다. 다만 그 감정
을 너무 오래 붙잡고 있을 때는 문제가 됩니다. 분노는 잠깐 머무는
고속도로의 휴게소 같은 것입니다. 잠시 휴식을 취하며 간식을 먹
는 것은 필요하지만, 계속 눌러앉아 살 만한 곳은 아니죠. 내면 깊
숙이 들어가 보면 분노 바로 아래에 슬픔이라는 감정이 자리 잡고
있는 경우가 많습니다.

헤어지거나 차이는 건 엄연한 현실이지만, 그 현실이 우리 스스
로와 자존감까지 파괴할 필요는 없습니다. 좋아하는 사람이 '네가
연인으로는 충분하지 않다.'고 말하는 것처럼 느껴질 수도 있어요.
그렇지만 이 과정에서 겪는 실망과 좌절은 한 인간으로서 성장하
는 데 필요한, 건강하고 필수적인 과정이기도 합니다. 우리는 사랑
을 온전히 이해하며 더 친절하고 자비로운 사람이 되기 위해, 더 사
랑스러우며 열린 마음을 품는 사람이 되기 위해 상심과 상실감을
경험해야 합니다. 상심을 피해 다니는 것은 근육이 불끈거리는 느

낌이 두려워서 체력 단련을 하지 않는 것과 같습니다. 러닝머신 위에서 설렁설렁 뛰면서 내내 휴대폰만 들여다보는 사람이 되지 마세요! 몸의 근육이 격렬하게 움직이는 것을 느끼며, 때로 힘들고 고통스러운 순간이 왔을 때 견디고 이겨 내는 훈련을 해야 합니다!

어쨌든 여러분이 가장 소중하게 여기는 그 사람을 진정으로 사랑한다면 모든 일이 잘될 겁니다. 그 사람은 누구인가요?

바로 접니다,
저스틴 밸도니!

농담입니다. 자꾸 제가 이상한 곳으로 여러분을 데리고 가는 것 같지요? 실은 농담이 아닙니다. 저 말고 누가 여러분을 구할 수 있겠어요! 이런, 농담이 헤어나올 수 없는 늪으로 빠지고 있네요.

자기 자신을 사랑하는 것은 우리가 할 수 있는 가장 중요한 일입니다. 그렇지만 때로는 '부정적인 자기 대화'라는 큰 장벽이 가로막고 있기 때문에 어려운 일이기도 합니다.

> "자기 자신을 사랑하지도 않으면서
> 다른 사람에게 '사랑한다'고 말하는 사람들을 나는 믿지 않는다.
> '벌거벗은 사람이 옷을 권할 때는 조심하라'라는
> 아프리카 속담이 있다."
>
> 마야 안젤루(작가)

사람은 하루에 평균 6,000가지 생각을 합니다. 그리고 그 생각의 대부분이 자신에 대한 부정적인 생각이라고 합니다. 믿기 힘들겠지만 사실입니다.

저는 어떤 사람이 지닌 생각이 그 사람의 실체라고 믿습니다. 따라서 우리가 자신에 대해 나쁘게 생각하고 부정적으로 판단한다면, 그것이 진짜라고 믿게 되어 나쁘고 부정적으로 행동하게 될 것입니다.

저는 확실히 말할 수 있습니다. 부정적인 생각을 바꾸는 것이 우리 자신을 사랑하는 열쇠이자 비결입니다.

'넌 나약해.'라고 생각하는 것을 멈추고 '넌 용기를 지녔어.'라고 믿어야 합니다.

'넌 별로 똑똑하지 않아.'라고 생각하는 것을 멈추고 '넌 현명해.'라고 믿어야 합니다.

'내 몸은 보잘것없어.'라는 생각을 멈추고 '내 몸은 지금 그대로 멋지고 아름다워.'라고 말하세요.

여러분은 이제 필요한 것을 다 배웠습니다.

이제 자신에게 친절해져 보세요. 우리는 보통 자신보다 다른 사람들에게 더 친절한데, 생각해 보면 말도 안 되는 일입니다. 가장 소중한 건 나 자신인데 말이죠. 잘못된 각본을 바로잡고 우리 안에 있는 모든 것이 선하고 가치 있으며 충분하다는 점을 믿으면 상실감을 비롯한 두려움은 줄어들고 다른 이에게도 더 친절한 사람이 될 것입니다. 우리 자신을 더 많이 사랑할수록 다른 사람을 사랑하기가 더 쉬워진다는 점은 참으로 놀랍고도 멋진 모순입니다.

사랑에 관한
마지막 당부

우리 마음이 밖으로 드러나면, 혹시나 우리의 연약한 부분이 노출될까 봐 걱정이 들기도 합니다. 그렇지만 그런 취약성에 대한 걱정은 결코 공포스러운 것이 아닙니다.

마음을 드러낸다는 것은 우리의 인간성을 드러낸다는 뜻입니다. 우리가 느끼는 모든 감정을 부끄러워하지 않고 포용하며 받아들이는 것을 의미하죠. 또한 다른 사람들과 더불어 누구나 취약해질 수 있는 연약한 부분을 나누며 공감한다는 의미입니다.

마음을 드러낸다고 해서 덜 남자다운 사람이 되는 게 아닙니다. 마음을 드러내는 일은 우리를 남자 그 이상으로 만듭니다. 마음을 드러내면 우리는 더 인간다워집니다.

사랑은 동화보다 훨씬 복잡미묘하다.

사랑과 연애는 격렬한 감정을 동반하므로, 처음 경험하는 사랑에 우리는 완전히 압도당할 수 있습니다. 그러니 너무 서두르지 마세요. 누구를 구하거나 누가 구해 주기를 바라는 것은 진정한 사랑이 아닙니다.

과장된 사랑 표현에는 한계가 있다.

아무리 사소해 보여도 소박하고 조용하게 사랑을 표현하는 것은 떠들썩한 이벤트만큼이나 소중하고 의미 있습니다. 의기양양하게 사랑을 쟁취하고 나서, 많은 남자들은 비로소 깨닫습니다. 자신들에게 중요했던 것은 사랑하는 여인이 아니라 그 사람을 갖기 위한 짜릿한 경쟁이었다는 것을 말이죠.

우정에서도 사랑은 중요하다.

사귀고 싶은 사람과 연인이 아닌 친구가 될 수도 있습니다. 그래도 괜찮습니다. 사랑에서 비롯한 신뢰와 연민은 우정의 토대가 되며, 이는 여러분의 삶을 더 나은 방향으로 바꿀 수 있습니다.

사랑을 받아 주지 않았다고
그 사람을 비난하거나 괴롭혀선 안 된다.

거절당한 남자들이 건전하지 않은 방식으로 화를 표출하는 것이 너무 흔한 일이 되어 버렸습니다.

이제는 바뀌어야 합니다. 거절당했다고 해서 다른 사람과 자신에게 상처를 주고 해를 입히지 마세요.

우리 자신을 더 사랑하고 친절해지자.

'부정적인 자기 대화'는 우리 자신을 사랑하고 인정하는 데 방해가 됩니다. 이 문제를 해결하면 아무 망설임 없이 다른 이들에게 마음과 인간다움을 보여 줄 수 있고, 마침내 우리는 남자다운 남자가 아닌 인간다운 인간이 될 수 있을 것입니다.

8장

남자면 *인간답게*

축하합니다! 마지막 장까지 왔네요. 300쪽에 가까운 긴 여정을 돌아보니 벌써 아득한 느낌이 들어요. 여기까지 함께해 주어서, 여러분의 소중한 시간을 할애해 주어서 고맙습니다. 정말 고마워요.

아주 복잡미묘한 주제를 다루었고, 우리가 더 나누어야 하는 이야기들도 무척 많이 남아 있습니다. 많은 내용을 다루었어도 여러분이 앞으로 알아 가야 할 것들 중 아주 작은 일부분만을 살펴보았을 뿐입니다. 마지막 장을 진행하기 전에 지금까지 이야기한 내용을 쭉 훑어보겠습니다.

이 책을 통해 우리는 우리 자신의 삶을 꽤 깊이 들여다보았습니다. 친구, 가족, 선생님과의 관계, 성, 특권, 우리가 세상과 맺는 관계까지도 알아보았습니다. 우리 자신과의 관계, 즉 몸과 직감, 생각과 마음도 살펴봤습니다.

우리는 또한 스스로 많은 질문을 던졌습니다. 나는 연약하고 취약한 것까지 드러낼 정도로 용감한가? 나는 남의 말을 경청할 만큼 자신감이 있는가? 나는 민감해질 만큼 충분히 강한가? 이제 마지막까지 왔으니 보통 남자들 입장에서 가장 남자답지 않은 일을 해보겠습니다. 남자라면 절대, 결코 해서는 안 되는 그것, 바로 항복입니다.

백기를 흔드세요. 우리가 졌기 때문이 아닙니다. 인생이나 세상에 패배했기 때문이 아닙니다. 이길 수 없는 게임은 이제 그만할 때가 되었기 때문입니다. 그만두겠다고 백기를 흔들고 항복하세요. 우리는 우리가 누구인지, 어떤 존재인지 알고 인정해야 합니다. 우리는 바로 인간이며, 항상 느끼고 생각하는 존재입니다. 우리는 누구든 사랑할 수 있도록 허락된 존재입니다. 우리는 스스로를 사랑할 수 있도록 허락된 존재입니다.

까마득한 시절부터 우리는 남자란 모름지기 포기가 없고, 원하는 것과 신념을 위해 싸워야 하는 존재라고 배웠습니다. 2등을 한다고 해도 마지막에 진 것이니 패배자라고 배웠어요. 최종 승리자가 되려면 결코 멈추는 법이 없어야 마땅하죠. 그런데 여러분, 만일 소중하지 않은 것을 가지려고 싸운다면 그 투쟁은 가치가 있을까요? 육체적으로, 정신적으로, 감정적으로 숱한 상처만 남았다면 그것을 성취라고 할 수 있나요?

하지만 여러분, 이것은 우리가 결코 이길 수 없는 싸움입니다. 진짜 감정을 지닌 진짜 인간이 더 강한 사람이 되려고, 더 뛰어난 사람이 되려고, 어쩌면 인간 이상의 존재가 되려고 시도하는 무모한 싸움은 몇 라운드로 끝나지 않고 영원히 이어지는 권투 시합과 같습니다. 링 위의 상대는 솔직하고 바람직한 '우리의 본성'이죠. 우리의 본성과 영원히 맞서 싸우거나, 완전히 묵사발 내 버리거나 둘 중 하나입니다. 자, 여러분. 이제 권투 장갑을 벗어던지고 시합을 포기하는 게 어떨까요? 반드시 계속 싸워야 한다고 누가 그랬나요? 얻어맞고 쥐여 터지는 그런 싸움 말고, 아무도 다치지 않는 더 현명한 방법들을 찾아봅시다.

지금까지 우리가 치렀던 시합에서 싸운 대상은 결국 우리 자신뿐이었습니다.

날이 갈수록
더 늘어나는 갑옷

우리는 남자로서 우리보다 앞서 살았던 남자들이 만들어 놓은 규칙, 가정 문화, 장벽 등을 기사의 갑옷에 비유해 이야기했습니다. 물론 목표는 갑옷과 두려움도 함께 벗고 세상을 맞이하는 것입니다. 하지만 그렇다 해도 힘든 일이 닥치면 갑옷이 다시 생기기도 합니다. 두려움을 느낄 때 아무도 눈치채지 못하게끔 몰래 갑옷을 입죠. 말로는 괜찮다고 하면서 몇 날 며칠을 갑옷만 입은 채 지내기도 합니다. 기마병처럼 방호구 전체를 착용하기도 하고, 투구만 쓰거나 가슴 상판만 걸치기도 합니다.

왜 그럴까요? 인생은 험난하기 때문입니다! 설사 세상과 싸울 완벽한 준비가 되었다고 해도, 살면서 마음이 상하거나 지치는 때는 항상 찾아옵니다. 이럴 때 갑옷을 다시 갖춰 입기 쉽습니다.

> "사소한 일로 스트레스를 받으면
> 우리를 진정으로 행복하게 만들어 주는 것들을 놓치게 됩니다.
> 행복은 한정된 자원이 아닙니다."
>
> 크리스토퍼 아이프(저자의 친구)

갑옷을 입으면 세상과 우리 사이의 장벽만 단단해질 뿐입니다. 우리는 인간으로서 누릴 수 있는 아름다움과 접촉을 차단함으로써 자신을 무감각한 존재로 만들고 있어요. 고통을 피하려고 일시적으로 갑옷을 입으면 불편에만 무감각해지는 것이 아니라 좋은 것들에도 감각이 무뎌집니다.

 마음의 소리 듣기

갑옷에 손이 갈 때

안전해지려고 입는 '감정의 갑옷'을 생각해 봅시다. 벗어 두었던 갑옷을 다시 입은 순간을 떠올려 보세요. 왜 그랬는지 생각해 보세요. 다시 벗어도 될 때까지 무엇이 필요한가요? 어떤 조치나 도움이 필요할까요?

인생이 아름다운 이유는 좋은 일만 있기 때문이 아니라 슬픔, 좌절, 행복, 기쁨이 모두 함께 존재하기 때문입니다. 다양한 경험이 있어야 우리는 세상과 삶에 감사할 수 있습니다. 어둠 없이 어떻게 빛의 고마움을 알 수 있을까요? 추운 겨울이 없다면 따뜻한 봄도 의미가 없어요. 우리가 온전한 인간이 되려면 다양한 경험과 감정이 필요하며, 그렇지 않으면 우리는 로봇에 불과할 것입니다.

알아보기

자기 관리 기초

더 나은 사람이 되려면 꾸준히 노력해야 합니다. 어려운 과정이죠. 그래서 매일 자신을 잘 돌봐야 합니다. 다음은 자신을 더 잘 돌보기 위한 몇 가지 방법입니다.

● 현재의 나보다 위대한 어떤 것을 믿어 보세요.

● 하루에 한 번, 단 5분만이라도 명상을 합시다.

● 명상이 여의치 않다면 틈틈이 심호흡을 하세요. 천천히 다섯 번 반복하세요.

● 물을 많이 마시고 몸을 움직이세요. 기분이 한결 나아집니다.

● 잠시 전자 기기의 전원을 끄세요. 휴대폰 없이 밖을 거닐어

보세요. 주변을 둘러보세요.

- 사람들과 관계를 유지하세요. 소중한 사람들과 안부를 주고 받으려고 노력하세요.
- 감사하는 마음을 지니세요. 오늘 여러분을 행복하게 한 것이 무엇인지 떠올리고 되도록 적어 두세요.
- 다른 것을 전혀 하지 못했다면, "나는 지금 모습 그대로 충분하다."라고 자신에게 속삭이세요.

여러분이 세상을 어떻게 느끼고 헤쳐 나가는지 똑똑히 지켜보세요. 이제 여러분은 전보다 스스로의 솔직한 모습을 더 잘 알아챌 수 있을 거예요. 내면의 갑옷을 벗었을 때 얼마나 자유로워졌는지 그 기분을 만끽해 보고, 설사 다시 입는 순간이 오더라도 그때의 솔직한 감정을 떠올리도록 노력하세요. 개선해야 할 점을 먼저 짚어 내는 것이 더 나은 사람이 되는 첫 번째 단계입니다.

이런 과정만이 우리를 성장으로 인도할 수 있습니다. '고통 없이는 얻는 것도 없다'는 격언은 더 열심히 싸우고 빨리 일하라는 강요가 아니라, 세상이 우리에게 날리는 강펀치를 맞고도 무너지지 말고 버틸 수 있는 힘을 기르라는 조언입니다. 이는 육체적 근육을 키우는 것뿐만 아니라 정신적이며 정서적인 근육을 키우는 것도 중요하다는 은유이기도 합니다. 가만히 생각해 보면, 인생에서 고통이나 불편을 전혀 겪지 않고 성장할 수는 없습니다. 전혀요.

모든 일에 시간이 걸립니다. 정말 어렵습니다. 하지만 그만한 가치가 있습니다. 그리고 여기까지 왔으니, 여러분은 혼자서 끙끙거리지 않아도 된다는 것을 깨달았을 겁니다.

보이즈 클럽은 없다,
남자들은 있다

앞서 이야기했듯이, '남성성'에 대한 환상 중에서 가장 해로운 것은 혼자서 해결해야 한다는 강박입니다. 남성성이 존재하는 세상에서 우리는 외로운 슈퍼히어로로, 알파가 되어야 합니다. 모든 것을 갖추었기에 다른 사람의 도움 따위는 필요 없는 남자 말입니다.

하지만 그거 아세요? 살아가려면 다른 사람들이 필요해요. 그리고 그들에게도 우리가 필요합니다. 사상가 압둘 바하가 말했듯 우리는 '한 나무의 열매들이자 한 가지의 잎사귀들'입니다. 우리는 생각보다 더 많은 경로와 다양한 방식으로 연결되어 있습니다. 우리는 자신의 이야기와 경험, 감정을 서로 나누어야 합니다. 삶은 물론 여러분 개인의 여정이지만, 동시에 지구에 사는 모든 사람들이 저마다 최선을 다하며 더 커다란 공동선을 위해 분투하는 공동의 여정이라는 점도 알아야 합니다.

한 인간으로서 우리의 경험을 다른 인간과 공유해 봅시다. 가장 솔직하고 연약한 부분부터 말이죠. 그 경험들이 쌓여 공동체의 지혜가 되면, 다음 세대가 같은 실수를 반복하지 않고 현명하게 곤경에서 빠져나올 수 있게끔 도와주는 사다리 역할을 해 줄 거예요. 혼자만의 세상, 남자들만의 세상이 아닌 새로운 세상을 향해 마음을 활짝 엽시다. 그 세상은 배움과 질문, 호기심과 성장이 일상인 곳입니다. 그곳은 누구나 환영받는 곳, 다르다는 이유로 축하받는 곳, 한가족이나 다름없는 인류 공동체의 일원으로서 우리의 잠재력을 온전히 펼칠 수 있는 곳입니다.

어쩌면 여러분은 이런 생각이 들지도 모르겠네요. '전 못할 것 같아요. 아직 너무 어리고요. 이 책에서 한 말이 모두 맞는다면 전 문제투성이 같아요.'

혹시 그런 기분이 든다면 여러분은 꼭 알아야 합니다. 여러분이 미처 모를 수도 있는 사랑을 이미 받고 있다는 사실을요. 어떻게 아냐고요? 제가 여러분에게 사랑을 보내고 있으니까요, 하하, 이번엔 농담이 아니었습니다. 사랑하는 친구 여러분, 사랑은 획득하는 게 아니라 원래 타고 나는 거랍니다. 사랑은 이미 여러분 안에 살고 있는 것이므로 여러분은 이미 사랑받고 있습니다. 여러분은 사랑이 만든 위대한 창조물이며 사랑 자체입니다. 여러분은 자신이 깨달은 것보다 훨씬 더 풍부하고 많은 것을 지니고 있어요.

악순환의 고리를 끊고 미래를 위한 변화를 시작하려면, 지금까지 자기 보호를 위해 숨겨 두었던 내면의 선한 부분을 찾아야 합니다. 여러분과 저를 더 인간답게 만들어 줄 자랑스러운 영역이죠.

언제 끝이 날까?

여러분은 궁금하겠지요. 어디서 끝나는 걸까? 우리는 과연 언제 '좋은' 사람이 되는 걸까? 혹시 평생 애쓰고 노력해야 한다는 말인가? 설마 완벽해지라는 말은 아니겠지?

여러분이 원하는 대답이 아닐지도 모르지만,

다 맞습니다. 우리는 이 문제를 평생 가지고 갈 것이기 때문입니다. 그리고 우리는 다른 사람의 눈에 결코 '완벽하게' 보일 리가 없습니다.

'완벽', 이 단어를 제가 좋아한 적은 없는 듯합니다. 반면에 '완벽하지 않은'이나 '불완전한' 같은 말에 깊이 공감합니다. 아마도 오랫동안 저의 부족함을 자각했기에 제 결점을 인정하고 이상에 못 미치는 '불완전한' 목표를 세우는 것이 삶에 대처하는 방법이 되었기 때문일 거예요. 아니면 이런 깨달음 때문일 수도 있고요.

'우리는 불완전하다. 그리고 영원히 불완전할 것이다.'

완벽함은 아무리 애써도 얻을 수 없습니다. 만일 완벽함이 있다면 아마도 불완전함 속에 있을 것입니다. 어느 날 문득 제가 그동안 놓쳤던 것이 처음부터 항상 거기에 있었다는 사실을 깨달았고, 그 깨달음을 전달하는 것이 제가 해야 할 일이라고 느꼈습니다.

Imperfect = I'm perfect
불완전함 = 나는 완벽해

두 문장의 유사성이 보이나요? 우리가 불완전하다는 사실이 우리를 완벽하게 만든다는 것을 상징하는 듯해요. 많은 이들이 자신의 불완전함 때문에 스스로를 충분하지 않은 존재라고 여겨요. 자, 이제 충분하다는 것이 어떤 의미인지 다시 생각해 볼 때가 되었어요. 우리가 노력해야만 하는 것이 있는데요, 바로 지금 그대로 충분하다는 사실을 받아들이는 거예요.

간추린 핵심 내용

이 책에서 다룬 것은 소년들만의 문제가 아닙니다. 남자가 잘못했다고 탓하는 것도 아닙니다. 여러분이 남자라고 해서 어떤 특정한 방식으로 '남자답게' 행동할 필요는 없다고 말하는 책이고, 솔직한 자기감정에 어긋나는 삶을 살 필요가 없음을 이야기하는 책입니다. '남자다움'을 재정의하려는 것이 아니라 정의 자체를 없애려는 것입니다. 우리는 그저 더 인간답게 살아가면 되고, 그것으로 충분합니다.

앞으로 무엇을 하든 모든 건 여러분에게 달려 있습니다. 이 글을 읽고 나서 여러분이 지금 모습 그대로도 충분하다는 것을 깨달을 수 있기를 바랍니다. 그것이 인간이라는 존재를 떠받치는 기초입니다.

잘못을 저질렀을 때 사과할 수 있다면 충분히 용감한 것입니다.

모든 것을 다 알지 못한다는 점을 인정하고, 다른 사람의 말에 귀를 기울인다면 충분히 현명한 것입니다.

외로움을 느끼는 이에게 친절을 베푼다면 충분히 사려 깊은 사람이죠.

거울 속에 비친 자기 모습을 사랑한다면 충분히 자존감 높은 사람입니다.

모든 사람이 같은 특권과 경험을 가진 것은 아니며, 특권을 깨달았을 때 그 특권을 다른 이들을 위해 써야 한다는 의무감을 느낀다면 충분히 성숙한 인간입니다.

동의의 중요성을 자각할뿐더러 다른 사람을 대상이 아닌 인간으로 대한다면 충분히 인간답습니다.

어떤 감정이든 있는 그대로 받아들일 준비가 되었다면, 심지어 실연의 아픔 앞에서도 그럴 수 있다면 여러분은 자신을 충분히 잘 돌볼 수 있습니다.

우리 자신과 주변 사람들에게 연민을 품을 수 있다면 여러분은 충분한 사랑을 지닌 사람입니다.

여러분은 모든 면에서 두루 충분하다는 점을 꼭 기억해 주세요. 이제 여러분이 바라보는 모든 세상이 바뀔 것이며, 여러분도 변화할 것입니다. 어두운 숲을 벗어나 탁 트인 길이 펼쳐질 것입니다. 머리에서 가슴으로 향하는 여정에서 깨닫게 되는 보편적인 결론은, 우리가 그 여정을 감당할 수 있을 만큼 충분히 가치 있는 인간이라는 사실입니다.

친구 여러분, 당신은 이미 그 여정을 시작했습니다.

그러니 여러분은 이미 충분히 가치 있는 인간이라는 점을 입증하고 있습니다. 그런 여러분의 모습이 눈에 선합니다.

여러분은 가치 있는 존재입니다.

여러분은 사랑받는 존재입니다.

친구 여러분, 여러분은 의심할 여지없이 1,000퍼센트……

지금 모습 그대로 충분합니다.

들어가며

Vicki Zakrzewski, "Debunking the Myths about Boys and Emotions," *Greater Good Magazine* 2014.12.1, https://greatergood.berkeley.edu/article/item/debunking_myths_boys_emotions.

2장 남자가 똑똑해야지

"Book Smarts vs. People Smarts: New Study Reveals Why EQ May Matter More Than IQ," PR Web 2018.4.28, www.prweb.com/releases/2018/04/prweb15443780.htm.

3장 남자가 멋있어야지

Warren Caleb, Todd Pezzuti, & Shruti Koley, "Is Being Emotionally Inexpressive Cool?," *Journal of Consumer Psychology* 2018.2.24, https://doi.org/10.1002/jcpy.1039.

Caroline Miller, "Does Social Media Use Cause Depression?: How Heavy Instagram And Facebook Use May Be Affecting Kids Negatively," Child Mind Institute, https://childmind.org/article/is-social-media – use-causing-depression.

National Center for Injury Prevention and Control (U.S.), Division of Violence Prevention, "The Relationship between Bullying and Suicide: What We Know and What It Means for Schools," Centers for Disease Control and Prevention 2014.4, https://stacks.cdc.gov/view/cdc/34163.

4장 남자는 더 커야 해

"Study: 94% of Teenage Girls Have Been Body Shamed," WCNC Charlotte 2017.5.2, www.wcnc.com/article/news/features/study-94-of-teenagegirls-have-been-body-shamed/436143277.

Jerel P. Calzo 외, "Patterns of Body Image Concerns and Disordered Weight- and Shape-Related Behaviors in Heterosexual and Sexual Minority Adolescent Males," *Developmental Psychology* 2015.9, doi:10.1037/dev0000027.

Ann Kearney‒Cooke & Diana Tieger, "Body Image Disturbance and the Development of Eating Disorders," *The Wiley Handbook of Eating Disorders*, Wiley 2015.

5장 남자애들은 원래 그래

Ann Gleig, "Waking Up to Whiteness and White Privilege," *UCF Today* 2020.10.7, www.ucf.edu/news/waking‒up‒to‒whiteness‒and‒white‒privilege.

"How Often Are Women Interrupted by Men? Here's What the Research Says," Advisory Board 2018.10.30, www.advisory.com/Daily‒Briefing/2017/07/07/men‒interrupting‒women.

Gareth May, "Is the 'Manspreading' Campaign Just Prejudice Against Big Guys?," *The Telegraph* 2015.1.30, www.telegraph.co.uk/men/thinking‒man/11374213/Is‒the‒manspreading‒campaign‒just‒prejudice‒against‒big‒guys.html.

7장 남자가 사랑할 때

"Do Men Think About Sex Every Seven Seconds?," Snopes 2002.4.18, www.snopes.com/fact‒check/thinking‒about‒sex.

"LGBT Youth," CDC, www.cdc.gov/lgbthealth/youth.htm.

Gregory M. Herek, "Hating Gays: An Overview of Scientific Studies," *Frontline*, "Assault on Gay America," 2000, www.pbs.org/wgbh/pages/frontline/shows/assault/roots/overview.html.

Ananya Mandal, "What Is Dopamine?," News Medical 2019.4.9, www.news‒medical.net/health/What‒is‒Dopamine.aspx.

"Watching Pornography Rewires the Brain to a More Juvenile State," Neuroscience News 2019.12.29, https://neurosciencenews.com/neuroscience‒pornography‒brain‒15354.

"Statistics," National Sexual Violence Resource Center, www.nsvrc.org/statistics.

"Victims of Sexual Violence: Statistics," RAINN(Rape, Abuse & Incest National Network), www.rainn.org/statistics/victims‒sexual‒violence.

8장 남자면 인간답게

Jason Murdock, "Humans Have More Than 6,000 Thoughts per Day, Psychologists Discover," *Newsweek* 2020.6.15, www.newsweek.com/humans‒6000‒thoughts‒every‒day‒1517963.

Emmanuel Acho, *Uncomfortable Conversations with a Black Boy*, Roaring Brook Press 2021.

Ben Brooks, *Stories for Boys Who Dare to Be Different: True Tales of Amazing Boys Who Changed the World without Killing Dragons*, Running Press Kids 2018.

Ted Bunch and Anna Marie Johnson Teague, *The Book of Dares: 100 Ways for Boys to Be Kind, Bold, and Brave*, Random House Children's Books 2021.

Deepak Chopra, *Teens Ask Deepak: All the Right Questions*, Simon Pulse 2006.

Adam J. T. Robarts & Aronica Lou, *Nineteen: 19 Insights Learned from a 19-year-old with Cancer*, Regan Arts 2022.

Scott Todnem, *Growing Up Great!: The Ultimate Puberty Book for Boys*, Rockridge Press 2019. (한국어판 스콧 토드넘 『소년들을 위한 내 몸 안내서』, 김정은 옮김, 휴머니스트 2020.)

    제가 이 책을 맡기로 결정한 단 하나의 이유는 이 훌륭한 글을 머지않아 중학생이 될 제 아들에게 꼭 읽히고 싶었기 때문입니다. 번역을 하며 몇 번이나 울고 웃었습니다. 소년들을 향한 저스틴 밸도니의 따뜻한 마음에 감동하여 눈물이 왈칵 쏟아졌습니다. 멋진 문장이나 깊은 깨달음을 주는 글귀를 보면 저자의 진솔하면서도 아름다운 글솜씨에 감탄하며 활짝 웃었습니다. 그러다가 많은 괴롭힘을 당했던 저자의 암울했던 소년 시절 이야기를 들을 때면, 제가 소년 시절에 겪었던 고통이 떠오르면서 또 한참을 울었습니다. 삶의 소중함, 목숨의 소중함을 저버리지 말아 달라며 청소년 독자들에게 온 마음으로 간절히 당부하는 구절에서는 영혼의 순수함과 비장함마저 느껴져서, 저는 한 소년의 아버지로서 고마움의 눈물이 났습니다. 이 책을 읽으며 많은 용기를 얻었습니다. 남편으로서, 아버지로서, 남자로서, 그리고 한 인간으로서 말이에요. 청소년 여러분, 여러분을 향한 사랑으로 가득 차 있는 이 책을 꼭 읽어 주세요. 여러분의 인생은 소중합니다. 우리 어른들이 사랑하는 여러분을 지킬 겁니다. 약속합니다.

이강룡

창비청소년문고 43

남자다운 게 뭔데?

초판 1쇄 발행 • 2024년 2월 20일

지은이 • 저스틴 밸도니
옮긴이 • 이강룡
펴낸이 • 염종선
책임편집 • 구본슬
조판 • 박아경
펴낸곳 • (주)창비
등록 • 1986년 8월 5일 제85호
주소 • 10881 경기도 파주시 회동길 184
전화 • 031-955-3333
팩스 • 영업 031-955-3399 편집 031-955-3400
홈페이지 • www.changbi.com
전자우편 • ya@changbi.com

한국어판 ⓒ (주)창비 2024
ISBN 978-89-364-5243-8 43300